外国法的新视域

张海斌　等◎著

知识产权出版社
全国百佳图书出版单位
——北京——

图书在版编目（CIP）数据

外国法的新视域 / 张海斌等著. — 北京：知识产权出版社，2021.11
ISBN 978-7-5130-7751-4

Ⅰ.①外… Ⅱ.①张… Ⅲ.①法制—研究—国外
Ⅳ.①D902

中国版本图书馆CIP数据核字（2021）第195859号

责任编辑：薛迎春　　　　　　　　责任校对：王　岩

文字编辑：张琪惠　　　　　　　　责任印制：刘译文

封面设计：宗沅书装·李宗燕

外国法的新视域

张海斌　等著

出版发行：**知识产权出版社**有限责任公司	网　　址：http://www.ipph.cn
社　　址：北京市海淀区气象路50号院	邮　　编：100081
责编电话：010-82000860 转 8724	责编邮箱：471451342@qq.com
发行电话：010-82000860 转 8101/8102	发行传真：010-82000893/82005070/82000270
印　　刷：三河市国英印务有限公司	经　　销：各大网上书店、新华书店及相关专业书店
开　　本：710mm×1000mm　1/16	印　　张：18.5
版　　次：2021 年 11 月第 1 版	印　　次：2021 年 11 月第 1 次印刷
字　　数：310 千字	定　　价：89.00 元
ISBN 978-7-5130-7751-4	

本书获中央高校基本科研业务费资助
上海外国语大学 2017 年度校级重大科研项目
"区域国别法治动态跟踪与研究"的阶段成果之一

目　录

导　言

一、外国法研究的传统与转型

"他山之石，可以攻玉。"众所周知，我国已进入全面依法治国、建设中国特色社会主义法治国家的伟大历史进程，在坚持本土化法治实践创新的同时，学习借鉴世界上优秀的法治文明成果，无疑是一项不可忽视的重要任务。因此，不断拓展法学研究的国际视野，加强对外国法律理论、制度和实践的前沿与热点的研究，以期对中国特色社会主义法治实践提供有益借鉴，是时代赋予法学界和法学研究工作者的重要使命。

在此维度上，外国法研究无疑具有重要意义。其使命，端在立足于法律制度的比较与借鉴，通过对域外各国法律思想、法律制度、法律实践的译介与研究，总结经验，提炼智识，以期"洋为中用"，通过创造性转化，为我国法治建设提供理论和实践上的智识支持。外国法与比较法研究之目的，诚如著名比较法学家沈宗灵教授所云，"就在于通过对不同国家（或地区）法律的比较研究，有选择地借鉴或移植其他国家（或地区）的法律，从而改进本国立法"[1]。

众所周知，法律制度往往体现了一个国家或区域的文化特征，但从世界法律史的角度看，法律制度与其所浸淫的法律文化之间的关系，并非固定不变，在特定时空之下，这种关系会呈现出某种有益的位移。因此，美国比较法学者埃尔曼曾总结道："法律制度自一种文化向另一种文化的移植是常有的情况。"[2]

外国法研究在国家法治实践和法学研究领域均具有举足轻重的地位。近代中国的法治实践和法学研究深受外国法的影响，有学者明确指出，中国的法律

---

[1]　沈宗灵：《论法律移植与比较法学》，载《外国法译评》1995 年第 1 期。
[2]　[美] H.W. 埃尔曼：《比较法律文化》，贺卫方、高鸿钧译，清华大学出版社 2002 年版，第 7 页。

学说、法律概念、法治理论源自西方。[1]如今，我国法治建设已取得突出成就，外国法研究已经过了单纯从中国法律和司法实践的需要中找病理，再从外国法中找药方的时代。然而，在人类命运共同体理念的影响下，基于全球知识文明成果共享的现实需要，对域外法律思想、法律制度和法律实践的研究依然具有一定的传统功能。

事实上，以借鉴为目的的外国法研究依然受到法学界的青睐，在部门法研究领域尤为突出。检索我国部门法研究成果，不难发现其中关于域外某一法律概念或者具体制度的引荐。诸如对被遗忘权、意定监护等新型权利和制度的研究，不仅丰富了部门法学理论，而且对完善我国相关法律制度体系也大有裨益。由此可见，外国法研究的传统功能至少在部门法学领域具有长期存在的必要性。

当然，部门法学者参与外国法研究，扩充了外国法研究队伍，是全球化背景下外国法研究日益繁荣的表现。现代法学学科发展和理论研究中，广阔的视野必不可少。科技革命时代，科学技术的进步给法学研究带来了新的便利。在技术保障层面，无论是专门进行外国法研究的学者，还是立足部门法研究需要而考察外国法的学人，都能够直接并且及时地追踪域外最新法治实践或法学理论研究的动态，保持其研究成果与世界前沿法学理论的同步。技术的进步，打破了研究领域之间的壁垒，极大地拓展了外国法的研究视角，推进了外国法研究的深度和广度。

研究视角的拓展离不开对研究功能的反思。如前所述，以法律比较、法律借鉴、法律移植为目的的外国法研究有其现实性，但外国法研究的功能转型也有必要探讨。我国早在2011年便宣告中国特色社会主义法律体系已经形成，[2]在此背景下，继续以纯粹引进域外法律思想、法律制度等为目的开展外国法研究，则会作茧自缚。因而，在坚持和完善中国特色社会主义制度、推进国家治

---

[1] 田雷：《第二次的相逢——论外国法研究的历史转向及其中国问题意识》，载《探索与争鸣》2017年第4期。

[2] 2011年3月10日，全国人民代表大会常务委员会委员长吴邦国同志向十一届全国人民代表大会四次会议作全国人大常委会工作报告时宣布："一个立足中国国情和实际、适应改革开放和社会主义现代化建设需要、集中体现党和人民意志的，以宪法为统帅，以宪法相关法、民法商法等多个法律部门的法律为主干，由法律、行政法规、地方性法规等多个层次的法律规范构成的中国特色社会主义法律体系已经形成。"中央政府门户网站，http://www.gov.cn/2011ch/content-1827143.htm，最后访问日期：2020年4月13日。

理体系和治理能力现代化的时代背景下，重新理解外国法研究的目的和方法，从新的视域出发反思外国法研究的路径和方向，推动外国法研究转型，不仅可以丰富外国法研究的理论内涵和研究视角，而且可以增强外国法研究的生命力。

随着经济全球化和全球一体化的发展，法律理念和法治的基本规律正在更大范围内作为人类的共同文明成果被分享，世界各国的法律制度正是基于互相交流的扩大和频繁而有新的发展。这些新发展不仅表现为世界主要法系之间的互相融合，更体现在对人类法治文明基本规律的认同以及共识的形成。

外国法的研究是基于制度的差异，还是依赖于其共性，学界对此争议不断。就法治的特征而言，不同区域国别的法治必然受其法文化影响而具有特殊性。而从外国法研究实践出发，法治的特殊性的确有助于激发对外国法研究的兴趣，也正是这些特殊性产生了外国法研究的必要性。当然，特殊性之中也蕴藏着普遍性，没有普遍性作为基础，外国法研究必然缺乏最基本的共同话语，所以各国法治理论和实践的普遍性为外国法研究提供了可能性。

普遍性的存在，扩大了国际交流合作的深度和广度。不同国家和地区之间存在历史文化等方面的差异，导致其公民、法人和其他组织等主体在参与国际经济贸易活动和其他国际交流过程中很大程度上会遇到难以避免的文化冲突，必须寻求某种能够作为共同话语的载体，以尽可能推动高效顺畅的交流合作。法治是人类文明的共同成果，它为国际交流合作秩序的确定性提供了准则，故而法治便责无旁贷地承担起为人类社会合作交流保驾护航的角色。

法治有极为丰富的内涵，孙笑侠教授认为，法治是"一种理性的办事原则"，"一种理性的法制模式"，"一种理性的法律精神"，"一种理性的社会秩序"。[1]法治的共性在于其基本内涵具有相通之处，它是人类社会在特定历史发展阶段共同追求的治理方式。但不同国家的法治实践受多重因素的影响而呈现出一些区别，正如美国学者所言："法律是特定民族的历史、文化、社会的价值与一般意识形态与观念的集中体现。任何两个国家的法律制度都不可能完全一样。"[2]而从保障国际交流的角度而言，不同国家的法治建设进程以及具体法律制度的差异性，催生了对其他国家和地区法治动态及法律制度进行了解和研究

〔1〕　参见孙笑侠：《法的现象与观念》，山东人民出版社 2001 年版，第 325—328 页。
〔2〕　〔美〕格伦顿、戈登、奥萨魁：《比较法律传统》，米健、贺卫方、高鸿钧译，中国政法大学出版社 1993 年版，第 6—7 页。

的必要。

目前，我国正在以更加开放和积极的姿态参与世界经济贸易活动。特别是我国提出"一带一路"倡议，认为在谋求自身发展的同时，也要为其他国家发展贡献顺应历史潮流的中国智慧。经过多年的发展，"一带一路"倡议不断深化，我国与"一带一路"沿线国家的合作交流也更加紧密和频繁。然而，无论是"走出去"或者"引进来"，还是积极深化"一带一路"倡议以及践行"共商、共建、共享"原则，都应当以各个主体对彼此的法律制度以及法治实践的尊重为前提。

基于此，积极对接国家对外开放的战略需要，服务国家对外合作交流，便是当下我国外国法研究义不容辞的使命。通过对外国法的跟踪关注，有助于法学界更加直观全面地了解世界各国有关立法、执法、司法及法学思想、法律理论等方面的动态，从而推动对某一外国法律制度的深入研究。要让外国法研究真正发挥法律智库的作用，促进相关成果的转化，为国家提供高水平的法律决策咨询服务，保障我国相应的主体在国际交往中更好地防范和应对法律风险。同时，外国法研究成果也可以直接服务于我国的涉外司法实践，比如外国法的查明等。

可见，外国法研究的范围较为广泛，"不同国家或地区的法律制度、法律规则、法律技术、法律格局"，[1] 都属于外国法研究的内容。而外国法研究的功能也更加多元，在保留以完善本国法律制度和法治实践为目标的传统功能之外，随着我国对外开放力度不断加大，更应当强调外国法研究功能的转型，以多元视角反思外国法研究。

二、外国法研究的新境遇

中国特色社会主义法律体系的形成和中国对外开放程度的进一步提升，促使外国法研究面临研究目的和研究视角等方面的转型，外国法研究处于传统与现代相交融的状态。

传统的外国法研究以法律移植、借鉴为宗旨，其研究目的是为国家立法机

---

〔1〕 周世中：《比较法学》，中国人民大学出版社 2010 年版，第 9 页。

关完善相关立法提供法学智识资源。在法律体系不完备的时代，外国法研究成果转换为国家法律并不罕见，外国法研究学者也时常以此为荣。"从发生学的角度来看，法学是西学。中国近代以来的法律始于移植，法学从翻译发端。这是中国法律人挥之不去的梦魇。"[1] 然而，在法律制度已经完备的情形下，外国法传统研究则面临前所未有的挑战。

当然，任何一个国家的法律制度都会随着社会发展的需要而进行调整和完善，新的法律概念[2] 也会基于新事物的产生而出现，因而彻底放弃外国法研究的传统路径，也非理性的做法。就我国而言，"已有法律 260 多部、行政法规700 多部、地方性法规 9000 多部、行政规章 11000 多部，中国特色社会主义法律体系已经形成，但还需适应中国特色社会主义进入新时代的要求进一步完善"。[3] 而全球不同区域和国家的法治发展也难以同步，因此，只要一个国家的法律制度需要不断完善而非停滞不前，就有必要对其他国家的法学思想、法律制度、法治实践的创新做法和先进经验进行学习与借鉴。

可见，外国法研究在其传统领域依然具有重要价值，但当下外国法研究并非全然以借鉴或者移植为目的。如前所述，在经济全球化背景下，随着对外开放的扩大，对涉外法律服务人才的需要在急剧增加，而外国法研究也应当寻求新的定位。外国法研究的新定位乃是积极对接国家对外开放的战略需要，通过了解域外法治，实现"知己知彼"，服务我国"走出去"战略和"一带一路"倡议。

当然，从丰富法学理论的角度，外国法研究也有重要价值。尽管学术研究强调成果的转化，但法学理论研究的实践证明，动辄要求在学术成果中提出对某领域的立法建议或解决实践中疑难问题的对策性措施，虽然可以实现学术研究成果的实践价值，但这在很大程度上不能代表学术研究的全部内容和使命。法学研究的价值应当置于宏大的社会历史发展潮流中去审视，视角应该宽阔。

当前，法学界组织或者参与国际性学术会议、学术论坛已较为常见，议题不仅涉及国内某个部门法或者某一个法律概念，而且更加关注国际法治问题，

---

〔1〕　刘连泰：《为什么外国法》，载《浙江社会科学》2017 年第 1 期。
〔2〕　比如大数据、人工智能和区块链等。
〔3〕　中共中央宣传部：《习近平新时代中国特色社会主义思想三十讲》，学习出版社 2018 年版，第187 页。

介绍外国法律制度的文献更是难以计数。很难评价这些文献或者他国的法律规则对解决我国某个法律问题有何直接作用，但对于中国法学界放眼看世界，繁荣法学研究必然意义深远。

研究人才培养机制的深化是外国法研究的基础性条件。外国法研究无论在理论层面，还是在实践层面，都有重要的价值。然而，和其他学术研究和学科建设所面临的基础性问题一样，外国法研究也面临研究人员缺乏的困境。

具有较强的外语能力、跨文化法律理解能力和扎实的法学专业素养，是从事外国法研究的必备条件。我国对外开放不断扩大，需要大量外语能力强、法学素养扎实的研究者从事外国法研究。从近年来我国关于外国法研究的学术文献看，外国法研究已经形成了氛围，并且有比较成熟的研究范式，研究成果颇丰，这为中国特色社会主义法治建设做出了独特的贡献。究其缘由，一方面是我国深化对外开放的新形势新任务，以及构建人类命运共同体和"一带一路"倡议等顶层设计，对法学研究"睁眼看世界"，借鉴世界优秀法律文明成果提出了新的更高的要求；另一方面则得益于国家对新时代法学研究人才尤其是涉外法学研究人才培养的高度重视。

法学专业人才培养关乎外国法和比较法研究队伍的成长。2011年12月，《教育部 中央政法委员会关于实施卓越法律人才教育培养计划的若干意见》发布，提出适应世界多极化、经济全球化深入发展和国家对外开放的需要，培养"具有国际视野、通晓国际规则，能够参与国际法律事务和维护国家利益的涉外法律人才"，并将培养涉外法律人才作为培养应用型、复合型法律职业人才的突破口。2018年，《教育部 中央政法委关于坚持德法兼修实施卓越法治人才教育培养计划2.0的意见》发布，强调促开放，构建涉外法治人才培养新格局，培养一批具有国际视野、通晓国际规则，能够参与国际法律事务、善于维护国家利益、勇于推动全球治理规则变革的高层次涉外法治人才。可见，从"涉外法律人才"到"涉外法治人才"的表述，体现了人才培养的政策导向。

此外，涉外法律服务业在全面依法治国和经济社会发展中的作用凸显，这也对涉外法律服务人才的培养提出了更高的要求。2016年5月20日，中央全面深化改革领导小组第二十四次会议审议通过了《关于发展涉外法律服务业的意见》，对涉外法律服务尤其是涉外法律服务人才发展提出了明确要求。涉外法律人才库建设已经全面展开，2018年4月24日，《司法部办公厅关于建立涉外律师人才库的通知》发布。2019 年 8 月，"上海涉外法律人才库"建设工作正式启动，首批入选 215 名涉外法律人才，除了实务法律人才之外，也不乏外国法学者和比较法学者。这些做法，对充实我国涉外法治人才队伍大有裨益。

然而，颇为遗憾的是，前述一系列涉外法治人才培养的举措皆以法治实务人才队伍建设为导向，忽视了涉外法治研究人才的培养，依然未能有效解决外国法研究队伍建设问题。其最为直接的反映乃是时至今日，依然有相当一部分关于外国法的研究成果依赖于他人译介的外国法治文献资料，直接依据外国法律文本和外国法学研究成果进行研究的外国法著述不多。而依据译介的文献研究外国法，首先面临资料陈旧的问题。毕竟，对外国法的译介需要较长周期，而以译介的著述作为研究对象或者素材开展新的研究，很难避免研究成果"过时"的问题，以致难以同步追踪外国法学研究与法治实践的前沿与热点，从而削弱了外国法研究的力量与效果。

另外，由于译介者在语言能力、学术视野、专业素养及跨文化理解等方面存在差异，在对部分文献或者法律规则进行翻译的过程中，难免会带有译者本人的理解和选择，甚至误译。而研究者一旦依据此类文献对相关问题展开研究，必然会出现以讹传讹的现象，限制研究视野，不利于外国法研究。

外国法研究之所以依然存在依赖非外语文献的现象，主要是囿于外语能力之限制，学者收集外语文献的能力和渠道较为有限，特别是一些小语种国家的法律文献研究，这个问题尤为突出，因此只能退而求其次，依赖译介的文献。这种情形在我国法学研究的起步阶段较为常见，洵可理解。因此，外国法研究人才队伍建设，是亟待解决的基本问题。一方面，国家应在基础教育阶段重视非通用语言课程的设置，为涉外法治人才培养奠定语言基础；另一方面，对涉外法治人才培养单位应在政策上给予更多的倾斜，突出法治人才培养特色，重视对能够运用非通用语种进行科研的涉外法治研究人才的培养。

涉外法治研究人才的培养也可以拓展外国法研究范围，这是外国法研究转型的必然选择。从已有研究成果看，以比较、借鉴、移植为主要目的的外国法研究，长期以来都坚持以欧美为中心，从外国法研究的角度来看这是非常吊诡的现象，限制了对欧美之外其他国家法律制度和法治实践的关注和认知，导致研究对象单一。

个中缘由，正如前文所述，从事外国法和比较法研究对外语的要求较高，掌握相应的语言才能获取、阅读相应国家的法律研究文献，同时才能对相应国家或区域的法律制度、法治实践进行深入研究，但除了英语之外，掌握其他外语语种的法学研究者较少。

外国法研究在区域国别选择上应当避免盲目跟风，对热点国家和地区的法律制度、法治实践或者法学理论"一哄而上"的研究趋向不利于外国法研究的持续发展。特别是在全球化的时代背景下，各国各地区的法治实践都属于人类的文明成果，在研究地域范围的选择上应当逐步实现去欧美中心主义，将关注视域置于世界各国，拓宽研究视域。

此外，外国法研究应当保持对前沿法律问题的关注。通过对近期我国法学界出版和发表的外国法研究成果进行梳理发现，或许由于部门法立法和司法实践具有更为迫切的需要，部门法学者对前沿法律问题的关注最为集中。在信息化时代，从部门法出发对个人信息权利保障的研究便是例证。

在大数据背景下，个人信息保护面临新的挑战，特别是我国编纂民法典的进程中，关于个人信息保护问题的讨论较多，包括个人信息的内涵、个人信息保护的界限及模式、个人信息保护与个人信息合理正当使用的平衡以及个人信息受到侵害后如何进行救济等问题，民法学界也从比较法和外国法的角度寻求解决路径。[1]

另外，域外有关规范科技运用的法律规则，也是国内法学界关注的重点。特别是人工智能相关法律问题的研究已然成为当下的学术热点，[2]部分刊物和学术机构专门组织人工智能相关法律问题的研讨，研究成果丰硕。部门法学者的研究实践，对致力于从事外国法研究的学者而言，是一个督促和提醒。外国法研究在选题方向上不应回避新技术革命，而要主动探索新技术发展给法律概念、法律规则、法治实践和法学理论所带来的新变化和新挑战，体现外国法研究的前瞻性。

在知识碎片化趋向和法律制度适势而变的背景下，外国法研究的体系化和

---

〔1〕 比如：高富平、王苑：《论个人数据保护制度的源流——域外立法的历史分析和启示》，载《河南社会科学》2019 年第 11 期；丁国民、连浩琼：《我国在个人信息保护模式上的价值选择——以美、德比较法为视角》，载《北京邮电大学学报》（社会科学版）2019 年第 3 期。

〔2〕 比如：龙卫球：《人工智能立法的"技术—社会 + 经济"范式——基于引领法律与科技新型关系的视角》，载《武汉大学学报》（哲学社会科学版）2020 年第 1 期；曹博：《人工智能生成物的智力财产属性辨析》，载《比较法研究》2019 年第 4 期。

系统化亟须加强。"在新的技术条件下，外国法的信息传播不可避免地出现了个案化、点评化、编译化，甚至政治化和娱乐化的趋势。"[1]信息高速传播技术的提升一方面容易导致信息传播的碎片化，会影响对外国法的深刻理解和体系化研究；但另一方面也给持续性关注和跟踪研究区域国别法治动态提供了平台和机遇。

对外国法的研究应当区别于对外国法的译介，深入、系统且不乏学术性是其典型特点。对外国某一宏观法律制度甚至具体法律概念的研究，都属于外国法研究的范畴，但从既有理论深度又有现实关怀的层面来看，对外国法进行体系化深入研究，应当是外国法研究未来的发展方向。这也是本研究团队近年来持续从事的工作。通过发挥多语种优势，长期跟踪研究区域国别法治动态，全面介绍、持续关注、深入研究其中典型的法律问题，挖掘其法律制度中的特点和优势，在译介的基础上，进行理论层面的系统探讨。

当然，法律制度具有民族性，外国法移植可行性争论的一个共识是，对外国法律并不能照抄照搬，应当注重对域外制度的内容译介，而且要对制度依存的法律文化基础进行探索。外国法研究的转型同样需要关注类似问题。瞿同祖先生明确指出："任何社会的法律都是为了维护并巩固其社会制度和社会秩序而制定的，只有充分了解产生某一种法律的社会背景，才能了解这些法律的意义和作用。"[2]

而已有的研究成果和研究经验可以证明，翻译和介绍某一域外法律制度相对容易，但对制度和规则产生的社会、文化背景进行基础研究则是一项浩大的工程。特别是受制于语言习惯和思维模式，往往难以对域外某一制度或法律规则所蕴含的价值进行深入考量。事实上，国内法在适用层面进行法律解释的复杂性就是明证。

然而，无论是强调外国法研究的借鉴目的，还是对接国家"走出去"战略的需要，要想准确理解外国法，就不能仅仅关注制度本身。正如霍姆斯所说："法律包含着一个民族跨越许多世纪的发展故事……为了知道法律现在是什么，

---

[1] 田雷：《第二次的相逢——论外国法研究的历史转向及其中国问题意识》，载《探索与争鸣》2017年第4期。
[2] 瞿同祖：《中国法律与中国社会》，中华书局2003年版，导论，第1页。

我们必须知道它的历史以及它可能的未来。"[1]可见，研究法律出台的背景和历史发展同样重要。

"徒法不足以自行"，对外国法律制度的研究，还需要重视对其法律实践运作情况的考察。法律具有实践性特征，仅仅关注外国有关立法动态，而对相关法律的实施问题避而不谈，就会产生"只见树木，不见森林"的片面研究成果。当然，对法律适用的考察需要关注大量的司法案例，远比以规则为中心的研究难度大。但外国法研究不能回避难题，在译介外国法的基础上，应当重视持续跟踪该制度的实践状况。

三、本书的定位及主要内容

"一带一路"倡议为外国法研究提供了新的契机，外国法研究已是法学各领域关注的热点。本书尝试从新的视角审视和研究外国法及其理论，丰富外国法的研究内容，开拓外国法研究的新视域。在外国法研究对象的选择上，以对接国家战略、服务我国"一带一路"倡议、回应经济全球化背景下人类法治文明成果共享的现实需要为标准；对区域国别的选择并不局限于比较法学界长期重点关注的欧美国家，而是以一种更加开阔的视野，探索其他非欧美国家之法律制度和法治实践；在具体内容上，对国内外国法研究团队尚未深入研究的前沿法律领域和国内法律制度尚需完善的域外类似法律制度进行考察，不仅要着眼于对某项制度或者新兴权利的介绍，而且要重视对相关法律制度和权利实际运作过程的分析，包括但不限于相关配套制度和其所依赖的法律文化和历史背景。

本书在遵循外国法研究基本规范和研究趋势的前提下，注重发挥外国法研究团队的研究方向和语言优势。由擅长相应语言和研究方向的研究人员研究相应国家的法律制度，利用外语文献进行深入研究，避免研究所依据的材料陈旧过时，尽量确保研究的准确性、严谨性和及时性。此外，同步追踪外国法学研究与法治实践的前沿与热点，也是本研究的目的。对此，本书主要由七部分构成。

第一部分探讨英国律师职业特权规则问题。律师职业特权的构建是规范

---

[1] Oliver Wendell Holmes, Jr., *The Common Law*, Harvard University Press, 2009, p.3.

律师与委托人关系的重要制度。律师是法律职业共同体中的重要组成部分之一，从定位看，律师是维护法治和实现社会正义不可或缺的角色，我国《律师法》第 2 条[1]规定"律师是为当事人提供法律服务的执业人员"。律师在执业过程中，其主要任务是为当事人提供法律专业服务，包括法律咨询、代理案件等。律师执业规范要求其在法律规定的框架内为委托人服务，并不得损害委托人的利益。律师作为委托人的代理人，如果违背职业伦理规范，泄露其在提供服务过程中所知晓的当事人的秘密或隐私，就会对律师和委托人之间的信赖基础造成损害。所以为确保当事人能够自由地与其律师进行信息交流以获取恰当的法律意见，英美法国家普遍规定了律师职业特权规则。在这项规则下，当符合法定条件时，当事人可以拒绝公开并能阻止其律师或者第三方公开其与律师之间的秘密谈话和书信往来。

在我国司法改革的过程中，律师在司法活动中的作用不断加强，诉讼代理人制度和辩护制度日趋完善，理论界和实务界已经意识到毫无保留地披露委托人与律师之间的交流信息，可能使委托人和律师之间的关系处于十分紧张的境地。出于对事实真相的追求，我国刑事诉讼法仅规定了律师保密权利，[2]但该权利并非委托人的权利，这不利于维护律师与委托人之间的信任关系。我国立法越来越重视证据规则的完善，但对于如何解决律师与当事人之间的信息交流及保密问题，依然未能在证据规则中有所体现。

英国早在伊丽莎白一世时期，就确立了一项传统的证据规则——律师职业特权规则以保障当事人争取合法法律意见的权利。这一证据规则是以特定的身份关系或职业关系为基础的，如婚姻关系特权、律师与委托人关系特权、医患关系特权等，其中律师职业特权最为引人关注。律师保守因执业而获取的当事人的秘密不仅是行业道德的要求，还需要从证据规则的角度对此予以规范，确立律师职业特权，明确享有该权利的主体，能够更好地保护律师与当事人的沟通交流。英国普通法关于律师职业特权规则的形成具有深厚的历史渊源，并在

---

[1]《律师法》第 2 条："本法所称律师，是指依法取得律师执业证书，接受委托或者指定，为当事人提供法律服务的执业人员。律师应当维护当事人合法权益，维护法律正确实施，维护社会公平和正义。"

[2]《刑事诉讼法》第 48 条："辩护律师对在执业活动中知悉的委托人的有关情况和信息，有权予以保密。但是，辩护律师在执业活动中知悉委托人或者其他人，准备或者正在实施危害国家安全、公共安全以及严重危害他人人身安全的犯罪的，应当及时告知司法机关。"

很大程度上影响了其他国家，如美国、澳大利亚等，因此对英国证据法上的律师职业特权规则进行研究具有重要的现实意义。

第二部分是对日本成年意定监护的监督制度的研究。意定监护的监督制度是应对意定监护局限性的必要措施。作为回应人口老龄化问题的意定监护制度，已经被步入人口老龄化的国家确立为一项重要的制度。我国当下同样面临人口老龄化等问题，相关立法也确立了意定监护制度，2015 年修订的《老年人权益保障法》第一次提出老年人意定监护制度，2017 年 3 月审议通过的《民法总则》将意定监护制度的适用主体从老年人扩展到成年人，现行《民法典》也做出了规定。但目前我国成年意定监护制度尚处于起步阶段，相关规定过于宏观，出现意定监护人侵占被监护人财产，损害被监护人利益的情况。因而，进一步完善意定监护制度，提前预防未来意定监护中监护人滥用权利侵害被监护人利益，保障意定监护宗旨的实现，乃是当务之急。

成年意定监护的监督制度是日本意定监护制度的重要内容。日本在面临人口老龄化、少子化等社会问题的情况下，于 2000 年实施了新的成年监护制度。为了监督意定监护人的监护行为，防止监护人滥用权利，保护被监护人的利益，其在修改民法中关于成年监护制度的同时，制定了《意定监护合同法》，对意定监护的监督制度做出规定。因而，本书第二部分较为系统地梳理日本成年意定监护的监督制度，便于今后我国在完善成年意定监护制度、构建意定监护的监督制度时借鉴日本的经验和模式。

第三部分考察智利离婚子女抚养权归属的判定制度。保障儿童的健康成长是一个全球性命题。通过国内立法保护儿童的权益是法治国家的普遍做法，联合国早在 1959 年 11 月 20 日就通过了《儿童权利宣言》，明确了各国儿童应当享有的各项基本权利。1989 年 11 月 20 日，联合国大会又通过了《儿童权利公约》，这是一个保护少年儿童权益的国际性公约。但是，要在各个不同的国家完整地落实儿童保护制度，实现保护儿童权益的宗旨，则需要建立既符合国际人权理念，亦融合本国国情的法律规则体系。儿童作为特殊群体，有权享受特别照料和帮助，其权益容易受到来自不同层面的侵害，而家庭对于儿童而言，是其健康成长的主要环境。基于婚姻自由，离婚也是婚姻双方可以选择的权利，但当孩子面临父母离异带来的家庭破碎的情境时，如何将对他们不可避免的伤害最大限度地降低，并建立一个能让其快速适应且最有利于其日后成长发展的家庭环境，有赖于兼顾情理的法律制度。

对此，智利通过原民法典以及 20.680 号法律所建立起来的成熟的亲子关系法律制度，不仅总结了其多年来儿童权益保护实践的经验和教训，使之更加贴合智利社会现实并符合世界人权发展的潮流，而且在立法中充分考虑了社会学和心理学对父母子女关系的观点，以亲情为纽带达到子女权利与父母权利最大程度的平衡，对多年来智利社会关于家庭亲密关系的讨论做出了明确的回应。目前，智利对父母离婚后子女的权利保护已经形成了比较科学的规则体系，兼顾父母婚姻自由等权利与儿童受保护等权利，"父母之爱的法"得到了拉美各国乃至国际社会的一致肯定。我国同样面临父母离婚后儿童权利如何保障的问题，而智利离婚子女抚养权归属的判定制度，可以为我国离婚亲子关系法律制度的进一步完善提供借鉴。

第四部分主要研究加拿大公司法中的压迫救济制度。公平与效率何者更具优先性，是人类社会发展过程中一个引发长期争辩的论题。在立法层面，公平与效率均为重要的价值，但两者往往以紧张的关系呈现。对公平的追求，势必影响效率价值的实现；而对效率的过分追求，也必然会牺牲一定的公平。具体到公司法领域，若其制度建构倾向于公平，则可能导致公司运营效率低下，但若其过分倾向于效率，则可能忽视弱势群体的地位及其权利的保障。任何一个公司的股权均不可能被所有股东平均持有，因此在其内部必然产生持有多数股份的大股东与仅持有少数股份的小股东。实际上，公司股权结构不平衡会导致诸多问题。比如在某些情形下，大股东在行使其权利时通常考虑其自身的利益而忽视小股东的利益，因此各国公司法的一个重要使命便是持续强化公司小股东的合法权益在受到侵害时的救济制度。

加拿大是一个世界经济大国，其良好的经济发展，得益于其丰富的自然资源，更应该归功于其法律制度。由于历史原因，加拿大法律制度深受英国和法国影响。肇始于英国 1948 年公司法的压迫救济是普通法系国家特别是英联邦国家公司法下的一项重要的小股东权利救济制度，该制度适用灵活，保护范围大，不仅是保护小股东权利的一把锋利宝剑，而且是维持公司公平与正义运营的一项重要司法机制。经过数十年的发展，加拿大公司法中的压迫救济制度在英美法系国家中已经具有标杆效应，影响力巨大。因而，对加拿大公司法中具有鲜明特色的压迫救济制度进行研究，具有重要意义。

第五部分重点梳理韩国儿童青少年性保护法的内容。儿童和青少年性侵害是一个长期以来受到世界各国普遍关注的问题。近年来，我国未成年人性侵害案件仍呈多发态势，屡禁不止。2018 年 5 月，最高人民检察院公布的数据显示，在提起公诉的案件中，性侵害和伤害案件占较大比例，在成年人侵害未成年人犯罪中，强奸、猥亵儿童、强制猥亵、组织卖淫等性侵害案件比例较大，不少地方达 60% 以上。[1] 因此，未成年人的性保护与打击预防未成年性侵害成为一项刻不容缓的课题。我国目前在《刑法》《未成年人保护法》以及《最高人民法院 最高人民检察院 公安部 司法部关于依法惩治性侵害未成年人犯罪的意见》中对性侵害未成年人的犯罪行为作了规定，但仍有较大的完善空间。

而与我国地理位置相近的韩国则针对儿童、青少年性侵害问题制定了比较完备的法律。韩国自 2000 年制定《青少年性保护法》以来，不断地修订完善该部法律，以更加有效地保护儿童、青少年的合法权益，从其实践状况来看，成效显著。本书第五部分将对韩国儿童、青少年性侵害规制进行系统研究，以韩国《儿童青少年性保护法》的主要内容为研究对象，同时梳理和介绍该法出台的背景及立法沿革，以期较为全面地评价和理解该部法律，为我国完善未成年人性保护制度提供思路。

第六部分是对法国追续金计征制度的考察。随着市场经济的不断发展和文化产业的不断繁荣，中国的艺术品市场正在蓬勃发展。在此背景下，艺术家与艺术品交易商之间的利益分配不公的矛盾也越来越尖锐。为了缓和这一矛盾，我国在《著作权法》的修订中引入了追续权制度。该制度于 1920 年确立于法国，当时法国艺术品市场正处于从官方沙龙到艺术市场的过渡阶段，失去官方赞助的艺术家们，生活难以维持，与此形成鲜明对比的是，艺术品交易商们却从艺术品的转售中获取了巨额利益。因此，为了平衡二者的利益，保护作者及其继承人的合法权益，依据民法中的公平原则设置了追续权制度。虽然英美法系国家早期对该制度有不同观点，但自英国于 2006 年将追续权写进法律后，基于该制度的优势，越来越多的英美法系国家将该制度纳入自己的法律体系之中。

从立法上对著作权人的权利进行充分保护，不仅是推进我国艺术品市场繁

<hr>

[1]《最高检：侵害未成年人犯罪性侵案占比大》，载新浪网，http://news.sina.com.cn/sf/news/fzrd/2018-05-30/doc-ihcffhsv4488842.shtml，2019 年 10 月 21 日。

荣的重要保障，也是完善我国著作权法的需要。法国作为追续权的发源地，在经历了两次重大变革之后，其追续权制度已经形成完整的规范体系，具有很强的操作性。我国在充分考虑文化发展和艺术品市场的现状及法律完善需要的前提下，可以借鉴法国追续权制度，确立符合我国著作权保护实际的追续权制度。因此，有必要对法国追续金计征制度进行系统的研究。

第七部分主要探讨基于区块链技术的数字货币交易法律规制，具体考察白俄罗斯的数字经济立法。互联网技术的不断发展催生了云计算、大数据、人工智能和区块链技术等。数字货币的诞生依托于互联网金融的蓬勃发展，其去中心化、无地域限制、无实际形态等特征大大提升了全球范围内金融行业的运行效率，具有传统货币支付难以匹敌的优势。然而，数字货币的匿名性和难以追踪等特征常常被犯罪分子利用，使数字货币市场投资者和消费者合法权益遭受损失，与其相关的民事纠纷和刑事犯罪在司法实践中屡见不鲜。法律的滞后导致立法的缺失，如果监管不能及时有效地介入，将会造成数字货币市场的混乱，不利于金融秩序的稳定。

数字货币本质上是脱胎于电子货币和虚拟货币的特殊的货币形态，是数字经济时代的产物。分析数字货币的货币性质与法律性质是研究数字货币交易法律规制问题的基础。法学理论界关于包括数字货币在内的虚拟货币究竟是何种性质的财产一直存在争议，主要有知识产权说、债权说、物权说三种学说。域外国家对此问题也有较多争论。白俄罗斯共和国对此展开了系列研究，其立法实践也较为成熟。

白俄罗斯共和国于2017年12月21日签署发布了《关于发展数字经济》第8号法令，并于次年实施了这一规范区块链行业与数字货币交易的法案。该国由此成为世界上第一个智能合约合法化的国家，成为最适合数字经济业务发展的司法管辖区之一。其立法思想中蕴含着对区块链积极包容的态度。法令明确了一系列关键技术的法律概念，并在高新科技园区内给予法人实体相关领域经营的权利，同时也给予自然人参与的权利。该法令将数字货币等虚拟货币规制纳入法律框架，其中将数字货币作为一种数字权益证明的准确认定在世界范围内具有开创性意义。对此，以白俄罗斯对数字经济的立法为研究视角，思考我国未来如何对数字货币交易进行监管与立法，有助于探索适合我国的数字货币交易监管制度。

第一章　英国律师职业特权规则

一、英国律师职业特权规则的基本理论

（一）律师职业特权规则的内涵

"特权"（privilege）在英文中是一个普通且常用的词语，本章所述特权[1]在证据法上是指某些具备做证条件的人能以某种特殊事由为依据拒绝提供证言或答复某些问题的权利。"特权规则"在英美法系国家的法律中是指，基于宪法性保护、特殊职业关系以及社会伦理等方面考虑，赋予诉讼当事人或特殊第三人就其所知晓的案件相关情况拒绝做证或提供证据的一项证据法上的权利。

在英国证据法上，律师职业特权（Legal Professional Privilege，LPP）规则[2]一度是维护司法公正的核心问题之一，作为与反对自证其罪特权（Privilege Against Self-Incrimination）和不受损害特权（Without Prejudice）[3]并列的私人特权之一，它的存在主要是为了维护委托人与其律师之间善意的信息交流，若不存在当事人放弃或因其他特殊事由而丧失特权的情形，交流内容一般不被披露。

1. 律师职业特权规则的定义

英国律师职业特权，是指委托人与其律师之间就正在进行的以及预期会发生的诉讼或者当事人为获取法律意见而进行的信息交流受法律保护，若无委托人授权或其他特殊情形而导致特权规则不能适用，这类交流内容可免于作为证

---

[1] 大陆法系国家多称之为"拒证权"，英美法系国家则多使用"特权"这一概念。

[2] 我国学界有不同的表述：有称"律师职业特权"，参见王春日《证人特免权规则研究》、王进喜《刑事证人证言论》以及由中国政法大学组织编译的《英国刑事诉讼法（选编）》等；有称"法律职业特权"，参见齐树洁《英国证据法》《英国证据法上的律师特权规则及其借鉴意义》。笔者认为，所谓法律职业，其从业者并不限定于律师，还应包括法官、检察官等，该范围超出了本章所探究的特权主体，因此本章论述采用"律师职业特权"的表达。本章所称"英国"单指英格兰和威尔士地区，不包括苏格兰地区。

[3] 齐树洁主编：《英国证据法》，厦门大学出版社2014年版，第168页。

据开示。[1]从定义表述上分析，律师职业特权规则主要包含两方面含义：一是当事人为获取法律意见或者律师为提供法律意见而进行的秘密交流受法律保护；二是委托人与其律师之间为准备诉讼（包括正在进行的或预期可能会进行的诉讼）而进行的交流受法律保护。

法律系统运行的原则之一，即一切相关可能的证据不论其是否敏感，是否涉及私人秘密都应该被移交法庭以接受审查，法庭才能在信息最大化、证据最优化的基础上确定案件的争点所在。律师职业特权规则的存在可以说是这一原则的例外。[2]这项规则允许保留律师和客户之间某种通信的秘密性，即使通信所涉及的内容与事实真相密切相关，也不被披露，这就是律师职业特权概念中所指的"特权"，亦可以理解为一种普适规则的例外。为了强调权利的实质主体是委托人个人而非被委托人（律师），该权利也被称为"当事人法律特权"（Client Legal Privilege）。

根据英国普通法，在刑事诉讼及民事诉讼程序中，下列交流内容属于受律师职业特权规则所保护的范畴，免于证据开示程序：（1）法律顾问和委托人之间所进行的所有书面或口头的交流；（2）法律顾问和委托人之间以及法律顾问或委托人自己与第三者之间为已经存在的或预期发生的诉讼，而进行的所有书面或口头的信息交流；且与该第三方交流的唯一或主要目的是为该诉讼做准备工作。[3]

2. 律师职业特权规则的分类

英国的律师职业特权规则主要包含两种类型。

第一，法律意见特权（Legal Advice Privilege，LAP），即在当事人与其法律顾问之间，为当事人寻求法律意见或者法律顾问在合法的范围内提供法律咨询所进行的必要的信息交流受特权保护，得以保密，这一类型的特权范围可扩展到为寻求与提供法律意见而产生或创造的相关文件和项目。主要涵盖以下几方面内容[4]。（1）当事人向其事务律师或者由其事务律师代为向委托的出庭律师

---

[1] L.B.Curzon, *Dictionary of Law*, 6th edition, Law Press, 2003, p.333; See also Police and Criminal Evidence Act 1984, s19（6）.

[2] Penelope Giles, "Waiver of Legal Professional Privilege", *Brief*, Vol.43, No.4, 2016, p.12.

[3] Martin Hannibal, Lisa Mountford, *The Law of Criminal and Civil Evidence: Principles and Practice*, Longman, 2002, p.193.

[4] Adrian Keane, *The Modern Law of Evidence*, 3rd, Butterworths, 1994, pp.453-454.

传达的案件指导（instructions）。（2）由事务律师代为传达的专门法律顾问（外聘律师或出庭律师）的意见。（3）律师团队为给律师提供应有的指导或协助而自行编撰的法律文书，且记录有律师本人的法律意见。（4）上述已经成文的交流意见的法律文书复印件。（5）部分已经存在的文书资料。律师从当事人或者第三方处获得的业已存在的文书资料，其本身并不属于特权保护的范围，但若是经过事务律师的复制或梳理，可能存在暴露律师将要向其当事人提供的法律策略的倾向时，该文件因承载受特权保护的法律意见而属于受保护的文书资料范围。

第二，诉讼特权（Litigation Privilege），即当事人与第三方之间或当事人的律师与第三方（如潜在的证人或专家证人）之间进行的信息交流也属于特权的保护范畴，且该交流的核心目的只能是为预期的或未决的诉讼做准备[1]。无论是否与诉讼相关，为了获取合适的法律意见难免需要从专家证人处获得一些书面意见陈述，而这部分交流内容究竟能在多大程度上受到特权的保护往往取决于对核心目的的认定，这一认定也成为案件中的难点问题。

不论受特权保护的交流发生在英国还是其他地方，也不论该预期的或未决的诉讼发生在英国或其他地方，以上两项特权均毫无例外由当事人主张。[2]

3. 律师职业特权规则的属性

律师职业特权规则是英国《1998 年民事诉讼规则》（Civil Procedure Rules 1998，CPR）第 31 条[3]规定的一般民事证据披露规则的一项例外，作为一项保障基本人权的规则，它不仅长久地存在于英国普通法中，而且得到欧洲人权法院的承认。不论是在诉讼过程中，还是在寻求一般法律帮助的情况下，它都维护应当受特权保护的材料的秘密性。从某种意义上来说，特权规则是绝对的，它不会与其他公共利益因素产生对抗继而相互抵消，只能通过明确的法规予以否定。

特权规则已不仅仅是一项简单的证据规则，它被视为一项维护司法正义的基本原则。英国大法官泰勒勋爵（Lord Taylor CJ）对该特权在现代法律中的重

---

〔1〕 Adrian Keane, *The Modern Law of Evidence*, 3rd, Butterworths, 1994, p.453.

〔2〕 Andrew L-T Choo, *Evidence*, 3rd Edition, Oxford University Press, 2012, p.224.

〔3〕 CPR 31.6: "Standard disclosure requires a party to disclose only: (a) the documents upon which he relies; and (b) the documents which (i) adversely affect his own case; (ii) adversely affect another party's case; or (iii) support another party's case; and (c) the documents which he is required to disclose by a relevant practice direction."

要性做出精辟的总结："在所有司法判例中有一个贯穿始终的原则，即对于一个需要法律帮助的个人来说，他必须能够自信、自如地接触到律师并能够坦然地向其寻求法律咨询。若这种信任不复存在，律师最终得到的可能只有一半的事实。当事人必须确保他在私下和律师的通信往来未经他的同意不会在法庭上被公之于众。因此，在某些特殊案件中，律师职业特权要比一般的证据规则更为重要。它的确立是保证司法整体正义的一项基本条件。"[1]

（1）权利的主体

律师职业特权是属于委托人并且为维护委托人利益而存在的权利[2]，权利的主体并不是法律意见提供者，其是否放弃也应当由委托人决定。

为寻求法律意见而创造的书面文件能够享有特权保护，且保护的程度并不会因为文件持有者的不同而有区分，即这类已经存在的书面材料并不会因为从委托人到事务律师的移交手续，或者当与诉讼相关时从事务律师移转至第三方而享有更多的保护。[3]换言之，文书最终是否能受特权保护而免于被披露取决于委托人对该文件主张的律师职业特权成立能否得到法庭的认可，而非因该文件的持有者不同而产生不同的结果。在女王诉彼得伯勒治安法官一案[4]中，委托人以获取法律咨询为由将一份伪造的文书交给了自己的事务律师，法院签发了针对该事务律师办公地的搜查令以追查这份文书，该文书并没有因为在律师的手中而享有特权保护，即使该文书在委托人的手中也不会受到特权保护。由此可以看出，特权能否主张以及主张所产生的后果取决于权利主体即委托人，而非律师。

（2）权利的效力

英美法根据特权所要保护的利益将其划分为以公共政策为根据的特权和私人特权。私人特权涵盖了以个人身份行事的法律实体可能要求的若干独立特权，私人法律实体包括个人或公司，以及具备私人法律行为能力的地方当局等公共机构。私人特权属于当事人个人所有，对该特权的主张也由当事人自己来

---

[1] Martin Hannibal, Lisa Mountford, *The Law of Criminal and Civil Evidence: Principles and Practice*, Longman, 2002, p.194.

[2] Paul Nicols, Mattew Skinner, "Attracting and Preserving Legal Professional Privilege", *Commercial Law Quarterly*, Vol.21, No.1, 2007, p.3.

[3] Adrian Keane, *The Modern Law of Evidence*, 3rd, Butterworths, 1994, p.459.

[4] See R v. Justice of the Peace For Peterborough, exp Hicks[1977]1 WLR 1371（DC）.

提出。[1] 英国《1998 年民事诉讼规则》对特权也有类似的定义，即当事人基于法律认可的特殊利益有权拒绝披露某一文件、制作某一文件或拒绝回答相关询问。由此，基于公共利益的考虑，一般情形下，由当事人所持有的特权材料（privileged material）在不受强制披露的同时，也不会被要求作为证据提交。[2] 律师职业特权正属于这种重要的私人特权之一。

适用私人特权规则的效果与主张公共利益豁免原则所产生的法律后果相似，都可以在一定程度上避免在预审或审判阶段部分口头或书面陈述以及文书证据被强制披露，即此类证据会被法院依法予以排除，而不会被列为应当听取或可采纳的证据。但它们之间的区别主要在于，前者是属于当事人或证人的私人权利，不能由任何其他人来主张；而后者是为保护国家特权或政府特权而设，旨在保护在公共领域运作的组织的机密性，如警察部门、安全部门、地方当局和政府外交部门等。[3]

（3）权利所保护的对象

特权规则所保护的对象是交流通信，而非咨询记录或出席记录等文件。在实践中，大多数由委托人传达的指导意见或律师给出的法律意见是通过书面形式保留下来的，形成档案纪要、证据材料等。因此，根据交流形成的书面记录材料本身是否应当被排除在特权保护的范围之外尚有争论。

（二）律师职业特权规则的渊源

律师职业特权规则根源于英国普通法，这一概念具有深厚的历史渊源，最早可追溯到古罗马时期。古罗马政治家、律师西塞罗，在起诉西西里岛的罗马总督时，发现自己受制于基于某项职业信任关系所形成的豁免权，并在罗马法中找到了依据，即检察官与辩护律师，均不能作为适格的证人主体[4]。一般认为，该特权是在 16 世纪伊丽莎白一世统治时期确立的，[5] 关于它的适用原则等

---

〔1〕 Martin Hannibal, Lisa Mountford, *The Law of Criminal and Civil Evidence: Principles and Practice*, Longman, 2002, p.192, 492.

〔2〕 齐树洁主编:《英国证据法》,厦门大学出版社 2014 年版,第 168 页。

〔3〕 孙维萍:《证据法学》,上海交通大学出版社 2009 年版,第 358—359 页。

〔4〕 G.L.Peiris, "Legal Professional Privilege in Commonwealth Law", *International and Comparative Law Quarterly*, Vol.31, No.4, 1982, p.609.

〔5〕 最早的案例出现在 16 世纪下半叶,在 Berd v. Lovelace〔1577〕Cary 62 案中,法官支持了律师对委托人出具的法律意见可以免受审查的观点。

也在英联邦法律体系中得以确立。

1. 立法情况

虽然这项特权早已在普通法中得到承认，并在民事普通法中得以适用，但有关律师职业特权的适用却直到英国《1984 年警察和刑事证据法》才被法典化，具体规定于该法第 10 条：

（1）除下文第 2 款另有规定外，在本法中，下列项目受律师职业特权保护：(a) 专业法律顾问和其委托人或任何代表该委托人的人员之间就向该委托人提供法律意见所进行的交流；(b) 专业法律顾问和其委托人或者任何代表该委托人的人员，或者就上述法律顾问或其委托人或任何代表该委托人的人员和任何其他成员之间，以诉讼或准备进行的诉讼为目的的交流；以及（c）为上述交流所附带，或与上述交流相关，而实际发生的项目：(i) 与提供法律意见有关；(ii) 与诉讼或准备进行的诉讼有关，并且以该诉讼为目的。上述律师职业特权项目为应当有权享有的人所拥有。(2) 核心目的为进一步实施犯罪而进行的交流不属于受本律师职业特权所保护的范围。[1]

上述成文法的规定实质上是复制了普通法中有关律师职业特权的内容，将之法典化，法庭在实际操作中，会根据普通法的原则来适用成文法的规定。例如，在女王诉英国伦敦刑事法庭案件[2]中，在希斯罗机场黄金抢劫案发生后，警察全面搜寻赃物的线索。巡回法官授予警方开示权，据此警方有权要求一家律师事务所提供相关信息，并要求其配合提供与若干物品有关的购买记录。虽然最终分区法院以不符合正当程序为由撤销了该法令，但做出进一步的裁定，法院认为财产转让交易记录由于其并不与提供法律意见相关，所以不属于特权所要保护的信息交流的范畴。但是，所有律师与其委托人之间的通信内容却因受特权保护而免于被审查。

律师职业特权规则并非仅仅存在于英国证据法中，其他国家也确立了相关原则。目前，该特权规则的划分共有两种模式：第一种模式是将律师职业特权区分为律师—委托人特权（又称法律意见特权）和律师—第三人特权（又称诉

---

〔1〕《1984 年警察和刑事证据法》第 10 条（Police and Criminal Evidence Act 1984，s10）。
〔2〕 See R v. Inner London Crown Court, ex parte Baines & Baines（a firm），2 WLR 549，1988.

讼特权），如英国、澳大利亚和加拿大；第二种模式是将律师职业特权仅仅限定为律师—委托人特权，而对律师—第三人特权的保护则规定为"工作成果原则"（work-product doctrine），如美国。[1]我国现有的类似保密规定更倾向于第二种模式。

2. 主要判例

律师职业特权规则得以适用的理论基础在于，当客户向律师寻求法律意见时能够公开讨论其案情并提供充分完整的相关信息，而不会因担心信息被强制披露而对律师有所保留，这也是与公共利益相符合的。由于这一特权在民事和刑事诉讼中占有重要地位，针对其适用，法院采用了一套比较严格的执行方法。

英国判例法中记载的关于这一规则的最早适用可追溯至 1577 年伯德诉洛夫莱斯案[2]。在该案中，托马斯·霍特里（Thomas Hawtry）被法院传唤做证，并宣誓他曾经是且现在仍然是本案一方当事人的事务律师且收取了被告的委托费用，该情况被上诉法院民事庭庭长知晓后，法院决议，托马斯·霍特里不受强迫做证，他也不会因不执行法庭命令而被判藐视法庭。实质上，该判例确认了事务律师免除做证的规则。

该规则源于在向律师获取法律知识与援助方面对个人权利的保护，源自一种特殊的契约关系。由于普通公民难以独立把握法律与司法系统的复杂性，若对这种法律援助关系不进行任何保护，当事人将无法向其律师充分披露案件信息进而影响法律建议的效果。正如布鲁格勋爵（Lord Brougham）在格里诺诉盖斯凯尔案[3]中所说："如果关键的事实信息是在法律职业者为当事人提供专业法律服务期间，且只有通过与客户的这种专业关系才能知晓的事项，或者在代表当事人期间关于类似事项形成的书面文件，那么法律职业者不仅应当而且有义务对此类信息进行保密，且无论是当事人一方还是证人，均不被强迫在任何法院披露信息或出示文件。这一规则的存在基础是显而易见的，法律所赋予的这种保护并非源于对法律行业的特别看重，抑或存在任何特定的能够为法律职业者提供保护的倾向，而是出于对正义的考虑。在与人们的权利与义务息息相关

[1] Richard S. Pike, "The English Law of Legal Professional Privilege: A Guide for American Attorneys", *Loyola Univeristy Chicago International Law Review*, Vol.4, No.1, 2006, p.51.
[2] See Berd v. Lovelace [1577] Cary 62.
[3] See Greenough v. Gaskell [1833] 1 M & K 98.

的司法程序的运转过程中，离不开法律专业人士的参与。假若不存在此项特权规则，人人都做自己的法律意见提供者，就没人敢于冒险咨询外部的专业人士或者只会愿意透露一半的真相。"[1]

在 1996 年的女王诉德比裁判法院一案[2]中，原案一名 16 岁的女孩被谋杀，原案犯罪嫌疑人（本案上诉人）被捕，并向警方声明，谋杀案确系其一人所为。但随后他撤回了前次声明，并声称尽管他曾出现在犯罪现场，但是真正杀死女孩的人是自己的继父。依据其后一次陈述，上诉人在刑事法庭被宣告无罪。随后，他的继父被指控犯有谋杀罪。在对继父的审判程序中，上诉人被召为控方证人，并重申了他的继父才是杀害女孩的凶手的说法。辩方对他就谋杀案向他的律师发出的指示进行了盘问。上诉人向法庭主张其律师职业特权，但根据其继父依照《1980 年裁判法院法令》第 97 条提出的申请，裁判官发出传唤，指令该上诉人及其律师出示有关证据，理由是在《1980 年裁判法院法令》第 97 条的范围内，这些证据可能对案件起决定性作用，是必需的。在案件复审过程中，高等法院分庭虽然维持了地方法官的裁决，但认为该案件应当由上议院复审。

上议院在准许上诉的同时，认为即使是根据法令第 97 条也不能传唤证人以强制其开示受律师职业特权规则保护的信息内容，除非该特权已由权利人声称放弃，而在本案中，该上诉人并没有声称放弃。

（三）特权规则存在的价值基础

任何一项法律制度的存在都有其必然性。律师职业特权规则旨在维护律师与委托人之间的秘密关系，这也是合乎公共利益要求的。通过在实践中不断地适用，特权规则在逐渐获得新的现实意义的同时，产生了不少价值上的冲突与争议。

1. 维护个人权利的需要

起初，律师职业特权规则的存在是为了维护律师的誓言和尊严，反映的是一种精神层面的绅士尊严。在律师职业发展的早期，法律职业与生俱来的尊严和高尚被认为具有广泛的价值。对这样有尊严的群体来说，泄密是一种为人所不齿的行为。法官，作为这一群体的代表，更没有理由要求律师泄露秘密。因此，以法庭的强制力传唤律师到庭以将其委托人的事项公开，被普遍认为是有

---

[1] A. Lorraine E. Newbold, "The Crime/Fraud Exception to Legal Professional Privilege", *The Modern Law Review*, Vol.53, No.4, 1990, p.472.

[2] See R v. Derby Magistrates' Court, ex parte B, AC 487, 1996.

欠妥当的做法，也会使律师本人无法继续执业。基于此，需要为律师设立一种保障即特权制度。律师职业特权原本是属于律师的权利，不过随着社会的变迁、基础理念的日渐衰微，该特权存在的理论基础也发生了变化，主体资格逐渐让渡于委托人而产生了特权规则。[1]

律师职业特权制度为律师独立且有效地进行法律服务提供了强有力的保障与支撑。律师既相对于委托人而独立，也不受制于国家公权力机关。律师职业特权规则在平衡各方利益的同时，增强了委托人及其律师在法庭上的有效平等对抗，保证了律师活动的独立性，也鼓励律师充分发挥主观能动性为当事人争取权益。对律师与其委托人之间的交流提供保护可以使在法律专业上处于相对弱势地位的当事人获得最大限度的帮助。这也体现了英国证据法的某种价值取向，即对个人利益的保护有时会超越发现真相的价值。对私人权利的维护奠定了特权规则的存在基础，但这并非意味着对查明事实真相不重视，法庭亦鼓励知晓案情的人能如实陈述，不过仅仅是鼓励，而非"强制"。

2. 维护律师职业基础的需要

律师职业的所谓忠与诚，暗含着在涉及委托人的案件中律师不得成为证人的观念，这一理念根深蒂固。16世纪的相关案例中就出现了一些类似的观点，即认为事务律师和出庭律师为委托人所做事务可免除法庭的问询。又出于维护律师行业的高尚和尊严考虑，律师职业特权规则应运而生。如果没有特权规则的保护，则对方当事人有权要求披露信息，这将会使律师处于可能构成伪证罪、伤害委托人、藐视法庭的三难境地。

同时，个别法律从业者对这一职业操守的违背损害的不仅是其个人形象，更是整个职业的形象。律师与当事人之间一旦产生信任危机，合作的基础就会被大大地削弱，甚至会产生某些纠纷。这种情形不仅会影响当事人与律师之间的沟通合作，极易在律师和委托人之间造成意见分歧，妨碍其他当事人的诉讼，而且会影响律师的办案质量，进而影响委托人的利益，对整个行业的发展不利。

出于维护律师工作成果考虑，律师在办案过程中，与当事人或相关第三人进行交流是必不可少的，这样的交流涵盖律师的调查取证、出具法律意见文书

---

[1] Estelle Promislo, *Confidentiality and Privileged Communication*, Oxford University Press, Social Work, Vol.24, No.1, 1979, pp.10–13.

以及为诉讼准备证据材料的各项工作。如果轻易对这些内容进行开示，就可能将律师的辛苦工作成果拱手让给对方，使法律服务事倍功半。或许这也是英国证据法设立律师特权规则的原因之一。

3. 价值冲突选择的需要

一种制度的设计，不可避免地会面临诸多的价值选择和实现问题，而律师职业特权规则正是这些价值冲突选择的结果。

首先，个人利益与社会利益。个人利益和社会利益是证据规则必须权衡的一对价值。英美法系基于西方的传统文化，其价值定位向个人有所倾斜，即社会的基本单位是个人，对个人利益的集中保护方能彰显社会利益，个人利益与社会利益唇齿相依、互不分离。律师职业特权便是通过保护个人利益，来实现社会的整体利益。从表面上看，委托人求助于律师，目的是借助法律实现权利和维护自由；律师忠于委托人个人的最大利益，向委托人提供最好的建议，承诺协助其实现合法的目标，特权直接指向的是个人利益，似乎没有过多地体现给社会和公众带来的最大利益。但实质上，双方律师各自按照委托人的最大利益行事，两两最佳保护、相互冲突的结果，就会产生社会的最大利益。

从实践来看，律师职业秘密的公共性理论基础已基本得到各国的确认。从基本内核上探究，律师职业特权问题可以看作是利益权衡纠葛。在一定程序中，律师职业特权所维护的委托人与律师进行推心置腹交流的利益，高于在法庭上公开有关事实可能获得的社会利益，律师职业特权是通过保护个人利益来实现社会利益的。[1] 因此，维护个人权利与以发现事实为目标的社会利益之间并不存在绝对的冲突。

其次，法律价值与社会道德价值。定分止争是法律价值的体现。当事人一方知悉案件情况，承担提供证据的义务，是发现客观事实的法律价值要求。但这种法律价值要求，不能替代相关社会道德价值的考虑。律师职业特权的保密性超越了其他任何同样以提供专业服务为目标的职业关系的保密性，如医生患者之间、宗教人士和教徒之间等，权利背后蕴含的社会道德伦理价值是不可忽视的。

律师职业特权虽然在一定程度上阻碍对事实真相的发现，但是它使委托人

---

[1] 孙维萍：《证据法学》，上海交通大学出版社 2009 年版，第 357—358 页。

能够充分坦然地向律师描述案情事实，从而获取有益的法律帮助，体现了社会道德的基本原则，维护了人与人之间的诚信。[1]因此，律师职业特权在确保法律价值实现的同时，也确保了社会道德价值的实现。

4. 保证司法整体利益的需要

当事人能够通过律师职业特权规则保证自己获取行之有效的法律帮助，从而使司法领域的整体效率和正义得到保障。因为审判过程中有经验丰富的律师的参与和引导，律师通过与当事人的交流获得全部事实真相后，才能以最低的成本为当事人提供最有效的法律意见，才能最大限度地履行其职责。法律的复杂性对于外行当事人来说，本身就是不公平的，同时，律师职业特权的目的之一在于鼓励人们尽早向律师寻求法律帮助，在充分信任的基础上，信息的绝对数量有所增加，而另一方面委托人基本都会采纳律师的意见，通过律师的积极工作，维护法律的公正。[2]

在司法实践和证据法理论中，并不是一方当事人的所有事实和行为都正确和合法，而另一方完全不正确与不合法。在大部分案件中，每一方当事人都有其不利因素。如果没有特权保护，当事人就不能充分地对案件利己和不利己的部分进行权衡和比较，占据部分有利条件的人可能会因为案件的不利部分而怠于寻求咨询。同时，在没有律师职业特权保护的对抗制诉讼下，伪证行为可能频繁出现，也可能拖延诉讼。因此，律师职业特权可以在一定程度上加快整体诉讼的进程，减少整体诉讼的成本，保证司法整体正义。

二、英国律师职业特权规则的适用

（一）特权的适用条件

1. 适用要素

第一要素即秘密性。律师职业特权存在的基石即其秘密性，这是由律师与委托人之间保密关系的本质决定的。但是，并非所有与法律顾问之间的交流都

---

[1] Tanya M.Marcum, Elizabeth A.Campbell, "The Ethical Boundaries of the Attorney-Client Privilege", *Journal of the Legal Profession*, Vol.39, 2014-2015.

[2] 任滢：《论英美律师职业特权——兼论我国律师职业秘密规则》，中国政法大学硕士学位论文，2005年，第24页。

受特权保护，客户与律师之间交流的秘密性是受特权保护的前提。[1] 例如，档案纪要中所摘录的律师与另一方的沟通就不受特权保护，因为这类交流内容原本就属于应当公开的部分。

第二要素即委托人与独立律师之间应当建立专业的法律服务关系。交流内容若属于特权保护范畴，则必须由律师以其专业身份行事，而非以"法律顾问"的身份提供其他相关建议。若公司的主管同时是公司的事务律师，且参与了公司的商业决策，当他作为一名具备法律知识的执业人向董事会报告时，这份报告不受特权保护。因为这既非该主管作为公司律师所提供的保密性法律建议，亦非对先前已给出的法律建议的总结。总体来说，应当分两个阶段进行认定，首先，这些建议应当是律师以其专业身份在自己专业范围内做出的；其次，需要确认的是获得或提供法律建议是否满足核心目的。

最后一个要素是核心目的（dominant purpose）。即使是秘密交流，若其核心目的不是提供或获取法律意见或者为已存在的或预期的诉讼做准备，也难以满足受特权保护的条件。然而关于核心目的的具体认证并没有明确的标准，判例法上关于这一问题的考虑主要有以下几个原则。（1）文件材料的制作缘由是一个事实问题，不能依靠主观推测。（2）目的本身是否居于核心地位需要进行客观判断，即使是最终由律师经手的文件，也不能单纯以文件制作者或授意者的主观意图来决定。对确认核心目的至关重要的是即时进行沟通交流的主要目的，而非关于交流内容的最终的使用。（3）所谓"占据支配地位的"应当区别于"主要的""大量的"或"很大程度上的"，应当是所有目的中能够支配其他目的的、压倒性的、最具影响力的那一个，明确至上原则应是检验标准。[2]

2. 法律意见特权的认定

法律意见特权保护在相关法律背景（legal context）框架下律师和当事人之间进行法律咨询时的秘密通信以及其他的书面证据信息（包括书面的和口头的），但不保护他们与第三方之间的通信。关于法律意见特权的认定主要涉及以下几个方面。

---

[1] Downes Kylie, Forder Susan, "Legal Professional Privilege: Why and When Communications Are Protected", *Proctor*, Vol.38, No.4, 2018, pp.32-33.

[2] Paul Nicols, Mattew Skinner, "Attracting and Preserving Legal Professional Privilege", *Commercial Law Quarterly*, Vol.21, No.1, 2007, p.14.

（1）通信交流必须是律师与其客户之间的信息传递。独立存在的文件材料或非为法律建议而专门递交给律师的文档也许并不能构成特权所指代的"交流"。但是如果是为寻求或提供法律建议，即使是未被发送的最终文本，其内容也会受到保护。在交流没有发生的情况下，对于律师一方来说，规则要更加灵活，例如律师为向当事人提供法律建议而做的注释，即使尚未传达也受特权保护。

（2）律师职业特权下所谓的"律师"涵盖了律师行业的所有成员，包括已取得执业证书的事务律师、内部律师（法律顾问）、出庭律师、当事人雇用的法律咨询员和经过合法认证的外国律师等。与律师的非律师雇员（例如法律主管、律师助理、实习律师和秘书）间的交流，若是在律师的指示下进行的将同样适用特权规则。但作为非当地律师协会会员的外国法律顾问且在其本国管辖范围其法律建议本不受保护的情况下，该法律顾问是否属于上述受保护的范围尚不确定。而其他专业人士（如会计师）提供的法律建议并不受特权保护（除非涉及专利代理人和专利注册转让人，此种情况下的法定例外情形非常有限）[1]。

（3）对于律师职业特权的主张，确定当事人是至关重要的，律师职业特权下所谓"当事人"将仅包括实际上面临指控而需要法律建议的人或直接与律师进行沟通寻求法律建议的个人，以及需要进行考量并根据（来自外部或内部律师做出的）法律意见行事的法律实体，可以是为回应特定问题或事件而成立的特设委员会、特别小组或高级管理层的成员。[2]因此，并非公司中的每个员工都符合特权规则的主体要求。而律师与指定客户团队之外的交流通常不受特权保护，并且将受特权保护的文档资料发送至团队范围之外的个人将可能丧失特权。

（4）界定法律意见特权的关键，在于交流是否以提供与获取法律意见为目的。在1930年明特诉普里斯特案[3]中，法庭面临的争点是当寻求法律意见的交流与一项房地产有关且在交流过程中当事人对律师提出了借贷要求时，该交流是否满足特权保护条件。法院最终认定该交流不受特权保护，理由是被告在交流发生的相关时间内并没有发挥一位律师的职能，反而以投资入股的形式在为

---

[1] Paul Stone, "Legal Professional Privilege", at https: //www.dlapiper.com/en/uk/insights/publications/2016/01/win-wise-legal-professional-privilege/, January 26, 2019.

[2] Rebecca Mitchell, Michael Stockdale, "Legal Professional Privilege in Corporate Criminal Investigations: Challenges and Solutions in the Modern Age", *The Journal of Criminal Law*, Vol.82, No.4, 2018, p.330.

[3] See Minter v. Priest, AC 558, 1930.

个人谋利益而将原告排除在交易之外。律师和客户确立关系，并不代表随后发生的交流内容必然受到保护。从广义来讲，受保护的交流必须与律师和委托人之间特殊职业关系的确立有相当的对应关系。可以将交流内容分成两部分来看，第一部分是促进形成私人借贷关系的法律建议；第二部分是作为当事人律师的本职交流。但法庭并不倾向于对律师与其委托人之间交流讨论的主题进行严格定义以确保特权。综上，律师职业特权并不覆盖与提供法律意见无关的咨询，如当事人的会面时间、费用记录、预约记录等文档。在三河区议会诉英格兰银行案[1]中，法院对法律意见的范围进行了扩大解释，提出："法律意见不应当仅局限于告知客户什么是法律以及如何依照法律行事，也应当包含提醒客户在相关法律领域如何审慎行为的内容。"

法律意见特权所保护的是在特定情形下律师给出的关于如何谨慎明智行为的建议，包括如何更好地陈述事实。首先必须要有相关的法律背景，在此情境下，律师与当事人之间连续性交流的所有相关文件都将属于特权保护范畴，但纯粹商业性以及战略性建议除外。因为通常内部法律顾问出具的业务或管理意见很可能并不属于为了提供法律建议而进行的沟通，因此不具有特权。而客户团队内部的沟通若不是为了寻求和接受法律建议，该交流内容同样属于被排除的范畴。

总之，关于律师与当事人之间的交流，是否以提供与获取法律意见为目的是界定特权范围的关键。最终，这一法律问题由法官谨慎裁断。

3. 诉讼特权的认定

诉讼特权保护律师与其当事人和第三方之间，或当事人与第三方之间的秘密交流以及这些交流所形成的证据材料，前提条件是此类通信的唯一或核心目的是准备现有的或可以合理预期的诉讼，包括避免或解决诉讼、辩护以及案件防控。除了上文提到过的考量要素，诉讼特权的认定还涉及以下两个方面。

（1）诉讼的实际可期性

必须要有真实的诉讼可能性，意味着交流发生的前提是存在着亟待解决的诉讼或者可以合理预期的（reasonably in prospect）将要发生的诉讼，其中包括仲裁程序。例如，1881年惠勒诉勒马歇尔案[2]中，关于强制履行不动产租约，被

---

[1] See Three Rivers District Council and Others v. Governor and Company of the Bank of England（No.6）［2005］1 AC 610，HL.

[2] See Wheeler v. Le Marchant［1881］17 Ch D 675.

告人就其律师与房地产经纪人及测量师之间关于土地房产的交流主张诉讼特权，但因为在该交流进行时，诉讼并没有实际发生，也不具有可期待性。据此上诉法庭拒绝了被告人的特权主张，并认为这种交流属于咨询性质，在发生之时并没有可能引发诉讼的争议产生，所以不属于诉讼特权所保护的范畴。诉讼特权并不为所有针对律师问询而由第三方提供的文件提供保护。

在实践中，判定的标准可能较为模糊。但是，简单的非对抗式的问询并不包括在内，而这一点通常伴随着不确定性，因为有些以调查开始的询问也可能最终转变成诉讼。在有诉讼发生的情况下，诉讼特权涵括与第三方之间的交流，所提供的保护范围在一定程度上比法律意见特权所涉及的范围更广。[1]

（2）交流的核心目的

诉讼特权的适用存在着一个必要条件，即交流的核心目的必须是获得律师关于实际或可期诉讼的法律建议。核心目的一般是比较明确的，但在有关材料的创建存在多重目的时，其往往难以确定，而律师及其当事人应当就此做出确切的声明，特权规则并不因为权利人的主张即得到适用，尤其是在对方对此提出疑问时，法庭一般会对某个个别的证据材料进行客观的审查。例如，公司可以委托调查发生事故或欺诈的原因，也可以以有诉讼发生的合理预期为由主张该报告的核心目的符合特权适用条件，但是若法庭认定该核心目的非为诉讼准备则特权规则不能得到主张。例如在1980年的沃诉不列颠铁路局案[2]中，原告的丈夫是被告的雇员，在一起铁路事故中丧生，原告因此向被告提起赔偿诉讼并要求被告开示与事故有关的内部常规工作报告。被告对该调查报告主张特权不同意开示。对此请求，上议院法官认为：被告所准备的报告如果要受特权保护，其核心目的须是准备在预期或未决的诉讼中适用，而此次调查报告的主要目的在于避免事故的重现，因此该调查报告被排除在特权的保护范围之外。[3]自此，在英国许多类似案例中，虽然权利人往往会对其报告主张特权，但法官通常认为事故调查报告的核心目的是防范事故的再次发生，不受特权保护。

在诉讼实践中，尽管核心目的难以界定，但英国学者通常认为从潜在的证

---

〔1〕 Paul Stone, "Legal Professional Privilege", at https://www.dlapiper.com/en/uk/insights/publications/2016/01/win-wise-legal-professional-privilege/, January 26, 2019.

〔2〕 See Waugh v. British Railways Board, AC 521, 1980.

〔3〕 Johannes SC Chan, "Legal Professional Privilege: Is It Absolute", *Hong Kong Law Journal*, Vol.36, 2006.

人那里获得的证据以及从专家证人那里获得的书面意见应该受特权的保护以维护其秘密性。[1]按照这样的规则，在普通法下，当事人可以拒绝披露这些文件，而未经当事人同意律师和第三方也不得披露。但目前对这一基本规则的适用也存在一定限制，英国《最高法院规则》规定，根据令状开始的诉讼，法庭可以指示一方当事人向对方开示与审理需要确定的争点相关的书面证言。如果一方当事人拒不遵守该指示，法庭亦不会采取强制手段强迫开示，但同时，在未经法院许可的情况下该当事人将不得援引上述证据。相反，如果当事人认为需要援引该书面证言，通常开示相关的证据就成为必要的前提。图1-1比较详细地描述了律师职业特权认定的过程。

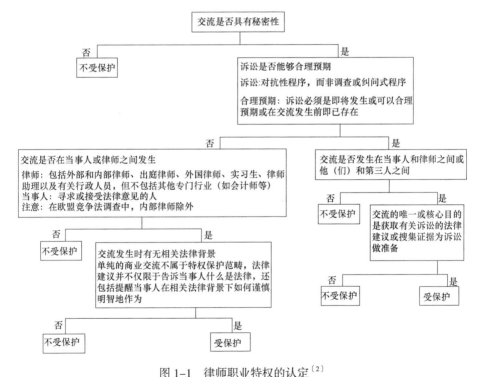

图 1-1　律师职业特权的认定[2]

〔1〕　Adrian Keane, The Modern Law of Evidence, 3rd, Butterworths, 1994, p.457.

〔2〕　Paul Stone, "Legal professional privilege", at https：//www.dlapiper.com/en/uk/insights/publications/2016/01/win-wise-legal-professional-privilege/, January 26, 2019.

（二）特权的放弃（waiver）

1. 自愿放弃

律师职业特权的本质是一种属于当事人的权利，所以当事人可以自行放弃这一权利或者授权其律师来公开享有特权的通信往来内容。但若没有当事人的明确授权放弃，律师也负有维护特权所保护内容的义务。通常情况下，权利的放弃可以分为三种类型[1]：一是故意披露即明示放弃，如主动将特权材料或副本呈交法庭、发布公开声明或进行书面陈述等。二是无意识的默示放弃，如做出明显与保护交流的秘密性意图相反的行为。三是特权的丧失。一种是文件材料内容丧失其机密性，这种情况下，若文件是意外被泄露，获取材料的一方在未经法庭许可的情况下不能将它作为有利证据使用，受侵害一方也可通过上诉的方式来对权利进行救济，对特权内容的错误披露极易引发"缠讼"。另一种是附随放弃（collateral waiver），即对一项主要材料上所附着特权的放弃，导致附随于它的材料不再能主张特权保障。

在同样的程序中，不能对已经选择放弃的特定通信往来内容再次主张特权。有一种例外情形，即刑事案件的当事人为便于对被告提起公诉，协助调查而将特权文件交予警察局，这一行为并不能代表本人的明示或默示放弃态度。在之后进行的民事程序中，该刑事案件当事人仍然可以针对该文件主张特权保护。

关于特权的放弃存在一个难点问题，即如何界定放弃特权的范围。通常需要对当事人披露材料的主题进行界定，才能确定部分弃权的范围。在民事诉讼程序中，有时候放弃的适用的规则也是相当复杂的。一般来说，不允许诉讼当事人根据自己的利益需求歪曲篡改证据事实，如关于交流往来事实只透露有利于己方的证据而对另一部分内容主张特权保护，因此在审判中，如果已向法庭呈交了一份受特权保护材料的部分内容，另一方可以要求披露该材料的全部内容，除非能有力证明剩余部分材料明显区别于前一部分的主题。为公平考虑，是否要求对材料的整体内容进行举证以避免法庭因只看到部分内容而被误导，只能由主审法官来裁决。在交叉询问时，若律师代表其当事人向对方证人提出该当事人所做出的陈述，即使只是其中的一小部分，也代表着当事人对该部分特权的放弃，对方即可以对整个陈述内容进行盘问。

---

〔1〕 Adrian Keane, *The Modern Law of Evidence*, 3rd, Butterworths, 1994, pp.467–469.

　　总之，对同一文件材料的部分放弃即构成对该材料上存在的特权保护的整体放弃，而在极端情况下，放弃的范围甚至可以延伸至法律备忘录以及当事人的指示内容，因而这一原则也引发了对放弃权限的边界的讨论。1972年的乔治·杜兰德有限公司诉布莱克本[1]一案对普通当事人与律师之间的法律意见特权和与诉讼相关的诉讼特权做出区分，认为与主题相关的口头对话和文件内容只有在第一类特权所涵盖的范围内才有可能被披露。在庭审中，若当事人想要通过透露自己跟律师的交流内容来增加自己的可信度，就不再拥有拒绝对方律师针对同一交流主题的其他内容继续盘问的权利。

　　2. 特殊关系中的特权放弃

　　对权利的放弃，还要考虑存在特殊利益关系的情形。如果当事人放弃特权将会使其他当事人受特权保护的事项遭遇被泄露的风险，那么特权不能单方面放弃，即自愿放弃特权不得损害其他相关当事人所享有的特权。

　　（1）共同雇佣关系特权（joint privilege）

　　当两方或多方当事人共同雇用同一律师进行法律咨询时，当事人之间就产生了一种共同雇佣关系，针对沟通交流的内容他们共享特权的保护，意味着双方均可从共同的法律咨询人那里获取法律建议，而又对交流的事项拥有共同利益，该特权的放弃则需要主体的一致同意。[2]这种情形可能出现在母公司与其全资子公司或公司及其董事之间，只有经过其他方同意或明确的权利主体同意才能产生放弃的效果。这种情况下，权利主体的确定与区分尤为重要。

　　（2）共同利益关系特权（common interest privilege）

　　当一方或多方主体与法律顾问之间的交流通信存在共同利益时即产生共同利益特权问题，如合资企业各主体间，诉讼中的共同被告之间，以及对诉讼结果享有共同利益的保险人与被保险人之间。[3]共同利益特权的存在缘由在于受特权保护的材料在某种情况下无法避免流转于第三方之手，而此种情况下，第三方对该材料同样享有主张特权的权利。确立共同利益特权的关键在于各主体之间所谓"共同利益"的本质，而不要求各自的利益完全趋同。与共同雇佣关

〔1〕　See George Doland Ltd v. Blackburn, Robson, Coates & Co［1972］1 WLR 1338（QBD）.

〔2〕　Paul Nicols, Mattew Skinner, "Attracting and Preserving Legal Professional Privilege", *Commercial Law Quarterly*, Vol.21, No.1, 2007, p.5.

〔3〕　Ibid., p.25.

系不同，一般情况下共同利益关系中权利的放弃需要各共同利益主体一致同意，但特殊情形下，出于维护司法公正单方主体的放弃也能够成立。

在主体之间可能存在利益冲突的情况下，共同利益特权不能适用，例如清算人和债权人之间可以成立共同利益，但债务人与债权人之间却不能成立，或者在保险公司是否会对被保险人进行赔偿悬而不决时，共同利益特权可能不会附随于该双方之间的交流。

（三）特权的排除（exceptions）

律师职业特权的本质，在于避免当事人开示其对律师的指示以及律师向其提供的法律意见等，但特定情况下，该特权可能因其他缘由而被排除适用。主要有以下几种情形。

1. 欺诈或犯罪

律师职业特权并不是逃避犯罪的屏障，更不能成为促进犯罪的工具。如果当事人向律师咨询法律意见是为便于或引导自己实施犯罪或欺诈行为，交流内容即不再受特权保护。如果律师本身便是犯罪或欺诈行为的实行者、参与者，律师职业特权亦不能得到主张。[1]这一普通法的原则，在英国《1984 年警察和刑事证据法》第 10 条第 2 款中也有体现："以促进犯罪为目的的项目，不受律师职业特权的保护。"[2]

排除适用主要是出于以下两方面考虑：一是从当事人角度，鉴于其不正当的目的就不能再期待这样的交流仍属于法律保护的范畴，律师职业特权只会为"善意"交流提供保护；二是从律师角度，若当事人寻求法律意见是出于不正当目的，而律师因受特权限制又不能提供不利于该当事人的证据，这样的设置是不合理的，可能使得律师陷于困难境地。因此，特权规则不能为欺诈或犯罪的情形提供保护而阻碍事实的揭露。

在 1884 年的女王诉考克斯和雷顿案[3]中，被告被控通过故意修改合伙关系解散日期的方式串谋诈骗对债权人不利的判决结果。被告人曾向其律师咨询，如何反驳或不履行一份业已生效但却于己无利的民事判决，律师建议鉴

---

[1] J.D.Heydon, "Legal Professional Privilege and Third Parties", *The Modern Law Review*, Vol.37, No.6, 1974, pp.601–603.
[2] Police and Criminal Evidence Act 1984, s10（2）.
[3] R v. Cox and Railton［1884］14, QBD, 153.

于时效期间仍未经过，通过合法方式实现不大可能。于是，被告人采用将日期提前的方法制作了欺骗性文件。此案中，法官认为，如果委托人利用其向法律顾问咨询的法律意见来实施犯罪，即便法律顾问并不知悉委托人的真实目的，他们之间的交流也不受特权保护。1920年的奥罗克诉达比肖案[1]中，上议院法官认为若要排除特权的适用，必须有表面证据（prima facie evidence）来证明委托人有利用法律建议助力犯罪的意图。另外，根据巴特勒诉交易委员会案[2]的判决，如果律师参与犯罪或欺诈活动，或律师明知类似行为却没有阻止，律师职业特权不适用。因此，在裁判中必须依赖法官的仔细考量。

首先，这里所指的"欺诈"，并不局限于构成犯罪的欺诈，可延伸到侵权行为中的欺诈以及其他形式的欺诈和不诚实，包括民事上的欺诈性违反合同等，而"犯罪"是指违反英国法律或国外法律同样认为是犯罪的情形。若当事人与律师之间"有问题"的交流单纯涉及不当行为（legal wrongs），通常并不能以此为由排除特权适用。[3]1972年新月农场诉斯特林营业处有限公司案[4]中，作为购买者的原告和作为次级购买者的第一被告同为某土地转让的当事人，如果在接下来的20年内，第一被告想要出售土地或其任何部分，则购买者可以选择重新购买。在此期间，第一被告签订合同，将土地出售，然后将土地转让给第二被告，原告以自己的优先购买权受侵害为由，请求开示第一被告的律师与第二被告之间关于土地转让的法律意见。最终第二被告对于特权保护的主张得到了法庭的承认，该部分交流未被强制开示。本案主审法官认为，当事人在听取了律师的法律意见之后可以自由选择遵从或者违背合同义务，而这一选择并不涉嫌欺诈或不诚实，因此不必然导致特权的丧失。

其次，若出现欺诈行为，也并非一律排除适用。最终决定该欺诈行为能否排除特权保护的重要因素有两点：一是该欺诈行为是否是本案的重点；二是表面证据的强弱程度。在满足前者的前提下，还需要证明力较强的表面证据。例

---

〔1〕 O' Rourke v. Darbyshire［1920］AC，581，［1920］All ER 1.

〔2〕 ButlerR.v.Board of Trade［1971］Ch 680.

〔3〕 A.Lorraine E. Newbold，"The Crime/Fraud Exception to Legal Professional Privilege"，*The Modern Law Review*，Vol.53，No.4，1990，pp.472–484.

〔4〕 Crescent Farm（Sidcup）Sports Ltd v. Sterling Offices Ltd.［1972］Ch 533，［1971］3 All ER 1192.

如，在 2005 年的科威特航空公司诉伊拉克航空公司一案[1]中，被告公司对允许开示已主张诉讼特权的文件的命令提出上诉。而被告在双方之前的诉讼过程中曾有伪证行为。法院认为，虽然排除特权保护的欺诈例外在诉讼特权和法律意见特权方面同等适用，但欺诈必须是值得确定的争点，并且必须有强有力的证据证明该欺诈行为。原则上，即使诉讼已经开始，欺诈例外原则也可以适用，其产生的法律效果是特权不会附加到以进一步实施欺诈或犯罪为目的的文件上。但法院在行使这一管辖权时应当谨慎。总之，欺诈例外既适用于主张诉讼特权时，也适用于主张法律意见特权的情形，但它仅适用于作为争点的欺诈事实有足够强大的表面证据予以证明。因此该上诉被驳回。

最后，作为该欺诈行为的受害者或受让人一方与律师之间的交流并不属于特权的排除适用情形。不论交流的内容是否涉及欺诈或犯罪，与该行为毫无关联的一方无辜者的特权保护主张并不会受此影响。

2. 第二位证据问题（Secondary Evidence）[2]

由于律师职业特权的存在，不仅当事人、委托律师可以援引这一规则从而避免提供书证或出庭做证，而且进行法律意见交流所必需的相关辅助人，如秘书、职员等也可援引该特权。但是它并不排除受特权保护的交流通过权利人控制之外的其他证据——第二位证据来加以证明。与特权材料相关的第二位证据规则存在的理论基础在于假定相关证据具有可采性而不论其获取方式。所以，上述几类权利人之外的任何其他人如果无意中听到受特权保护的谈话或得到受特权保护的文书，其有可能被强迫出庭做证或提供书证（包括其副本）。并且，这一规则的适用并不以受保护的交流或文书被披露是因权利人的过失或不慎导致为前提，即便该无意开示的方式是不正当的或者违法的，也可以作为第二位证据提交，而不适用特权规则。[3]

---

[1] Kuwait Airways Corporation v. Iraqi Airways Co.［2005］EWCA Civ 286. See at https：//www.bailii.org/ew/cases/EWCA/Civ/2005/286.html. Mar.20, 2019.

[2] 第二位证据是指从原始文件中产生或复制而来的或是原始项目的同等替代证据。例如，文件或照片的复印件、发动机零部件的精确复制品等。一般其可采性要低于原始证据。

[3] Adrian Zuckerman, "Legal Professional Privilege and the Ascertainment of Truth", *The Modern Law Review*, Vol.53, No.3, 1990, pp.381–385.

在 1898 年的卡拉夫特诉格斯特案[1]中，法官就持这样的观点：受特权
保护的文书的副本，若是由对方通过无意方式获取，其亦有权使用该副本。[2]
如果诉讼当事人想要出示某一特定文件，却由于特权或某些情形而不能通过
制作原件的方式提供，也许还可以通过另一种出示副本以作为第二位证据的
方式提供，即便该副本是通过不正当手段甚至犯罪方式获取的，对于原件的
特权保护仍然存在，但上诉人可以提供其内容的第二位证据。不过在民事诉
讼中则略有差异，根据英国《1998 年民事诉讼规则》第 31 章第 20 条的规
定，如果当事人一方是无意间使特权文件被对方查阅，对方若想将此文件或
其内容作为证据使用，则必须以法院同意为前提。

3. 涉及青少年犯罪诉讼

除普通法判例外，成文法也会排除律师职业特权对部分证据的保护，排
除适用的一个重要领域即关于青少年犯罪的诉讼，但此排除规定通常只适用于
第三方的报告，当事人与其法律意见提供者之间的交流仍然属于受特权保护的
范畴。

在 1997 年的一桩有关未成年人调查案中，[3]一名儿童因过量摄入甲烷气
体被送往医院就医，其双亲均是吸毒者，母亲称此事纯属意外，但根据英国
《1989 年儿童法》第四章的规定，地方当局适用了照顾令的程序，法院因此要求
儿童的母亲开示其委托律师从一名病理学家处获取的医学报告，以便警方进行
进一步调查，该报告可能能够证实该母亲话语的真实性。随后儿童的母亲以律
师职业特权受侵犯为由提起上诉，但上议院绝大多数法官认为，该当事人与第

---

[1] Calcraft v. Guest [1898] 1 QB 759. 该案就某渔业的管辖权范围问题已经过法庭审理，1887 年已
　　确定的渔业管辖权继承者卡拉夫特先生以其渔业权受侵犯为由重新提起诉讼并胜诉，但被告在
　　上诉过程中，拿出了一份新的证据，该份文件材料制作于案件审理时 100 年前的 1787 年，是被
　　上诉人的前辈——前渔场管理人约翰·卡拉夫特所做。当时被告被允许检查这些证据材料，且
　　副本已由卡拉夫特先生的委托律师的孙子在没有任何授权的情况下交给了被告。在上诉中，上
　　诉人主张将这一原件的副本列入可采纳的证据范围，而被上诉人则对此主张律师特权保护。由
　　此，产生了两个问题：第一，该文件是否享有特权保护；第二，若该文件原件享有特权保护，
　　那么该副本是否可以作为证明上述内容的第二位证据提交。上诉法院最终认定该 1787 年制作的
　　原件受特权保护且应自那时起永久享有，但是该副本可作为第二位证据被纳入可采范畴。
[2] Martin Hannibal, Lisa Mountford, *The Law of Criminal and Civil Evidence: Principles and Practice*,
　　Longman, 2002, p.497.
[3] In the House of Lords Cases of Re L (A Minor)(Police Investigation: Privilege): HL 22 [1997] 1
　　AC 16.

三方的交流即便是为了诉讼而准备，在依据 1989 年《儿童法》提起的涉及青少年的诉讼中也并不适用。为儿童法案程序所获得的文书报告并不具有以适用诉讼特权为由而不作为证据使用的对抗性。由于这一程序本身是具有讯问性质的，诉讼特权不适用于这一未成年人保护程序，该报告即可以被提供给警方。诉讼特权是对抗性诉讼的产物，不能存在于非对抗性诉讼的背景下。法院据此驳回母亲的上诉，但这并不意味着母亲与其律师之间交流的秘密性不受保护。

4. 成为争点的情形

实践中，委托人向其律师传达的指示以及所获取的法律意见内容可能成为某一案件的争点，此时根据实际情况会导致特权的排除。[1] 例如，当律师与其委托人就委托关系的内部事项等发生冲突、产生纠纷进而引发争讼，此时受特权保护的交流便可以被公开。或者当法庭在裁定案件的受理诉讼时效时，了解不同的时间段里申请人从律师处寻求的法律意见内容或成为必需。另外，如果在诉讼过程中，争点停留在当事人向其律师做出的授权确认或者曾有的批示时，特权保护同样会被排除。

三、英国律师职业特权规则的评析

（一）特权规则存在的优势

1. 规则的延续性

作为一项通则，特权保护的主张一旦得到法庭的认可，该证据材料便永远受到特权的保护。[2] 这意味着对享有特权的诉讼材料原件的保护可以延续至其后进行的法律诉讼中，即便前一诉讼是仅预期发生而实际并未发生的诉讼。而在英国的司法实践中，这一延续通常有其发生的前提，即特权得到主张的相关材料与前后两诉的诉讼标的存在一定的关联性，且在主张主体方面要求前诉特权的享有者或继承人须作为后诉的一方当事人存在。除此以外，并没有设置过于严苛的要求，即对前后的诉讼标的不要求完全相同或其本质一样，主体上也不要求当事人能够完全一致。[3]

---

〔1〕 齐树洁、黄斌：《英国证据法中的律师特权规则及其借鉴意义》，载《法学论坛》2002 年第 5 期。
〔2〕 The Aegis Blaze（1986）1 Lloyd'd Rep.203.
〔3〕 齐树洁主编：《英国证据法》，厦门大学出版社 2014 年版，第 178 页。

律师职业特权属于当事人本人及其权利继承人。但有一种情形是，为预期或正在进行的诉讼做准备而由第三方（如专家证人）出具的陈述报告，当该第三方成为另一个独立诉讼的当事人时，则不能再对该报告主张特权。[1]关于何种类型的利益得以使当事人维持对该特权的主张尚无定论。

律师职业特权的延续性强化了委托人和律师之间交流的保密性，维护了程序的公正，也保证了法律的稳定性，有利于维护委托人合法权益，稳定社会关系。

2. 主体的明确性

律师职业特权是属于委托人的权利，其主张和放弃均由委托人自己决定，这样的规则能确保委托人获得有效的法律援助，但特权规则的存在可能使与调查案件真相有关的重要信息无法进入审判。出于公共政策的考虑，为了鼓励某些社会关系的存在，这些特权规则被认为有存在的价值。受专业技能和情感体验的限制，当事人一般不适宜做自己的辩护人，律师从专业而又相对独立的角度运用自己搜集和展示证据的能力和经验站在当事人的利益和立场上来帮其解决法律争议，特权规则对两者之间沟通往来的保护有利于更好地维护当事人的利益。因此，即使具有强证明力的信息和材料无法作为证据使用，法律也承认并保护这种规则的存在。英国证据法上明确了该特权的享有主体，表现出其向个人权益保护的倾斜。

3. 适用的统一性

英国证据法上以判例和成文法的形式规定了律师职业特权规则的适用范围、排除情形、放弃情形及各种例外，并不断以判例形式进行完善，使这一规则在英国司法体系中得以普遍适用，成为一项基础性规则。这些判例在后来的审判中不断被援引，保持了法律适用的稳定性与预见性，维护了法律的统一。

（二）特权规则的不足

律师职业特权制度根植于英国普通法，渊源深厚，已经形成了比较完善的体系，作为一项被广泛认可和接受的基础性的证据制度，其在适用过程中存在以下两方面不足。

---

[1] Adrian Keane，*The Modern Law of Evidence*，3rd，Butterworths，1994，p.464.

1. 依赖个人价值判断

首先，从实践上看，关于特权规则的认定和适用在很大程度上取决于法官的自由裁量，法官个人的价值判断至关重要。例如，当事人及其律师与第三人之间的交流所享有的诉讼特权保护，其适用的关键在于核心目的的判断，即交流是否是为了准备预期的或现存的诉讼，又有关于证明欺诈的表面证据的强弱及争点的确定等，这些判断的具体标准不明确，由于案情的不同，价值取舍也会存在差异，需要在案件中具体考量，而这些考量均依赖主审法官的自由裁断。虽然有各种类型的司法判例以供参照，自由裁量也能缓和法律的一般性与严峻性，但难免存在一些价值观上的偏差，导致判决的争议。

其次，普通法上的判例庞杂而繁多，判例以个别案件为基础，具有一定片面性。随着时代的发展，难免会出现无例可循的情形，当有新的情况出现时就更要依赖法官的智慧和判断。法官既是"造法者"也是"执法者"，其个人价值取向会影响整个案件的走向。关于规则的具体适用及限定范围等的确定均对法官的个人素质提出了较高的要求。

2. 判例的不稳定性

律师职业特权的适用范围向来具有不确定性，不同的主审法官对同一问题可能产生不同的判断。虽然英国高等法院做出多项具有里程碑意义的判决可作为参考，来澄清和解释一些原则的具体适用，但是，特权规则实质上是一种价值取舍，实践中也会出现各执一词的情况。

例如关于特权的延续性，"究竟何种类型的利益得以使当事人维持特权"尚存在争议，在1988年的女王诉艾托案[1]中，两名被告委托同一家律师事务所为其辩护，后来被告一向法庭认罪并指控另一名被告人，被告二则提出开示被告一与律所之间的交流以作为证据，一审法官拒绝了此项要求，但在上诉过程中上诉法官却认为既然被告一已经认罪即等同于已经放弃了特权所保护的利益，而对另一名被告来说这些证据显然是至关重要的，所以理应开示。但这一观点在1996年的女王诉德比裁判法院上诉案[2]中却被上议院法官否决，并认为律师与其当事人之间的特权应该是绝对和永久的。对此问题，不同的法官产生了分

---

〔1〕　Regina v. Ataou CACD〔1988〕QB 798.
〔2〕　See R v. Derby Magistrates' Court, ex parte B，AC 487，1996.

歧，法官在审判过程中必须衡量被告寻求否认特权的合法利益是否超过了另一方当事人寻求维持特权的利益。因此根据法律价值的不断发展，产生不同的观点也是可以合理调解的，具体如何适用还取决于庭审法官。

（三）特权规则的发展趋势

1. 内部法律顾问

关于与内部法律顾问的交流是否为律师职业特权规则所保护，近年来引起了一些关注，英国法上的回答是肯定的，即便在公司实体问题上对于特权的认定存在着一些难点，但总的观点是律师应当包括公司内部的法律顾问群体，除非是在欧盟委员会进行的反垄断和竞争调查中。因为欧盟委员会认为内部法律顾问受雇于雇主，并没有取得完全中立的地位。

在律师职业特权的形成发展阶段，当事人所聘请的专业法律顾问是独立执业的个体。然而，在现代社会，特权的体制框架由于大公司的出现有了决定性的转变，这些公司均有自己独立的法律部门，并由合格称职的事务律师或大律师组成。这样，可能存在公司以此为权宜之计滥用特权规则的风险，即公司可能将法律部门作为传递所有可能对自己不利的文件的管道，尽管这些文件并非完全或主要是为了获取法律建议。现代法律所坚持的意识基础之一，即对于个人所拥有的权益，应当注意排除对公司这一实体的无意识授予。英国法律改革机构和澳大利亚法院已经认识到需要通过在特权的先决条件上叠加关于目的的严格标准来阻止这种可能的发展。[1]

欧盟法庭对律师职业特权的适用范围进行了限制，认为公司内部专职法律顾问所做出的内部说明等不应受益于该特权，除非这些说明文件是与外部律师进行的信息交流或专门为寻求外部法律咨询意见而编制。[2]但欧盟法庭的这一裁判原则却与英国、荷兰、希腊、葡萄牙等其他欧洲国家及美国所奉行的原则不一致，这部分国家坚持律师职业特权所保护的交流范围理应适用于所有类型的律师，包括已取得律师执业资格且受雇于公司的内部法律顾问。

同个人领域的出庭律师和事务律师一样，律师职业特权适用于政府部门或

---

[1]　G.L.Peiris, "Legal Professional Privilege in Commonwealth Law", *International and Comparative Law Quarterly*, Vol.31, No.4, 1982, pp.625-626.

[2]　Alasdair Balfour and Ianis Girgenson, "Professional Privilege: EU Court Limits the Scope of Legal Professional Privilege", *Business Law Today*, 2010, pp.1-2.

商业公司雇用的授薪（内部）法律顾问，法律并未将受雇用的法律顾问的立场与其他律师区分开来。正如丹宁法官所说："毫无疑问，他们是雇主的仆人或代理人。因此一审法官认为他们与其他私人执业的法律顾问处于不同的地位。我认为这是不正确的。在法律上，他们与在外独立执业的律师在各个方面都一般无二，唯一的区别在于他们只为一个客户服务，而不是为多个客户服务。他们必须遵守同样的职业准则，向法庭和客户承担同样的义务，由此应当享受同样的保密性，这当然也只限定于他们单纯以法律顾问的身份提供服务之时。"

如上文所述，内部法务并非一律受保护，还附加一些限制性的标准。首先，必须严格区分法律建议与商业建议，后者不属于受特权保护的范畴。其次，律师职业特权也不能用于帮助公司掩盖违法行为，这属于特权的排除情形。再次，如本章关于法律意见特权的认定中提到的成为当事人的主体条件认定，除非公司员工具有必要的权威而满足成为特权"主体"的要求或诉讼特权的适用条件，否则他们与公司法律顾问之间的沟通与交流将不会受到保护。在公司实体中，"当事人"一般是指董事会或总经理，因为它（他）们有足够的权威来代表公司寻求法律意见[1]。最后，如何确定内部法律顾问处于相当独立地位而确保法律意见特权的适用，这是一个事实问题，通常会考虑该法律顾问在公司是否承担综合管理职能（不仅限于单纯法律咨询职能），是否属于高级管理层并参与重大商业决策，以及是否根据公司业绩享受经济利益等。

2. 税务顾问

随着社会的发展，越来越多的会计师在解决税务问题的同时也会关联其法律方面的知识为客户提供帮助。法律意见特权适用于律师以其专业身份为客户提供法律意见所进行的全部交流，即公私法下与个人权利、义务、责任、赔偿等相关的建议。受律师职业特权的保护，律师不得披露他们可能就客户的税务事宜提供的法律建议。相比之下，英国的会计师作为税务顾问却不能适用该特权保护（美国可以）。特权保护是为了特定当事人的利益而授予的，且只能由当事人来放弃，它并不为保护律师职业而存在，鉴于此，很难理解为什么特权所指向的法律建议者只限定于合格的专业律师，而将具有资格或经验的其他专业

---

[1] Rebecca Mitchell, Michael Stockdale, "Legal Professional Privilege in Corporate Criminal Investigations: Challenges and Solutions in the Modern Age", *The Journal of Criminal Law*, Vol.82, No.4, 2018, pp.321-337.

人士排除在外，即使他们已经具备在特定领域提供专业的法律建议的能力。由此，会计师行业发出呼声，要求对律师职业特权规则进行变革，以求将特权适用范围扩展到律师以外的职业。[1]他们认为目前的情形对律师与特许会计师行业之间的竞争是不利的，并且与公共利益需求背道而驰，当客户在寻求税务建议时，无论是律师抑或特许会计师，都应该享受同等的对待。

这样的呼声没有得到法律界的支持。2010年英国上诉法院在保德信集团和保德信直布罗陀有限公司诉所得税特别专员案[2]中做出了相反的判决[3]，拒绝将法律意见特权扩展到律师以外的职业。法院拒绝保德信公司的上诉请求主要是出于下述三方面考虑：第一，允许该上诉可能导致目前适用的明确且易于理解的原则成为一项不明确的原则，从而产生不确定性。第二，当法律建议来自不具有律师资格的其他专业人士时，关于法律意见特权能否拓展适用的问题应留待议会解决。第三，议会已经颁布了与法律意见特权有关的立法，至少表明法院不应当按照保德信的上诉请求拓展其适用范围。法院指出在多数情况下，当人们想要寻求有关财政负担方面的建议时，还伴随着法律相关方面的需求，通常会选择向会计师而不是律师咨询。律师职业特权的存在是符合公共利益的，其仅适用于与法律专业人士之间的交流。[4]若特权保护的范围要延展至律师职业以外的其他职业，必须通过法规来明确界定其限制、延伸的条件及范围。法院做出这样的判决一方面是考虑到不存在类似的跨领域扩展的先例，另一方面是考虑到法律行业有其特殊性，律师在对当事人负责的同时，首要的义务是要

---

〔1〕 Kevin Reed, ICAEW: Legal Privilege Rules "Unsustainable" ——Accountancy Age, at https: //www. accountancyage.com/aa/news/1808567/icaew-legal-privilege-rules-unsustainable#, Feb.15, 2019.

〔2〕 Prudential PLC and Prudential（Gibraltar）Ltd v. Special Commissioner of Income Tax［2010］All ER（D）132（Oct）. 该上诉的争议点在于，在收到税务检查员发出的提交有关税务文件的法定通知后，该公司是否有权以法律意见特权保护为由予以拒绝，该法律意见并非向专职律师咨询所得，其所指示的内容是由特许会计师就避税计划所提出的。本案提出了一个更为普遍的问题，即法律意见特权的适用范围是否能够或者应该拓展其他职业领域，当法律建议非由法律专职人士提供时是否也能得到保护。See at https: //www.supremecourt.uk/cases/docs/uksc-2010-0215-judgment.pdf.Mar.21，2019.

〔3〕 Joan Loughrey, "An Unsatis Factory Stalemate: R（on the application of Prudential plc）v. Special Commissioner of Income Tax", *The International Journal of Evidence and Proof*, Vol.18, No.1, 2014, pp.65-77.

〔4〕 Natalie Napier, Phillip Lourens, "Legal Professional Privilege: The Law", *Without Prejudice*, Vol.15, No.9, 2015, pp.26-27.

对法庭负责。

3.严格适用趋势

总的来说，联邦法律倾向于在证据材料梳理和诉讼预期之间建立一种近似联系，作为取消以充分证明效力作为相关证据采纳的一般证据准入规则的必要条件。上议院已经对鼓励这一趋势的政策理由进行说明："我们应该着眼于这样一个基础，即公共利益的维护最好是通过将可以合法扣留的与诉讼相关的材料范围严格限制在狭义范围内来实现。坦诚而非抑制，更能为正义服务。"澳大利亚高等法院的大多数法官也都阐述了一个类似的原则："特权……通过阻止一方获取相关文件或证据突袭而损害了审判的公正性。"现代判决所禁止对真实披露涉及诉讼问题的事项的规则降级。英联邦当局在不同程度上反映的这种观点可归于若干重大政策考虑因素。[1]

首先，证据材料几近完整的事实情节能切实增强呈交证据的证明力，而这通常是问题的症结所在。因此，对于公正的强烈追求需要对这些证据材料进行梳理。现行规则的前提是，如果限制特权领域的目的性因素尚未达成，那就说明可能存在的对当事人权益保护的价值足以超越提供所有相关文件的必要性。

其次，塑造当前对特权适用的司法态度的核心因素是，如果一方将可能不利于己方或削弱己方证据证明力度的证据排除出可以提供的范围并对这部分证据主张特权，进而又得到法院的承认与支持，那么其证词的真实性将更加难以证明。因此，澳大利亚法院将这种特权作为一种障碍而非一种得到坦白证言的诱导途径。

互联网的迅猛发展，为维护网络数据的安全、强化政府监管提供了可能。英国在2000年颁布了《调查权规则法案》（RIPA），该法案在强化国家监管权能的同时并未体现出对律师职业特权的明显保护，并被认为对律师职业特权进行了限缩，英国律师协会由此发起了"安全说话"（speaking safety）运动，维护个人的民主和自由。[2]后该法案被修改为《2014年数据留存和调查权法案》，对用户通信数据的保留时长做出扩大要求，要求通信服务提供商保留12个月，最为

---

[1] G.L.Peiris, "Legal Professional Privilege in Commonwealth Law", *International and Comparative Law Quarterly*, Vol.31, No.4, 1982, p.625.

[2] Lisa Webley, "Interception of Communications and Legal Professional Privilege And the Rule of Law", *Legal Ethics*, Vol.19, No.1, 2016, pp.173–176.

关键的是对执法部门的合法要求应当及时响应、配合。该法案在《2016 年调查权法》通过时被废止，新法律要求网络公司和电信公司将所有人的网络浏览历史记录存储 12 个月，赋予警察和安全机构空前的数据访问权力。

四、我国建立律师职业特权的展望

在律师职业特权以及做证特免权规则上，我国现行规定不够完善，尚未形成体系。在证据法或诉讼程序法上虽然出现类似特权规则的萌芽，[1] 但并未规定明确的律师职业特权制度或者有关做证特免权，有关律师职业秘密规则的法律规定散落在行业规范以及相关法律法规中。在我国，律师保密义务的规定作为一种律师职业伦理规范，没有体现委托人的权利主体地位，律师与委托人之间的交流通常也不具有对抗法庭披露要求的法律效力，特殊证人也不享有免除做证义务的权利。因此，在刑事方面，律师在履行职责时往往面临一定的风险，可能出现代理人不能尽力为当事人争取权益、当事人的权利不能得到全面保障等问题，且当事人与律师之间的信任关系也面临未知的挑战，不利于维护司法公正。下文将通过对我国现行规定的探索与分析，思考英国证据法上的律师职业特权规则对我国的借鉴意义，对我国特权制度的构建进行合理展望，为相关制度的建设或完善提供参考。

（一）我国现行规定的不足

我国三大诉讼法均规定司法机关有权向单位或个人收集证据，有关单位和个人有如实提供证据的义务，在诉讼价值选择上更注重查明案件的事实。我国现行法虽然也规定了律师保密义务，但过于笼统，且仅限于律师的保密义务，没有类似免证特权的规定，也没有委托人权利，缺乏可操作性，更未形成完整的制度体系，在保护委托人的利益方面稍显不足。主要体现在以下几个方面。

1. 缺乏完整的制度体系

首先，我国尚未确立基于特定职业（包括律师职业、医生职业以及宗教

---

[1]《律师法》第 38 条规定："律师应当保守在执业活动中知悉的国家秘密、商业秘密，不得泄露当事人的隐私。律师对在执业活动中知悉的委托人和其他人不愿泄露的有关情况和信息，应当予以保密。但是，委托人或者其他人准备或者正在实施危害国家安全、公共安全以及严重危害他人人身安全的犯罪事实和信息除外。"

职业）特权的证人特免权规则。而与这一规则类似的关于保护当事人与律师之间交流的规定，只停留于律师行业规范层面，表现为律师保密义务的规定。如《律师职业道德和执业纪律规范》第 8 条："律师应当严守国家机密，保守委托人的商业秘密及委托人的隐私。"《律师执业行为规范》（2017 年）第 8 条及《律师法》（2017 年）第 38 条也有相关规定。从条文的表述来看，"应当予以保密"的规定所体现的是一种义务性规范，在保密的适用对象、涵盖范围、具体适用等方面尚未出现明确的规定，且不具有律师职业特权在证据法上的意义，在适用上亦缺乏配套体制。

而在我国《刑法》第 308 条中新增了泄露不应公开的案件信息罪和故意、过失泄露国家秘密罪[1]。由于在不公开审理的案件中，律师违规泄露当事人隐私、不当披露案情的事情时有发生，针对这一突出问题，刑事立法做出调整，旨在对个人隐私、商业秘密以及国家秘密予以保护，保障诉讼活动依法独立公正进行。这一调整虽然有利于规范律师执业行为，强化对不公开审理案件中当事人的隐私保护，但对律师执业行为的边界规定不清晰，导致在对该法条的理解和适用上仍存在不少问题。本罪的主体为包括辩护人、诉讼代理人等在内的一般主体。这一规则虽然不是针对律师群体，但可能会限制律师的执业权利，从而影响律师辩护代理作用的充分发挥。关于法律条文中"不应当公开的信息"范围具有相当的不确定性，参照的标准不同其所涵盖的范围也会有所差异。

"在刑事诉讼中辩护律师向当事人披露案情或者将复制的卷宗材料交给当事人及其近亲属查阅是否属于泄露案件信息？律师在开庭前能否将辩护词或起诉书内容在网上予以公布？辩护词、起诉意见书、起诉书和案件材料是否属于泄露案件信息罪中不应当公开的信息等，这些问题都有待从制度规则上予以明确。"[2] 由此，新立法在带来积极影响的同时，也可能使律师执业面临更大的风险，辩护权更难以得到保障。

其次，缺乏相应的程序性保证。在做证义务方面，我国《刑事诉讼法》第

---

〔1〕《中华人民共和国刑法》第 308 条之一："司法工作人员、辩护人、诉讼代理人或者其他诉讼参与人，泄露依法不公开审理的案件中不应当公开的信息，造成信息公开传播或者其他严重后果的，处三年以下有期徒刑、拘役或者管制，并处或者单处罚金。有前款行为，泄露国家秘密的，依照本法第三百九十八条的规定定罪处罚。"

〔2〕韩旭：《〈刑法修正案（九）〉实施后如何善待律师权利——兼论泄露案件信息罪和扰乱法庭秩序罪的理解与适用》，载《法治研究》2015 年第 6 期。

62 条规定了证人的资格与义务，"凡是知道案件情况的人，都有做证的义务。生理上、精神上有缺陷或者年幼，不能辨别是非、不能正确表达的人，不能做证人"。刑事诉讼法只是普遍规定了公民的做证义务，但在做证的强制义务、责任条款方面没有体系性的规则可供适用，也没有设置证人免证特权，导致实践中证人出庭做证较为随意，对非法拒证情形的规制产生不利影响。

2. 委托人主体地位不明确

在规定有律师职业特权的国家司法系统中，规则的存在是为了更好地维护委托人的利益，利益享受者是委托人。[1]同时，当涉及特权的放弃，自然也是委托人通过默示或明示的方式来完成，而不能由律师主动决定放弃。对律师而言，在享有做证豁免权利的同时，也负有保守秘密的义务。

我国现行法中只有律师保密义务的相关规定，且规定的主体是执业律师。从《律师法》第 38 条和《律师执业行为规范》（2009 年）第 8 条的规定看，保守秘密的主体似乎仅仅限于取得律师执业证书的执业律师，而没有拓展到委托关系存续期间所涉及的其他人员，如律师助理、实习律师、第三方专家证人等，对于责任形式并没有做具体规定，对委托人的主体地位没有凸显或者着重强调。[2]例如，根据我国《刑事诉讼法》第 48 条，对辩护律师而言，其保密是有限制的，且从表述看保密乃是一项权利而非义务，权利既可以行使也可以放弃，对权利的放弃并不会附随不利的后果，换句话说，在辩护律师放弃保密而不当泄露当事人的"有关情况和信息"时不必承担任何法律责任。参照《律师业务档案管理办法》第 13 条、第 14 条规定，当有关国家机关有查阅律师业务档案的需求时，只需获得律师事务所或同级司法行政机关的批准，并不需要经过委托人首肯，这意味着在卷宗的披露问题上尚未体现委托人的话语权。

3. 缺乏对抗披露要求的规定

英国的律师职业特权涉及内容比较广，既包括委托人与律师之间的交流，也包括委托人或其律师与相关第三方之间的交流，且具有对抗法庭披露要求

---

[1] 英美法系明确律师职业特权是属于委托人的权利，律师不是权利主体但可以代为主张，权利的主张效果统归于委托人；而大陆法系部分国家如荷兰认为，律师是独立于委托人而存在的，可以按照个人独立意志行使诉讼权利，得以独立享有并行使律师拒证权，但从目的上看，也是为委托人而主张，因此该特权的实际所有者仍然是委托人。参见王进喜：《刑事证人证言论》，中国政法大学博士学位论文，2001 年。

[2] 司莉：《律师保密义务有关理论问题探讨》，载《河南财经政法大学学报》2015 年第 2 期。

的法律效力，可以拒绝对此项证据进行开示。我国的现行法中只明确规定了前者——委托人与律师之间的法律意见特权，对后者——与第三人之间的诉讼特权规则没有明确规定，且集中于保密义务的规定。该"保密义务"按照通常解释是指，律师不得将该秘密透露给社会公众而侵害当事人或国家利益，但并非律师有权拒绝向司法机关提供有关该秘密的相关证据。从现行立法中可以看出，律师和委托人都被视为一般的做证主体，不享有"特权"，因此不能以此对抗法庭要求。[1]我国律师不享有拒绝做证的特权，通常也不能让其他当事人免于做证。同时，《刑法》第306条关于律师伪证罪的规定，对律师履行职务造成了影响，使得律师往往不愿从事刑辩工作，怠于向证人取证。如张耀喜辩护人妨害做证罪案[2]中，辩护人在履行职责过程中的不规范或违规行为与"引诱伪证行为"混为一谈，对律师尽力为当事人争取权益产生了妨碍，影响刑事诉讼法任务与目的的实现。在控辩力量明显不对等的情形下，尤其需要特权规则的保护，来对公权力进行适当的限制，更好地为个人权益提供保护。

4. 规定的保护范围较狭隘

英美法上的律师职业特权规则涵盖范围比较广，包括为寻求法律意见的一切书面及口头的交流，以及律师为诉讼而进行的准备工作，该规则能在诉讼过程中保护律师的工作成果。而我国关于律师保密义务所限定的范围较狭隘，仅限定于个人隐私、商业秘密及国家秘密。关于律师业务档案的保密规定，一般都指向书面材料，未规定其副本。实质上，保守国家秘密是每个公民的基本义务，而不是律师职业的特性，并不特别属于律师职业秘密的范畴。法律条文中这一列举性方式使得保护的范围十分狭隘，据此，对于当事人不愿公开的其他事实和材料律师是否存在保密的权利或义务呢？因此，对律师应当保守的委托人的秘密范围加以适当的、明确的界定是十分有必要的。

（二）建立我国律师职业特权的构想

建立适合我国国情的律师职业特权制度首先要考虑立法上的完善，其次要

---

〔1〕 我国现行法中的做证义务规定除前述提到的《刑事诉讼法》以外，还包括《民事诉讼法》第67条："人民法院有权向有关单位和个人调查取证，有关单位和个人不得拒绝。"第72条："凡是知道案件情况的单位和个人，都有义务出庭做证，有关单位的责任人应当支持证人做证。"

〔2〕 1999年，律师张耀喜在担任陈林鸿盗窃一案的辩护律师时，被指控采取诱导方式引诱第三方证人李某作伪证，构成辩护人妨害做证罪，一审认定罪名成立，二审法院以原判认定的事实证据不足为由决定撤销原判决，上诉人无罪。

对规则的具体适用予以明确，立足现状，对已有制度进行改进，使其逐步健全完善。

1. 立法上明确职业特权制度

立法上应采用列举方式明确规定律师职业特权的名称、定义、内容、适用范围以及限制，对于规则的除外规定等应当以法律明文规定，避免司法运作中的扩大适用可能造成的混乱。[1]律师职业特权是指，律师就其执业活动过程中所获取的当事人不愿公开且与自身行为无关的秘密得依当事人意愿予以保密，无当事人授权能够拒绝法庭的做证要求，但法律明文规定的情形除外。此外，"执业活动"包括但不限于诉讼活动，当事人为寻求法律意见而进行法律咨询活动、以提供法律意见为主要目的的非诉代理活动等应同等适用。保密的内容，应当是其本身即具有秘密性的内容，即当事人希望不予披露并尚未以默示方式予以放弃的内容，且该内容须与律师自身的行为无关，若为律师本人自行组织、策划、实施则不再适用该权利保护。关于权利的保护范围，不应仅限定于口头交流内容，还应包括双方之间的往来通信所涉及的其他书面材料、相关文件资料等，但用于犯罪或欺诈目的的除外。

需要注意的是，在考虑制度优点的同时，也应该注意到法律土壤适应性上的差别。首先，从传统的法律价值观念上看，我国倾向于发现事实真相，以实现正义维护社会秩序，而特权观念倾向于个人权益保护。二者在价值观念上存在偏差，所以对制度的直接移植显然是不合理的。英国证据法上所谓的"特权"，作为一项证据采纳原则[2]，是相对于普通适用的证据规则而言的一种"独特的或非一般的"，在特定情形下适用的规则，可以理解为一般证据规则的例外情形。为避免"特权"一词可能产生的歧义，我国的证据法学研究中称其为"做证特免权"（拒绝证言权）。

在立法上明确律师职业特权规则（或说律师拒证权规则）既有其现实必要性，也有其可行性，既能满足现实需要、填补不足，也能顺应国际司法发展趋势，更好地保障个人权利。立法的完善是一个循序渐进的过程，还需把握好价值走向，顺势而为。

---

[1] 战恒：《律师拒证权研究——以刑事诉讼为视角》，西南政法大学硕士学位论文，2010年，第29页。

[2] G.T.Pagone, "Legal Professional Privilege in The European Communities: The Am & S Case and Australian Law", *International and Comparative Law Quarterly*, Vol.33, No.3, 1984, pp.670-672.

2. 合理限制特权的适用

首先，特权的享有主体应当是委托人本人及其代理人，委托人是权利行使的最终决定者，也是法律后果的承担者，在委托人未明示或默示放弃保密权益的情形下，律师得拒绝提供此方面证言。权利的主张，应当在没有相反证据的情况下，推定该特权已被主张。但在委托人对于披露表示赞同的情形下，律师即没有再独立主张特权保护的必要，此种情形下，也不会对双方之间的忠诚与信任关系产生破坏性影响，在保护个人利益的同时兼顾到了发现案件事实的社会效益。

其次，关于特权保护的例外应当做出如下规定：（1）以实施犯罪或欺诈为主要目的的交流不受特权保护，如危害国家安全、公共安全等重大犯罪情形；（2）当律师与委托人之间产生纠纷，委托代理关系本身成为案件的争议焦点时，交流内容不再受特权保护；（3）该秘密交流的内容因委托人故意或过失丧失其秘密性；（4）委托人自愿放弃的情形，即在自主意识主导下自行披露或与其他第三人交流该受特权保护的信息。

最后，关于特权规则的保护，应具有一定的延续性。只要对交流内容保密的法律价值依然存在且委托人未明示或默示放弃，即便委托关系终止或代理事项完成，也不会对委托人秘密事项的特权保护产生影响。

3. 建立配套机制

英国律师职业特权规则并不单一，它在证据法上有与之配套的其他制度。要想在我国设立律师职业特权规则，对现有诉讼程序和规则的逐步完善是必经之路。其中值得一提的便是审前证据交换程序，从某种意义上说，没有审前程序律师职业特权制度也不会存在。可以考虑引入预审程序，由预审法官来决定在侦查和检察阶段相关主体提出的特权主张是否成立，该裁定可以采取两审制，从而保证做出的裁定更为公正，从案件伊始便充分保障特权的行使。如果交流内容因强迫或未主张特权而被披露或公开，那么该内容将不得作为不利于该当事人一方的证据使用。

要在刑事诉讼法、刑法、民法等基本法律中形成一套完备的、自成体系的、能配套适用的证据规则，不再将律师列入证人的范围，并规定不得强迫律师对在执业过程中知晓的事由或证据材料进行披露，尝试对侵犯职业秘密的行为设置法律制裁措施，并对档案管理制度进行修改和加强。律师职业特权的构建必须以整个特权制度体系为基础，主要涵盖四类特权规则：反对自证其罪特权、亲属拒证特权、特定职业特权和公共利益特权。[1]

除了立法上的配套，在行业规范方面也应该进行完善和改革。逐步完善律师自治体制，保证律师工作的独立性。同时，加强法律职业共同体建设，强化法律职业共同体内部不同职业间的交流与互动，从而消弭不同法律职业角色间的隔阂，为特权规则的建立与推行奠定基础。

总之，证据制度是一个完整的系统，法律的完善不可能一蹴而就，英国的律师职业特权制度有其借鉴意义，但考虑到实施的法律土壤差异，还需因地制宜、审慎参考，逐渐弥补我国法律上的空缺。

4. 完善现有法律制度

第一，建议废除现行刑法第 306 条第 1 款关于辩护人、诉讼代理人毁灭、伪造证据、妨害做证罪的规定。[2]个别律师不惜违法违规指示证人提供虚假证言来为其委托人减免罪责，这样的情况在现实中偶有出现。但是通过律师的行业内自治手段予以规制即可达到有限遏制的效果，"而不应在律师头上悬一把达摩克利斯之剑，使律师在泥菩萨过河的心境下诚惶诚恐地履行其辩护职责，由此可见，刑法第 306 条已成为律师不能承受之重"[3]。将律师置于毁灭伪造证据或者妨害做证可能性更高的一面，增加了控辩双方的不对等性，不利于律师在刑事诉讼中开展正常的辩护工作。当被告当庭翻供，律师往往成为被怀疑的对象。这样的环境下，律师又如何能为从委托人处知晓的秘密信息保密呢？又面临着多大的风险呢？所以，删改这一条款对我国律师职业特权的建立意义重大。

第二，目前在对律师的住宅和办公室进行搜查和扣押方面并没有设定特别的限制性规定，律师只拥有普遍适用的宪法权利。建议对可能与存储律师职业秘密相关的文件和场所如律师办公场所和住宅等给予保障，严格搜查条件并不得任意扣押，如要对律师的办公场所和住宅进行搜查，需由律协或第三方具备专业知识的机构派员在场，对交流内容的载体——特殊文件材料提供一定的保护。

---

[1] 王日春：《证人特免权规则研究》，中国政法大学博士学位论文，2011 年，第 150—151 页。

[2] 王进喜：《刑事证人证言论》，中国政法大学博士学位论文，2001 年，第 77 页。

[3] 陈兴良：《辩护人妨害做证罪之引诱行为的研究——从张耀喜案切入》，载《政法论坛》2004 年第 5 期。

为了维护委托人利益，充分发挥律师职能，促进律师行业的发展，维护社会公平与正义，有必要在我国建立律师职业特权制度。通过维护个人利益以实现整体利益，促进社会法治化进程。但对现有制度的完善是一个缓慢而又曲折的过程，还需实事求是、按部就班地进行，我们任重而道远。

第二章　日本成年意定监护的监督制度

一、日本成年意定监护的监督制度之概要与形成

（一）日本成年意定监护的监督制度概要

1. 成年监护制度的概要

日本成年监护制度是指为保护判断能力缺失的成年人，为其选任援助者，维护其各项权利的法律制度[1]。判断能力缺失包括痴呆症、智力障碍、精神障碍等。

日本成年监护制度分为法定监护制度和意定监护制度。法定监护依据日本《民法典》产生，意定监护依据《意定监护合同法》产生。意定监护制度是当本人尚具有必要的判断能力时，依据《意定监护合同法》订立监护合同并选任监护人；法定监护制度是指，在本人判断能力缺失时由法院家事法庭依据日本《民法典》选任监护人。

日本法律意义上的成年监护制度，自 1896 年审议[2]通过并实施后，共经过两次改革，第一次是 1999 年修订日本成年监护制度，彻底改变了原有民法的"禁治产、准禁治产制度"和亲族编中规定的制度，还创设了意定监护制度和监护登记制度，更好地应对老龄化问题；第二次是 2016 年民法关于成人监护制度部分的修订，明确指出，成年监护人经法院家事法庭许可，可以签收被监护人的包裹；成年监护人可以处理被监护人死后事务的内容和程序。另外，2016 年日本通过的《关于促进成年监护制度利用的法律》，[3]旨在建立一个由司法、行政、社会组织支援合作的新体系，更好地支援和保护被监护人。

---

[1] 田山辉明：「成年後見読本」，三省堂 2015 年，第 51 页。
[2] 小林昭、原司：「平成 11 年民法一部改正法等の解説」，法曹会 2002 年，第 52 页。
[3] 日本《关于促进成年监护制度利用的法律》（「成年後見制度の利用の促進に関する法律」）。

2. 成年意定监护与法定监护制度比较

（1）成年意定监护制度

日本成年意定监护制度，是指本人在尚具有委任监护等必要判断能力时，通过缔结合同的方式，预先安排自己未来的监护事务和监护人等，使本人能够在判断能力缺失时，仍可按自己意愿生活。通过这种意定监护制度，本人在缺失判断能力的情况下也能按自己既设的意愿进行生活和财产管理等[1]。在日本意定监护制度中，本人预先选定意定监护人后，须由法院家事法庭选定意定监护的监督人对意定监护人及其监护事务等进行监督。简而言之，意定监护制度适用于尚具有完全行为能力的人，因担心自己将来可能因年老痴呆等不再具备完全行为能力，所以预先通过签订意定监护合同选定监护人，安排财产管理等。一旦痴呆、精神障碍等能力缺失出现时，由特定人员向法院家事法庭提交选定意定监护的监督人申请，产生意定监护的监督人之后，由意定监护的监督人对意定监护人及其监护事务等进行直接监督，法院家事法庭通过意定监护的监督人对监护人及其监护事务进行间接监督。

2000 年日本实施《意定监护合同法》，[2] 正式确立成年意定监护制度，该制度主要包括两个部分：意定监护合同的成立及生效。意定监护以合法且有效的监护合同为基础，以法院家事法庭选任意定监护的监督人为生效要件。

（2）法定监护制度

与意定监护不同，法定监护是日本《民法典》规定的监护制度。法定监护制度根据本人判断能力缺失的程度不同分为辅助、保佐和后见。日本成年法定监护制度是对已满 20 周岁的判断能力缺失的被监护人的保护制度。

旧成年监护制度中，若被监护人被宣告为禁治产人或准禁治产人，则其不具有完全的民事行为能力，其处分财产的行为受到限制，且该身份状态也会被记载于户口本中。户口本中有该记录被日本民众视为一种歧视。在国际社会愈加尊重人权的趋势下，1999 年日本《民法典》修改原有的禁治产制度和准禁治产制度，将法定监护制度分为辅助制度、保佐制度和后见制度，以更加灵活的方式对判断能力缺失的被监护人进行保护。

---

〔1〕 田山辉明：「成年後見読本」，三省堂 2015 年，第 114 页。
〔2〕 日本《意定监护合同法》（「任意後見契約に関する法律」）。

（3）意定监护制度与法定监护制度的关系

日本成年监护制度由法定成年监护制度、意定成年监护制度及成年监护登记制度组成。日本在确定法定监护制度与意定监护制度时，以"意定监护制度优先原则"[1]和"保护手段一元化原则"为指导。意定监护制度优先原则即如果本人已经订立了合法有效的意定监护合同并经过公证登记，则优先适用意定监护制度[2]。如果本人未按法律规定签订合法有效的意定监护合同，则适用法定监护制度。保护手段一元化原则是为了避免意定监护制度与法定监护制度适用的冲突，在法律上仅允许适用其一。[3]

从法定监护与意定监护的关系来看，法定监护程序开始之后，如果再选任监护的监督人，必须由法院家事法庭先做出撤销法定监护的判决。[4]反之，在意定监护合同生效之后，仅限于特别必要且为本人利益，法院家事法庭才可以启动法定监护程序，此时意定监护合同自动终止。[5]但如果意定监护合同已登记但尚未生效，则法定监护仍可进行，此时意定监护合同不受影响继续存续[6]，因此其被认为处于休眠状态，如果想启动意定监护，必须由法院家事法庭对法定监护做出撤销判决。[7]

法定监护制度与意定监护制度在具体内容、适用范围、适用程序、适用效力等方面都存在不同。法定监护制度属于事后救济措施；而意定监护制度主要是在本人具备判断能力时与意定监护受托人签订意定监护合同，经公证并登记公示，在法院家事法庭正式选定意定监护的监督人后开始生效。意定监护制度作为一种预防措施，具有更强的弹性和适应性，属于事前救济。

日本的意定监护制度和法定监护制度在资格审查、监护人选任、生效时间、终了事由等方面也存在不同（表2-1）。

---

[1]　上山泰：《任意後見契約の優越的地位の界限に ついて》，筑波ロー・ジャーナル11号，2012年，第97—132頁。
[2]　日本司法实践判例中也遵守意定监护制度优先原则，如「大阪高裁平成14年6月5日家月54卷11号54頁」。
[3]　新井誠、赤沼康弘、大貫正男：《成年後見制度—法の理論と実務》，有斐閣2006年3月。
[4]　日本《意定监护合同法》(「任意後見契約に関する法律」)第4条第2款。
[5]　日本《意定监护合同法》(「任意後見契約に関する法律」)第10条第3款。
[6]　东京地方法院平成18年7月6日判决，《判例时报》2007年1965号，第75页。
[7]　日本《意定监护合同法》(「任意後見契約に関する法律」)第10条第1款。

表 2-1　日本成年法定监护制度与意定监护制度的区别[1]

事　项	法定监护制度	意定监护制度
适用前审查	辅助一般不审查，保佐、后见原则上要审查	委托人选一般不审查
选任监护人的主体	法院家事法庭（必须考虑本人的意见）	被监护人
授权内容	代理权、同意权、撤销权	代理权
生效时间	判决生效后的 14 天	选任判决生效时
权限的追加	可根据申请授予代理权、同意权、撤销权	本合同内无法追加
监护登记手续	法院书记员办理登记委托手续	合同缔结后公证人办理登记委托手续；未生效意定监护的监护人选任确定后由法院书记员办理登记委托手续生效
免职事由	监护人的职务停止，职务代行人的选任，监护人的免除职务判决	意定监护人被免除职务判决
监督人必要性	法定监护的监督人非必设	意定监护的监督人必设，且是意定监护合同的生效要件
终止事由	被监护人死亡	被监护人、监护人死亡，破产程序开启；意定监护人被免职、辞职、合同解除；法定监护开启

3. 成年监护的监督制度概述

日本成年监护的监督是为了保护本人的人身权益和财产权益，对监护人的监护事务进行监督的制度。根据监督对象和法律依据的不同，可分为成年法定监护的监督制度和成年意定监护的监督制度。日本《民法典》并没有强制要求选任监护的监督人，而成年意定监护的监督制度要求必须选任监护的监督人。此外，两者在权限与义务等方面也存在不同（表 2-2）。

---

[1]　新井誠、赤沼康弘、大貫正男：「成年後見制度—法の理論と実務」，有斐閣（第 2 版）2014 年，第 23 页。

表 2-2　日本成年法定监护的监督与意定监护的监督的区别

事项	法定监护的监督	意定监护的监督
权限	监督监护人事务的履行（《民法典》第851条第1款）	监督监护人事务的履行（《意定监护合同》第7条第1款第1项）
	要求监护人提交监护报告（《民法典》第863条第1款）	要求监护人提交监护报告（《意定监护合同》第7条第2款）
	紧急情况下，请求法院采取必要措施（《民法典》第863条第1款）	/
	请求解任监护人（《民法典》第846条）	请求解任监护人（《意定监护合同》第8条）
	确认财产目录（《民法典》第853条第2款）	/
	监护终止时进行财产核算（《民法典》第871条）	/
	在监护人不适格时，请求选任新监护人（《民法典》第851条第2款）	/
	法定监护中，家事法庭对监护人有直接监督权，因此未规定法定监督人须向法院定期报告，且可以不设法定监护监督人，法定监护人无直接向法院定期报告的义务	向家事法庭定期报告
	紧急情况下，可自行采取应急措施（《民法典》第851条第3款）	紧急情况下，可自行采取应急措施（《意定监护合同》第7条第1款第3项）
	当监护人存在利益相反行为，可代为行使监护权（《民法典》第851条第4款）	当监护人存在利益相反行为，可代为行使监护权（《意定监护合同》第7条第1款第4项）
义务	善良管理注意义务（《民法典》第852条、第644条）	善意管理注意义务（《意定监护合同》第7条第4项）
	尊重意思自治（《民法典》第858条）	尊重意思自治（《意定监护合同》第8条）

　　日本成年意定监护的监督制度，是为了保护成年意定监护合同中委托人的利益，通过法院家事法庭和意定监护的监督人对意定监护人进行监督。从图2-1中可以看出成年监护的监督中各主体之间的关系：

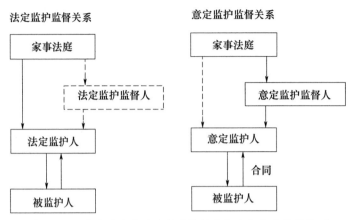

图 2-1　日本法院家事法庭在监督的监督中与各主体的关系

（二）日本成年意定监护的监督制度形成

1. 成年意定监护的监督必要性

（1）适应老龄化社会的必然要求

第二次世界大战后，日本经济迅速发展，至 20 世纪末，日本老龄人口居世界首位。日本家庭结构也发生了重大变化，日本社会呈现少子、老龄、核家族化[1]，因此日本社会开始关注老年人的生活状况及对他们的法律保护。通过意定监护制度，老年人可预先缔结意定监护合同，安排自己将来的监护事务，以便在出现判断能力缺失的情况下，能按其既设的意愿生活和管理财产。本人判断能力缺失是成年意定监护启动的前提，而此时本人由于缺乏判断能力，无法监督监护人，可能出现监护人侵占本人财产等侵害本人权益的行为，因此需要相配套的成年意定监护的监督制度。

（2）全球新理念及成年监护制度的立法新趋势

20 世纪后半叶，以欧洲为改革的中心，法国、德国这些大陆法系国家陆续进行了成年监护制度改革，成年监护的监督制度改革同步进行。国际人权组织更加关注残障人士，其理念[2]是以"自我决定权的尊重""尚存能力的活

---

〔1〕 "核家族化"日文原文为"核家族"，指的是仅仅是夫妻，或者是夫妻（单亲）与未婚的子女所构成的家庭。

〔2〕 内田贵在日本「民法第 4 版总则·物权总论」中指出，对包括老龄者在内的判断能力欠缺的人，要求把"自我决定权的尊重""尚存能力的活用""维持本人生活正常化"等新理念和原来的"对本人的保护"的基本理念相结合，引入《民法典》。东京大学出版会 2008 年。

用""维持本人生活正常化"为指导。这三种理念之间的关系[1]是，"维持本人生活正常化"是基本原则，其在成年监护制度领域中的具体表现形式是"自我决定权的尊重"，"自我决定权的尊重"理念必然产生"尚存能力的活用"理念。[2]英国、美国、加拿大等国都逐渐形成了较为完善的成年意定监护的监督制度。日本成年意定监护的监督制度也是在这种趋势的引导下，结合日本具体国情而产生。

（3）日本意定监护对监督的必然要求

成年意定监护关系中，意定监护人对被监护人本人的财产、人身权利具有广泛的代理权限，其有可能怠于履行监护事务或滥用监护权利，使本人的利益遭受损害，而此时本人由于欠缺判断能力难以对监护人的行为进行有效监督，因此需要第三方替代本人对监护人的行为进行监督。

日本在老龄化、少子化、家庭结构变化的情况下，意识到依靠家庭内部解决所有的监护问题并不现实。另外，随着监护目的和监护性质的演变，老年人及残障人士是选择成年意定监护制度的主要人群，伴随该制度的广泛应用，日本成年监护人侵占本人财产案件[3]数量逐渐增多。因此，更需要从社会稳定、社会福祉的角度出发，保护成年监护制度使用人的利益。

日本成年监护制度自 2000 年 4 月 1 日实施以来，运用人数迅速增多[4]，其中法定监护人申请立案数从 2000 年的 7251 件快速增加到 2017 年的 27798 件，而意定监护人申请立案数从 2000 年的 51 件增加到 2017 年的 804 件。从历年数

[1] 上山泰「専門職後見人と身上監護」指出三个理念的关系，把作为社会政策基本原理的"维持本人生活正常化"纳入成年监护法的领域，民事法研究会，2008 年。
[2] 日本法务省民事局参事官室「成年後見制度の改正に関する要項試案補足説明」（1998 年）中指出，日本现行法定监护制度设计的基本指针是，"自我决定权的尊重""尚存能力的活用""维持本人生活正常化"等新理念和原来的"对本人的保护"的基本理念的和谐。立法担当官在补足说明中解释，"尚存能力的活用"和"维持本人生活正常化"包含在广义的"自我决定权的尊重"的理念之中。
[3] 広島高判平成 24 年 2 月 20 日判夕 1385 号 141頁・金商判 1392 号 49頁。该判例中，广岛高级法院判决原法院家事法庭法官未尽到监督责任，进行国家赔偿。大阪地堺支判平成 25 年 3 月 14 日金商判 1417 号 21頁。大阪地方法院判决成年监护的监督人未尽到监督责任，由成年监护的监督人承担监护人无法补足的赔偿金额。
[4] 最高裁判所事务総局家庭局 2017 年「成年後見関係事件の概況」报告中明确指出，成年监护制度使用者总人数：2012 年为 176464 件，2016 年增长到 210290 件。其中 2012—2016 年，意定监护制度使用案件数从 1999 件增长至 2516 件。

据图（图 2-2）中可以看出监护人申请立案数在 2006 年有明显的波动。原因主要是 2006 年《残障人士救助法》的施行推动了成年监护制度在残障人群中的普及。同年施行的《预防虐待老年人法》[1] 又在法律和政策层面上推动了成年意定监护制度的应用。经过计算，意定监护监督人选任申请立案数在 2000—2017年由 51 件增加到 804 件，增长了 15.7 倍。意定监护制度监督人选任申请立案（件）数[2] 存在着巨大的增长空间。

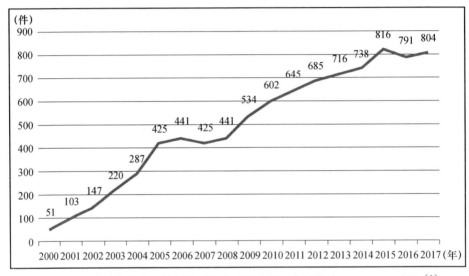

图 2-2　日本成年意定监护制度监督人选任申请立案情况（2000—2017 年）[3]

根据日本内阁府公布的数据[4]（表 2-3），日本成年意定监护制度实施以来，成年监护人侵占被监护财产案件数量呈增长趋势。

---

〔1〕 日本《预防虐待老年人法》(「障害者虐待防止法」)。

〔2〕 成年监护制度申请立案件数不同于使用人数，使用人数范围大于申请立案件数。申请立案是本人或监护人向法院家事法庭提交申请要求进行审理，由法院选任监护的监督人。法定成年监护制度中，法定监护的监督人非必设。意定成年监护制度中，监护合同成立后，需在委托人即被监护人本人判断能力缺失时，才能选任成年意定监护的监督人，且法院家事法庭选任成年意定监护的监督人是意定监护合同的生效要件。

〔3〕 最高裁判所事务总局家庭局：「成年後見関係事件の概況」2000—2016 各年により。

〔4〕 内阁府成年後見制度利用促進委員会事务局、「成年後見制度の現状」、平成 27 年 12 月。

表2-3　日本成年监护人侵占被监护人财产案件情况（2010—2014年）

时间	不当行为报告件数（件）	被侵占财产总金额（万日元）
2010年（6—12月）	123	约129000
2011年（1—12月）	311	约334000
2012年（1—12月）	624	约484000
2013年（1—12月）	662	约449000
2014年（1—12月）	831	约567000

日本成年意定监护的委托监护合同中，委托人可以委托的内容不仅包括财产管理事项，如储蓄管理、不动产及其他重要财务的处分、遗产分割、贷款及租赁合同的订立、解除等，还包括与人身监护事项相关的事务的代理，授权签署如医疗合同、住所合同、设施入住合同、护理合同、教育合同等。委托监护合同不同于委托代理合同，因为委托人判断能力缺失是委托监护合同生效的实质条件之一，所以当委托监护合同生效时，委托人本人已经丧失了监督合同受托人履行合同义务的实际能力。为了维护被监护人本人的利益，需要相配套的成年意定监护监督制度。

2. 成年意定监护的监督制度形成过程

日本成年意定监护的监督制度是日本成年意定监护制度的重要组成部分，它的形成几乎与日本成年意定监护制度同步。1995年6月，日本法制审议会民法分会提出新成年监护制度的议案，同年7月成立了成年监护制度问题研究会，通过资料整理及调查研究在1997年9月提交了一份《成年监护制度问题研究报告》，该报告认为成年意定监护合同有别于一般的委托代理合同，须由国家机关监督，并强调监督制度在保障本人权益中的必要性。之后，在日本法制审议会民法分会中设置了成年监护小委员会，负责具体探讨相关立法事项。该委员会认为具体意定监护的监督之内容包括：法院家事法庭通过选定意定监护的监督人之方式对意定监护人进行间接监督；意定监护合同生效后，法院家事法庭在特定情况下可以解任意定监护的监督人等。但此项立法被搁置。意定监护的监督制度直到日本立法会的大多数人都认同英美等国家的司法实践，并排除了相关立法障碍后，才于1999年通过，并于2000年4月开始实施《意定监护合同法》《监护登记法》等单行法律，日本成年意定监护的监督制度正式形成。日本成年意定监护的监督制度作为成年意定监护制度的配套制度，是对民法理念和民法技术的巨大突破。

二、日本成年意定监护的监督内容

（一）日本成年意定监护的监督主体

1. 成年意定监护的监督人

意定监护的监督人是替代本人对意定监护人进行监督管理以防止其滥用权利的人。意定监护的监督人并非意定监护合同的当事人，因此，意定监护的监督人选任及职责并非由意定监护合同约定，意定监护的监督人由法院家事法庭选任，且意定监护的监督人之选任是意定监护合同生效的条件。

以下几类人不得担任意定监护的监督人：未成年人，被法院家事法庭罢免的法定代理人、保佐人、辅助，受托人或其配偶及其他直系血亲与本人正在进行诉讼或曾经进行过诉讼的人，意定监护受托人或者意定监护人的配偶、直系血亲及兄弟姐妹。意定监护的监督人不得出现下列情形：破产、下落不明、品行不端、有明显不当行为或具有其他不适合担任意定监护的监督人之情形。

根据《意定监护合同法》的规定，意定监护的监督人可由自然人担任，也可由法人担任。关于意定监护的监督人之数量，法律中并无特别限制，监督人可由数人担任。

2. 成年意定监护的监督机构——法院家事法庭

日本法院家事法庭是成年意定监护制度中必不可少的国家公权力机构，意定监护合同生效的前提是经法院家事法庭选任意定监护的监督人。另外，意定监护的监督人之辞任和解任也必须通过法院家事法庭进行。

法院家事法庭可以从律师、司法书士、社会福利人员、税务师等专门人员中选任意定监护的监督人之候补人，也可以选任本人的亲属或熟人担任意定监护的监督人，但其中不包括意定监护人的配偶、直系血亲及兄弟姐妹。法院家事法庭认为必要时，可以依职权要求意定监护的监督人报告监护事务，同时有权对意定监护人的事务或本人的财产状况进行调查。当意定监护人出现不适格事由时，法院家事法庭可以根据意定监护的监督人、本人、本人近亲属及检察官的申请，解任意定监护人。

公权力的监督秉持三大原则：最大利益原则，最小干预原则和最大保护原则。第一，最大利益原则。保护本人利益，使其利益最大化是日本成年监护监督制度设立的目的。同样，最大利益原则也是日本成年监护监督制度中的核心原则。最大利益原则是指成年意定监护的监督机关在选任监护的监督人时，应当选择对本人来说利益最大的方案，最大化保护本人的利益。监督方式、监督时间、监督力度都尽可能以本人的最大利益为考量，以期达到监督的最佳状态。

第二，最小干预原则。成年意定监护的核心理念在于尊重本人的自我决定权、人格尊严权。日本成年意定监护的监督制度通过签订意定监护合同，在本人判断能力缺失的状态下，由意定监护受托人根据意定监护合同的约定进行监护事务管理，由法院选任意定监护的监督人替代本人对意定监护受托人进行监督，以防意定监护人滥用其权利。

第三，最大保护原则。监护的监督人或监护的监督机关最大程度地保护本人的利益，使本人在判断能力欠缺的状态下，受侵害程度最小。意定监护受托人根据意定监护合同的约定管理监护事务时本人已处于判断能力缺失的状态，此时本人已经无法对意定监护受托人进行监督约束，因此法院家事法庭为本人选任监护的监督人替代本人对意定监护受托人进行充分的监督。意定监护的监督人选任及意定监护的监督人之候补人选任都须经过本人的同意。在法院家事法庭认为必要时可依职权调查监护事务，甚至在意定监护人违背本人利益时，免去意定监护人职务。

（二）日本成年意定监护的监督人之职责和权限

1. 对监护事务的监督

监督人对意定监护人的监护事务进行监督，定期向法院家事法庭报告是监督人的重要职责[1]。为了真正发挥监督的作用，意定监护的监督人认为必要时，可就监护事务让意定监护人提供报告，也可随时跟踪调查监护人的监护事务，对被监护人的财务状况进行调查。意定监护的监督人帮助本人对意定监护人进行监督，监督意定监护人是否适当行使代理权及履行监护义务，一旦察觉意定监护人的不当行为可能对本人造成损害时，迅速采取必要措施，防止损害的扩

---

[1] 家事裁判所：「後見監督人への交付資料—後見監督人の職務について」，2017 年，第 2 版。

大。具体来说，监督人可要求意定监护人定期提供关于监护事务处理情况、支出用途核算的报告和资料[1]。检查意定监护人是否在监护事务上尽职尽责，尤其是在管理本人财产方面，支出目的和支出数额是否符合谨慎义务。

考虑到意定监护人在不动产的处分上可能出现滥用代理权的情况，但对不动产恢复原状较为困难，易对本人造成重大损害，因此意定监护人在处理不动产等重要财产时，如果有监护的监督人存在，则必须经过监护的监督人之同意。

2. 对监护人的报告请求权及调查权

报告请求权是指意定监护的监督人认为必要时，可随时要求意定监护人提供监护事务的报告。[2]调查权是指在意定监护的监督人认为必要时，可随时对意定监护人的监护事务或本人的财产状况直接进行调查。

法院家事法庭通过定期要求意定监护的监督人提交报告，实现对意定监护人的间接监督。关于定期报告的具体期限和内容，由法院家事法庭根据个案来确定。监护的监督人报告的内容包括意定监护人监护事务实际履行情况，监督人使用调查权调查到的具体情况等。

意定监护的监督人之主要职责是对意定监护人的监护事务进行监督，除此之外，意定监护的监督人在紧急情况下，可以在代理权范围内，进行必要事务的处理；当意定监护人或其他代表的行为损害本人利益时，监督人可以代表被监护人做出一定的法律行为，如诉讼要求侵害赔偿，返还被侵占的财产等。

3. 监督人的善良管理注意义务

意定监护的监督人一方面需要对意定监护人进行监督，另一方面需要尽到善良管理者的注意义务。同时，意定监护的监督人在辞任后或意定监护合同终止后的特定期间内，如果发生紧急事由，应该为本人利益对监护事务进行监督。

一般情况下，意定监护的监督人辞任或意定监护合同终止，意定监护的监督人与本人的法律关系也终止。如果监护的监督人与本人的法律关系由于一方终止而解除[3]，但一方未及时将法律关系解除的事实告知对方，则不得对抗本人

---

[1] 资料包括业务日志、资金出纳账、预支资金账、收领账等。
[2] 日本《意定监护合同法》（「任意後見契約に関する法律」）第7条第2款。
[3] 因一方终止而导致法律关系终止的情况，如意定监护的监督人辞任、本人死亡等。

提出的监护事务责任。此时，从保护本人利益的角度来看，不论本人是否具备接收该意思表示的能力，必须通知到意定监护人。意定监护的监督人未尽到善良管理注意义务时，可能对被监护人承担赔偿责任[1]。

4. 监督人怠于履职的责任

意定监护的监督人怠于履行职责，违反善良管理注意义务时，须承担相应的法律责任。此情形下，意定监护的监督人可能会被法院家事法庭辞任或解任；在成年意定监护人怠于履行职责，给本人造成财产性损害时，监督人需对本人承担因意定监护人不能履行债务返还义务的损害赔偿补充责任。[2]

5. 监督人的报酬与费用

意定监护的监督人之报酬，由法院家事法庭根据意定监护的监督人及本人的财产情况，通过判决形式直接从本人财产中支出。具体的报酬金额可以参考东京法院家事法庭发布的《成年监护人的报酬》。[3]

另外，意定监护的监督人因履行职务所产生的必要费用可以通过法院家事法庭判决直接从本人财产中支出。监督人对垫付的金额具有求偿权，可从意定监护人处获得。

三、日本成年意定监护的监督程序

（一）日本成年意定监护的监督制度启动

1. 监督制度的启动前提

成年意定监护的监督前提是意定监护合同的成立及生效。即以合法且有效的监护合同为基础，再经法院家事法庭选任意定监护的监督人，成年意定监护的监督才从法律意义上得以启动。

根据日本《意定监护合同法》第 2 条第 1 款的规定，意定监护合同，是指本人与意定监护受托人[4]约定，在本人判断能力缺失时，将生活养老、财

---

[1] 神户地方法院 2012 年（平成 24 年）金融商事判例 1392 号，12 月 13 日判决中，原告 X，认为父亲 A 与委托人 B 的监护合同关系成立后，意定监护的监督人 Y 未尽到意定监护的监督义务，请求法院家事法庭判决 Y 未尽到意定监护的监督义务，由 Y 承担损害赔偿责任。

[2] 西岛良尚:《任意後見監督の権限と責任》実践任意後見 45 号，2013 年，第 59 页。

[3] 《成年後見人等の報酬額》，京都家庭裁判所，平成 30 年 1 月。

[4] "意定监护受托人"在任意合同生效后称为"意定监护人"。

产管理等事务全部或部分委托给意定监护受托人，授予其特殊代理权的委托合同。

第一，意定监护合同的法律性质。从定义上看，意定监护合同的形式与日本民法上的委托代理合同类似。但两者在委托事务的内容和范围、合同的生效时间等方面不同，意定监护合同以生活、疗养护理、财产管理等为委托事务内容[1]，合同的生效时间为意定监护的监督人被选任时。另外，与日本民法的一般委托代理合同不同，意定监护合同可以被视为特殊的要式合同。

第二，意定监护合同的当事人及内容。委托人（本人）和受托人（意定监护人）为意定监护合同当事人。虽然意定监护合同必须在由法院家事法庭选任意定监护的监督人后才生效，但严格来说，意定监护的监督人并非意定监护合同的当事人，意定监护的监督人作为日本成年意定监护的监督制度的重要组成部分，将在后文进行详细阐述。

第三，意定监护合同的生效。意定监护合同以法院家事法庭选任意定监护的监督人为生效要件。意定监护合同缔结后都应当以法定格式的公证书形式进行公示[2]。公证人通过与本人当面交流判断并确定合同当事人是否具有订立意定监护合同的判断能力，而后负责将意定监护合同做成公证文书，按照规定在法务局进行登记（图2-3）。

图2-3　日本成年意定监护合同生效的要件

本人在意定监护合同中指的是委托人。[3]意定监护合同中的本人应当年满20周岁，[4]且对缔约行为有完全的判断能力。意定监护人在意定监护合同中，指的是受托人。从意定监护合同成立至法院家事法庭选任意定监护的监督人而使合同生效前，该受托人在严格意义上被称为"意定监护受托人"，合同生效

---

〔1〕 新井誠、赤沼康弘、大貫正男：《成年後見制度—法の理論と実務》，有斐閣，第2版，第177页。
〔2〕 日本《意定监护合同法》（「任意後見契約に関する法律」）第3条。
〔3〕 日本《意定监护合同法》（「任意後見契約に関する法律」）第2条。
〔4〕 日本民法规定年满20周岁的人为成年人。

之后才称为"意定监护人"。[1]意定监护合同生效后，意定监护人作为本人的代理人，执行意定监护合同约定的委托事务，从而实现合同目的，保护本人利益。

意定监护合同的内容主要是监护事务的范围及授予代理权的权限范围。意定监护合同的客体包括财产管理和人身监护两方面：前者如存款、贷款、不动产及其他财务管理、租赁合同的订立、解除、遗产分割等；后者如医疗合同、设施入住合同、护理合同、教育合同等[2]，但具有人身专属性质的行为，如结婚、离婚、子女收养等除外。

第四，意定监护合同的终止。即未出现任意合同的解除、合同当事人死亡、意定监护人履行不能等事由。意定监护合同的解除以意定监护合同是否生效为标准，分为两种情况：一是在法院家事法庭选任意定监护的监督人之前解除，即在意定监护合同生效之前，合同任意一方（本人或意定监护受托人）可以随时解除，但必须对解除的书面报告进行公证。二是在法院家事法庭选任意定监护的监督人之后解除，即在意定监护合同生效之后，考虑本人此时已经处于判断能力缺失的状态，只有具备正当事由且经法院家事法庭许可，才能解除意定监护合同。意定监护合同的终止事由还包括以下情形：本人或意定监护人死亡；意定监护人丧失行为能力，导致意定监护合同事实上不能履行；意定监护人不适格时，法院判决免除意定监护人职务；另外存在法院家事法庭为维护本人的利益在意定监护合同生效后，在特殊且必要情况下判决启用法定监护的情形。

2. 监督制度的实质启动

日本成年意定监护的监督合同的启动实质是意定监护的监督人的选任。意定监护合同正式生效时，成年意定监护的监督制度才真正启动。意定监护合同经订立、公证及登记，在本人丧失判断能力时，本人配偶、四代以内亲属[3]或意定监护受托人有权向法院家事法庭申请选任意定监护的监督人。

---

[1]　日本《意定监护合同法》（「任意後見契約に関する法律」）第2条第3款第4项。

[2]　李霞：《意定监护制度论纲》，载《法学》2011年第4期。

[3]　日本四亲以内亲属指的是以本人或其配偶为中心四代以内的亲属关系。第一代：爷爷，奶奶，外公，外婆；第二代：爸爸，妈妈；第三代：自己这一代，亲的兄弟姐妹；第四代：自己的孩子。

申请选任意定监护的监督人时，需要提交的材料有：选任意定监护的监督人申请书、申请书附票；[1]意定监护合同公证书；申请人的户籍复印件、户籍附票[2]、登记事项证明书、诊断书；意定监护的监督人候选人的户籍复印件、住民票[3]、身份证明书、未登记证明书[4]等其他相关材料。申请的费用主要是文本费用。另外，在有必要做精神鉴定的情况下，还需要支付医疗鉴定费、精神鉴定费，一般在 5 万—10 万日元之间。[5]

（二）日本成年意定监护的监督管辖

1. 监督人选任申请

成年意定监护的监督人选任申请，原则上由本人所在地的法院家事法庭管辖。[6]

即使无管辖权的法院家事法庭受理了意定监护的监督人选任的申请，也不能以管辖错误为由驳回该申请，原则上应当由法院家事法庭进行案件移送。但考虑到案件的特殊性，也可能由其自行审理。

2. 法院家事法庭审判

法院家事法庭受理意定监护的监督人选任申请时必须具备相关条件，包括实体上的条件和程序上的条件。实体上的条件是指本人因精神障碍等原因失去判断能力；程序上的条件包括意定监护合同依法经过登记公示，选任意定监护的监督人之申请人符合条件且经本人同意，不存在选任意定监护的监督人之阻却事由。[7]

法院家事法庭受理意定监护的监督人选任申请后，还需处理以下事项。

---

[1] 选任意定监护的监督人申请书、申请书附票需从法院家事法庭领取并填写。

[2] 户籍附票（こせきのふひょう），指的是根据日本居民基本登记法在市、町、村和特别地区使用的，记载户籍在该市、町、村内的居民住所的历次变更情况的文书。户籍附票的记载事项包括户籍的抬头、姓名、住所、确定住所的日期等。

[3] 住民票（じゅみんひょう），指的是日本的市、町、村和特别地区使用的关于居民基本情况的记载。住民票记载的居民信息较为全面，在住所证明、选民登记、人口调查中具有重要证明作用。

[4] 用来证明该意定监护的监督人之候选人目前未被登记为意定监护人，该证明书从法务局领取并填写。

[5] 《成年後見制度完全マニュアル—申し立てに必要な書類と費用》，https://www.seinen-kouken.net/1_hiyo/index.html，最后访问时间：2018 年 4 月 1 日。

[6] 日本《家事法》「家事事件手続法」第 217 条第 2 款。

[7] 根据日本《意定监护合同法》（「任意後見契約に関する法律」）第 4 条第 1 款但书，阻却事由指的是：（1）本人为未成年人；（2）本人为其他人的成年监护人；（3）意定监护人存在不适格事由。

第一，对本人精神状况进行认定。法院家事法庭在未听取医生关于本人精神状况意见的情况下，无法进行意定监护的监督人选任，意定监护合同也无法生效。通常情况下，意定监护的监督人选任申请书后会附有医生对本人的精神状况诊断书。

第二，对意定监护合同的内容及是否登记公示进行调查。意定监护的监督人选任中，应向法院家事法庭提交未登记证明书。

第三，对《意定监护合同法》第4条第1款中提及的各项阻却事由进行调查。以往法院家事法庭要求提交本人及意定监护人的户口本复印件，无成年监护登记事项及身份证明事项等，现在法院家事法庭必须对意定监护合同进行相关事实的调查。

第四，听取本人陈述。听取本人陈述主要是听取本人关于意定监护合同效力及其对意定监护的监督人人选的意见。但本人无法自我陈述的情况除外。

第五，听取被选任为意定监护的监督人之意见。[1]

第六，听取意定监护人的意见[2]。审查是否存在其他法定阻却事由。

此外，法院家事法庭在选任意定监护的监督人时还须考虑本人的身心状况、生活状况、财产状况；意定监护的监督人之候补人的职业经历或法人的业务类型；意定监护的监督人之候补人与本人的关系；本人对意定监护的监督人之意见；其他事项。

法院家事法庭审核上述情况后，如果认为符合启动意定监护的条件，会做出选任意定监护的监督人之判决，并将该判决的内容通知申请人和意定监护人，同时予以登记公告。

（三）日本成年意定监护的监督终止

1. 监督人的辞任与解任

意定监护的监督人只有在具备正当事由且得到法院家事法庭批准后才能辞任。正当事由具体包括：意定监护的监督人因工作等原因不得不搬到离本人居住地较远的地方；意定监护的监督人因年老、疾病、负担过重等原因无法有效履行监督事务；意定监护的监督人已长期履行监督事务，继续强制其履行监

---

[1]　日本《家事法》「家事事件手続法」第220条第2款。

[2]　日本《家事法》「家事事件手続法」第220条第3款。

督事务不尽合理；与本人的亲属、意定监护人之间存在不和导致无法履行监督事务。[1]

当意定监护的监督人存在不当行为，已明显不适合履行监督职务时，法院家事法庭可以根据其他意定监护的监督人（意定监护的监督人为复数时）、本人、本人亲属或检察官的请求，解任意定监护的监督人，也可以依职权解任意定监护的监督人。对意定监护的监督人之辞任及解任事宜，由法院书记员办理委托手续，登记官进行登记。成年意定监护的监督人之辞任和被解任，与选任时的规定相同，由本人所在地的法院家事法庭管辖。

2. 监督人特定资格的丧失

根据日本《意定监护合同法》第5条，意定监护受托人、意定监护人的配偶、直系血亲以及兄弟姐妹不得担任意定监护的监督人。第5条并非意定监护的监督人选任的阻却事由，而是不适格事由。因此，后发性事由直接导致意定监护的监督人丧失任职资格。

在意定监护的监督人辞任、解任及产生后发现不适格的情况下，法院家事法庭会根据本人及其亲属、意定监护人[2]的申请，进行意定监护的监督人补任。

3. 监督终止程序

特定意定监护的监督关系的终止发生在法院家事法庭判决辞任或解任意定监护的监督人并进行登记公示后。紧急情况下，意定监护的监督人有必要为了本人利益继续进行监督。[3]

监督关系终止的流程如下：首先，要求监护人提交被监护人本人的死亡证明或除籍登记簿，向法院家事法庭提交死后事务管理书面合同（如有）和委托人本人的死亡证明；其次，监护的监督人申请监护事务终止登记；再次，监护人向监督人提交报告及财产受领书；最后，监护的监督人将财产受领书提交法院家事法庭，同时报告其确认的财产受领书内容等。

---

〔1〕 新井誠、赤沼康弘、大貫正男著：《成年後見制度—法の理論と実務》，有斐閣，2014年，第2版，第253页。

〔2〕 新井誠、赤沼康弘、大貫正男：《成年後見制度—法の理論と実務》，有斐閣，2014年，第2版，第245页。

〔3〕 成年後見センター・リーガルサポート：「成年後見監督人の手引き」，日本加除出版社，2014年，第110页。

四、日本成年意定监护的监督制度对我国的启示

（一）我国成年意定监护的监督制度构建必要性及可行性

我国关于成年意定监护的监督并无专门的立法。我国《民法总则》（已失效）第36条、《民法通则》（已失效）第17条和第18条、《关于贯彻执行〈中华人民共和国民法通则〉若干问题的意见（试行）》（已失效）第20条、《老年人权益保障法》第73条[1]、《民法典》第36条[2]等少数几条规定可以视为与成年监护的监督问题相关的规定。

1. 我国成年监护的监督制度现状

（1）监督主体不明确

我国《民法典》第36条规定，人民法院可以根据有关个人或者组织的申请，撤销其监护人资格。个人和组织包括：其他依法具有监护资格的人，居民委员会、村民委员会、学校、医疗机构、妇女联合会、残疾人联合会、未成年人保护组织、依法设立的老年人组织、民政部门等。上述条款的规定可以视为人民法院、有关个人或组织在一定情况下可以作为监护的监督主体。也可视为人民法院、有关人员、有关单位拥有监护的监督权限。但法律法规中并未真正明确提出监护的监督主体的概念。

（2）监督内容笼统

我国《民法典》第36条明确规定了可申请撤销监护人资格的事由：实施严

---

[1] 我国《老年人权益保障法》第73条规定："不履行保护老年人合法权益职责的部门或者组织，其上级主管部门应当给予批评教育，责令改正。国家工作人员违法失职，致使老年人合法权益受到损害的，由其所在单位或者上级机关责令改正，或者依法给予处分；构成犯罪的，依法追究刑事责任。"

[2] 2020年5月28日审议通过的《民法典》于2021年1月1日正式生效。其中第36条规定："监护人有下列情形之一的，人民法院根据有关个人或者组织的申请，撤销其监护人资格，安排必要的临时监护措施，并按照最有利于被监护人的原则依法指定监护人：（一）实施严重损害被监护人身心健康的行为；（二）怠于履行监护职责，或者无法履行监护职责且拒绝将监护职责部分或者全部委托给他人，导致被监护人处于危困状态；（三）实施严重侵害被监护人合法权益的其他行为。本条规定的有关个人、组织包括：其他依法具有监护资格的人，居民委员会、村民委员会、学校、医疗机构、妇女联合会、残疾人联合会、未成年人保护组织、依法设立的老年人组织、民政部门等。前款规定的个人和民政部门以外的组织未及时向人民法院申请撤销监护人资格的，民政部门应当向人民法院申请。"

重损害被监护人身心健康的行为；怠于履行监护职责，或者无法履行监护职责且拒绝将监护职责部分或者全部委托给他人，导致被监护人处于危困状态；实施严重侵害被监护人合法权益的其他行为。发生上述情况时，人民法院可以依申请撤销监护人的资格。但损害程度和损害内容需由申请人自行判断，然后由人民法院进行自由裁量，即并未明确规定监护的监督之具体内容，在实践中可能无法进行有效监督。

2. 监督制度构建的必要性

我国《老年人权益保障法》第26条明确指出："具备完全民事行为能力的老年人，可以在近亲属或者其他与自己关系密切、愿意承担监护责任的个人、组织中协商确定自己的监护人。监护人在老年人丧失或者部分丧失民事行为能力时，依法承担监护责任。"该条款可以视为我国老年人[1]意定监护法律制度的规定，弥补了我国之前仅存在法定监护、指定监护的局限性。

《民法典》以及《老年人权益保障法》仅是为我国成年意定监护的存在提供法律依据，并未对意定监护的具体实施及配套的监护监督制度进行详细规定。我国目前现行的法律法规可能无法形成完善的监督体系，这不利于成年意定监护制度在我国的实施。

我国老年人意定监护制度是成年意定监护制度的重要组成部分，针对老龄化问题，对老年人的权益保障已不仅是家庭内部的问题，需要国家从法律制度层面进行规定。成年意定监护制度在我国尚处于发展初期，国家制定配套的监督制度才能更好地保护意定监护制度下监护人的权益。

3. 监督制度构建的可行性

《民法典》《老年人权益保障法》相关条款主要集中在当监护人的行为损害被监护人利益时，对监护人行使撤销权的事后监督。事实上，如果仅依靠监护人个人自觉自律，在缺乏事前监督或者监护过程监督的真空地带，极易导致监护权的滥用，[2]损害被监护人的人身权利和财产权利。成年意定监护的监督制度之突出作用体现在事前监督，作为成年监护制度的重要组成部分，应该与意定监护制度形成完整的配套制度。

---

〔1〕《老年人权益保障法》第2条规定："本法所称老年人是指六十周岁以上的公民。"
〔2〕 李霞：《成年监护制度的现代转向》，载《中国法学》2015年第2期。

《民法典》第36条，《老年人权益保障法》第26条、第76条可以视为对成年意定监护的监督制度之初步规定。有学者在《民法典》的相关建议稿[1]中明确提出选任意定监护的监督人，但在第十二届全国人大常委会第二十一次会议正式审议时该部分被删除。国内已有学者对成年意定监护的监督制度进行过研究，并就此提出了制度建议，也反映出我国成年意定监护的监督制度有完善的必要。

目前我国意定监护实施过程中，部分公证机关在草拟意定监护协议时会询问当事人是否设立监督人来监督意定监护人的代理行为及未来的监护行为和监护事务，进而在意定监护协议中明确监督人的职责、权限等。如果当事人明确自己不设立监督人，则可以向村民委员会、居民委员会、公证机关提交报告，公证机关兜底监护监督，以保障当事人的权益。

（二）我国成年意定监护的监督制度构建

根据上述日本成年监护制度及意定监护的监督制度之特点，本书认为其属于双轨制监护的监督模式，即日本的意定监护的监督人直接监督与公证机关、人民法院间接监督的方式，更适合我国的国情。以下就如何构建我国成年意定监护的监督制度提出建议。

1. 监督的基本原则

根据日本成年意定监护的监督制度之原则及我国《民法典》中的监护原则，[2]我国监护的监督制度之建立和实施应遵循效益最大化、干预最少化、保护最大化的原则。[3]

---

〔1〕中国人民大学民商事法律科学研究中心"民法典编纂研究"课题组，提交的《中华人民共和国民法总则（草案）》建议稿，由杨立新执笔。其第38条规定意定监护的监督人："成年人可以依照自己的意思，选任意定监护的监督人，并与其签订委托监护的监督合同。该监护的监督合同在委托监护合同生效的同时生效。监护的监督合同生效后，受委托的监护的监督人有权监督意定监护人的监护行为。意定监护人不履行监护职责，或者不当履行监护义务，或者撤销意定监护人，依照监护顺序另行确定监护人，或者依照法定程序确定指定监护人。在紧急情况下，监护的监督人有权做出必要处分。"

〔2〕《民法典》第35条第1款规定："监护人应当按照最有利于被监护人的原则履行监护职责。监护人除为维护被监护人利益外，不得处分被监护人的财产。"第3款规定："成年人的监护人履行监护职责，应当最大程度地尊重被监护人的真实意愿，保障并协助被监护人实施与其智力、精神健康状况相适应的民事法律行为。对被监护人有能力独立处理的事务，监护人不得干涉。"

〔3〕新井誠、赤沼康弘、大貫正男：「成年後見制度—法の理論と実務」，有斐閣，2006年，第166—167頁。

第一，在监督实施过程中，对成年监护人的监督应遵循维护被监护人本人最大利益的原则。

第二，公权力监督的过程中尽可能减少对监护人和被监护人意愿的干预。

第三，监督主体应及时采取必要措施防止损害扩大化。在发现监护人侵权时，依据法律规定的程序及时处理。

2. 监督的内容与程序

（1）成年意定监护的监督制度启动

《民法典》第 464 条明确规定："合同是民事主体之间设立、变更、终止民事法律关系的协议。婚姻、收养、监护等有关身份关系的协议，适用有关该身份关系的法律规定；没有规定的，可以根据其性质参照适用本编规定。"《民法典》第 934 条规定："委托人死亡、终止或者受托人死亡、丧失民事行为能力、终止的，委托合同终止；但是，当事人另有约定或者根据委托事务的性质不宜终止的除外。"该规定亦不适用于我国意定监护制度。

《民法典》第 33 条明确规定具有完全民事行为能力的成年人可通过事先协商，以书面形式确定自己的监护人。被监护人在具有判断能力时，按自己的意愿对将来可能丧失民事行为能力时由意定监护人代理或帮助本人进行财产、人身等监护事务的管理。被监护人丧失民事行为能力是意定监护协议或合同生效的一个实质要件，但该合同的成立、生效和执行适用我国《民法典》。

目前我国《民法典》中监护相关的规定比较笼统，可以参考日本的《意定监护合同法》或《意定监护协议》，细化中国的意定监护相关法律法规。

被监护人应当在具有民事行为能力时签订意定监护书面协议。监护内容不仅可以包括财产管理事项，如储蓄管理、不动产及其他重要财产的处分、遗产分割、贷款及租赁合同的订立、解除等，还可以包括与人身监护事项相关的事务的代理，如医疗合同、住所合同、护理合同、教育合同等。但不得包括结婚、离婚、子女收养等具有人身性质的内容。

在被监护人与监护人签订合法有效的意定监护协议后，须至公证处对意定监护协议进行公证，公证时需双方亲自到公证机关，这种方式可以保证监护合同的真实性和有效性。公证后的意定监护协议应当提交民政部门或公证系统登记公示。公证机关的公证行为以及登记公示行为在一定程度上是对意定监护的事前监督。

日本在《意定监护合同法》中规定，意定监护协议以法院家事法庭选任意定监护的监督人为生效要件，我国可以借鉴该规定。必要时，可通过公证机构或法院选任意定监护的监督人，这不仅可以为意定监护协议的实施提供保障，也可以在一定程度上防止监护人滥用权利，损害被监护人本人的利益。

（2）意定监护的监督人监督

公证机构或人民法院应当从居民委员会、村民委员会、学校、医疗机构、妇女联合会、残疾人联合会、依法设立的老年人组织、民政部门等机构中选任意定监护的监督人。

第一，意定监护的监督人选任方式。可将公证机构、法院依申请选任以及公证机构或法院依职权选任作为我国意定监护的监督人之选任方式。但这两种选任的方式都必须遵循共同的原则，即对本人的精神状况进行认定后，对意定监护协议的内容是否已经登记公示进行调查，对意定监护协议的相关事实进行调查，尊重本人的意愿，听取本人陈述，听取被选任人的意见，调查是否存在其他法定阻碍事由。此外，选任意定监护的监督人时公证机构或法院还须充分考虑本人的身体、心理及财产状况。

第二，意定监护的监督人资格。监督人与监护人之间不应存在利益关系，否则很容易导致权利的滥用，甚至监督人和监护人可能串通起来侵害被监护人的利益。因此，监护人及其配偶、直系血亲、兄弟姐妹不得担任监护的监督人。

第三，意定监护的监督人职责及权限。意定监护的监督人之主要职责是对意定监护人的监护事务进行监督，并向公证机构或法院定期报告。为了真正发挥监督的作用，意定监护的监督人认为必要时，可随时就监护事务让意定监护人提供报告，也可随时跟踪调查监护人的监护事务，对被监护人本人的财产进行调查。此外，当成年意定监护人怠于履行监护义务，而意定监护的监督人未尽监督职责，给本人造成财产性损害时，监督人应该承担补充赔偿责任。

意定监护的监督人有报酬请求权，公证机构或法院可以根据意定监护的监督人及本人的财产情况，以判决的形式直接从本人的财产中支出监督人的报酬。

第四，意定监护的监督人辞任与被解任。我国意定监护的监督人只有在有正当事由的情形下，经公证机构或法院许可后才能辞任。当意定监护的监督人存在不当行为，已不适合履行监督职务时，公证机构或法院可以根据其他意定监护的监督人、本人、本人亲属或检察官的请求，解任意定监护的监督人，也可以依职权解任意定监护的监督人。

（3）意定监护的监督机构监督

其一是，公证机构或法院的监督。我国公证机关或法院可采用间接监督的方式选任意定监护的监督人。考虑到我国目前没有专门的法院家事法庭，司法资源比较紧张的现实情况，由公正机构或基层法院派出法庭进行意定监护的监督是较为合适的做法。公证机关或法院要求成年意定监护的监督人定期提交报告，公证机关或法院通过定期报告，进行间接监督以实现干预最小化。公证机关或法院认为必要时，可以要求监护的监督人提交本人的财产状况报告，也可以依职权对本人的财产状况进行调查或直接要求监护人进行报告。

其二是，居民委员会、村民委员会及民政部门等的监督。在意定监护的监督人缺失时，可暂时由被监护人住所地的民政部门、居民委员会、村民委员会、医疗机构、妇女联合会及残疾人联合会履行监护的监督职责。因为上述部门具备地理优势，方便调查和监督，可作为过渡性的意定监护的监督人履行监督职责。

3. 监督制度的配套措施

首先，明确意定监护人的法律责任。我国应在制定意定监护协议相关规定时，明确意定监护人应承担何种法律责任、本人利益被监护人侵害时应如何救济等内容。意定监护的监督人可以明确自己监督行为的标准，在司法实践中产生更好的监督效果。

其次，重视对监护监督法律人才的培养。我国应更加重视对监护的监督人之培养。若法院为主体其将承担重要的职责，现实生活中法院的诉讼业务相当繁重，如果再将成年意定监护的监督之重担全部交给法院，将导致司法成本过高。我国可以参考德国、奥地利等国家所采用的司法辅助官制度[1]来培养职业监护监督人。

若由公证机关作为主体也不具有可行性。实践中，大部分公证机构还不具备意定监护协议起草及公证能力，更不可能履行部分意定监护监督人职责。目

---

〔1〕 司法辅助官不以具有法官职业的资格为前提，仅需在专门大学预备实务研修，这种研修是以司法辅助官考试的合格为结业前提。司法辅助官的职务包括非诉案件领域，如监护、遗嘱、社团登记、商业登记、破产手续等比较简单的事务。

前，上海市普陀公证处已率先开展意定监护的公证及意定监护监督方案设计等业务，也产生了第一个意定监护协议生效的司法部公证指导案例。在目前的情况下，可以通过意定监护先行实践者的分析和公证系统进行专门业务的培训，来缓解社会需求大与提供专业法律服务人员不足的矛盾，后期通过公证行业培训或民政机构等统一培训的方式，培养更多专业性强的监护监督人。

第三章　智利离婚子女抚养权归属的判定制度

一、"父母之爱的法"——智利第 20.680 号法律

智利于 2013 年 6 月 16 日颁布单行法"第 20.680 号法律",对由《民法典》《未成年人保护法》及《婚姻法》构成的智利抚养权法律框架做出重要的变动。第 20.680 号法律旨在保护离异家庭中未成年子女的利益和尊严,因此也被称为"父母之爱的法"。第 20.680 号法律着眼于家庭和人性,在对未成年人的个人看护、父母权利保护、父母权利平衡以及维护一个和谐稳定的三方关系等方面做出了诸多新的规定;这些规定体现了《儿童权利公约》所确立的立法精神,且使抚养权法律框架的实践更贴合智利国情,不仅在智利国内受到广泛赞誉,且为拉丁美洲多国所借鉴,在国际上受到了极高的评价。[1]

(一)第 20.680 号法律的立法背景

1. 儿童权利和父母权利在智利法律中的演进

1959 年 11 月 20 日,联合国通过了《儿童权利宣言》,该宣言旨在维护世界儿童的权利,促进学校及家庭发挥作用。1990 年,智利与其他 60 个国家共同批准通过了《儿童权利公约》,宣布接受其中四项基本原则的管辖:不歧视原则;儿童利益最大化原则;保护儿童生存、发展原则;以及尊重儿童自主决定原则,并承诺确保所有儿童(18 岁以下的未成年人)均享有这些原则所保护的权利。这四项原则以及该公约中规定的其他准则,使它成为有史以来接受度最广、最受赞誉的人权条约之一,也成为智利在针对保护儿童权利的法律的立法过程中所遵循的准则。

具体而言,不歧视原则,指儿童的权利和自由不得因种族、肤色、性别、

---

〔1〕 ACUÑA, Marcela.Derecho de relación directa y regular. Santiago, Chile.Editorial Legal Publishing Chile, 2014, p.41.

语言、宗教、国籍或社会出身、所在群体、种姓、民族血统、身体或精神残疾或任何政治或其他见解而有所区别。儿童利益最大化原则，指对儿童有影响的法律或措施必须首先考虑儿童最大利益，并以最佳方式使其受益；这也是智利第 20.680 号法律所遵循的第一原则。保护儿童生存、发展原则指国家必须保护儿童并确保其在身体、精神、道德和社会等方面得到充分发展。最后，尊重儿童自主决定原则，亦称"儿童参与原则"，指儿童有权在影响他们的决定中表达自己的意见，且做出决定的人必须充分考虑儿童的意见。[1]

在智利第 20.680 号法律颁布之前，法律对父母双方在离异情形下的权利保护主要侧重于保护其与子女的联系。譬如在《儿童权利公约》第 9 条明确规定与父母一方或双方分离的儿童有权与父母双方保持私人关系并直接联系；[2] 第 10 条规定儿童及其父母有权离开任何国家并为了家庭团聚而进入自己的国家。[3] 但除了第 5 条——政府必须尊重父母的权利和责任，根据孩子的年龄为子女提供指导[4]——这一较为笼统的规定以外，并无其他针对父母个人权利的明确规定。因此，在第 20.680 号法律中，除了对儿童权利做出了更为细致的保护规定外，还对父母的家长权利做出了规定，这是第 20.680 号法律的立法亮点，从中亦体现出多年以来智利国内对于家庭亲密关系的社会讨论，以及这种讨论产生的在近年来受到认可的结论：父母双方与儿童属于三方紧密联系但独立的个体，应对各方都给予相同程度的尊重，并应在法律层面为达到这种平等尊重做出不同程度的保护。

2. 智利社会对家庭关系的重视与抚养权法律制度中对个人关系的强调

传统的家庭由一男一女以及他们所养育的子女所构成。近年来，社会的进步、平等权利的争取以及文化的多元走向，促使多种形态的家庭结构出现。无论一个家庭是以怎样的形式存在，家庭的重要性始终是不言而喻的。家庭是每一个个体与其他个体进行情感维系并共存的最小单位，是每一个人的第一个学习环境，是个人社会活动的支柱。

作为一个传统的天主教国家，智利数百年来都非常重视维护良好的家庭关

---

〔1〕　La Convención de Derechos del Niño，1990，artículo 12.
〔2〕　Ibid.，artículo 9.
〔3〕　Ibid.，artículo 10.
〔4〕　Ibid.，artículo 5.

系。但是如何定义"良好的家庭关系",尤其是父母与子女之间的关系,近年来在智利社会有多种不同的声音,这些观点反映了智利社会中迥异的价值观,也在一些判例中有所体现。第20.680号法律对其中的一些争论做出了回答。譬如,第20.680号法律废除了原智利《民法典》第228条所规定的夫妻双方如有一方有非婚生子女或在其先前婚姻中育有子女,必须征得其配偶同意才能取得这个孩子的抚养权的规定。这条规定在其存续期间一直饱受争议,第20.680号法律将其废除,明确地表达了立场:在涉及非婚生子女或离婚子女抚养权的问题上,始终以儿童利益最大化为第一原则,以子女本位作为核心立场。第20.680号法律对许多有争议的问题做出了旗帜性的回答,在智利乃至拉丁美洲产生了广泛的影响[1]。

智利虽然在宗教、政治等方面表现出保守性,但是它对个人主义一直都表示坚定的支持,这一点即便在为了保护和谐稳定的家庭关系而存在的亲权法律框架中也有所体现。譬如智利一直以来都坚持父母权利保障与父母子女关系维护的二分原则,即不以牺牲父母属于人权的基本权利为代价来维护父母与子女的关系。这是智利抚养权法律框架中非常具有借鉴意义的立法特色。

3. 与法国立法精神的对比

智利《民法典》是拉丁美洲最具原创性和特色的法典,它和法国《民法典》、奥地利《民法典》同属世界上仍在生效的最"古老"的民法典。由于智利《民法典》的起草者安德雷斯·贝略(Andrés Bello)将法国《民法典》作为智利《民法典》的一般框架及主要参考法源,智利《民法典》受到法国《民法典》的深刻影响,[2]在其儿童保护法律框架中也清晰地体现了法国《民法典》的法律精神:个人最大限度的自由、法律最小限度的干预,在离婚子女抚养权归属判定中也奉行这种精神。智利倾向于在离异家庭中建立父母双方共同行使监护的模式看护子女,但是如果父母双方达成协议,则可以仅由父母一方单独进行监护;涉及抚养费、探视制度和离婚后子女抚育有关的问题都可以通过协议来解决。除此之外,智利《民法典》和法国《民法典》都将儿童利益最大化原则作为判定抚养权归属的第一原则,以子女最佳利益为本位。法国《民法典》在第

〔1〕 Historia de la Ley N° 20.680.Pág.267.
〔2〕 古兹曼:《法典编纂者安德雷斯·贝略:生平历史与智利民法典的编纂》,智利大学出版社1982年版第1卷,第469页以下,第2卷:法律渊源,第436页以下。

427条中对抚养权（亲权）的撤销做出规定：在父或母因虐待子女、经常酗酒、明显行为不轨或者有犯罪行为表现，或者因对子女不予照管或引导，从而使子女的安全、健康与道德品行显然受到危害时，其亲权可以在任何刑事判决之外，被完全撤销。同时，法国《民法典》明确规定监护的目的是对子女进行保护。第20.680号法律做出修改后的智利民法典中也有类似的规定。

（二）第20.680号法律对智利《民法典》做出的重要改动

1.规定父母双方均有积极参与子女抚养的义务

第20.680号法律对父母双方参与子女抚养的义务进行了完善。一方面，确立父母双方的共同责任原则，未获得抚养权的父或母一方仍然对子女成长过程中的各项事务负有不逊于获得抚养权一方的责任；该原则有利于父母双方在分居的情况下仍然积极参与对子女的看护。另一方面，该条法律还鼓励父母双方以订立协议的方式，以维护子女利益最大化为宗旨，商讨并合理分配对子女的看护责任，以最大限度地把对子女的看护落到实处，并最终使问题的解决司法化。第20.680号法律的新规定，既能促使父母双方积极参与儿童的成长，又能促进双方理性交流、合理分配看护责任，是整部法律的立法亮点之一。

2.废除原智利《民法典》第228条规定

第20.680号法律废除了原智利《民法典》中第228条规定："夫妻双方中如有一方有非婚生子女或在其先前婚姻中育有子女，必须征得配偶同意才能取得这个孩子的抚养权。"[1]这条规定在其存续期间一直饱受争议，否定意见认为，孩子与其可能偏爱的父或母共同生活的可能性由一个与其并无实际亲缘关系的人掌握，这对孩子而言是非常不公正的；而持赞同立场的人则认为，作为该父亲或母亲的配偶，如果对自己的家庭是否接纳新成员这一重要事项完全没有进行表决的权利，则构成对其基本人权的侵犯。两方矛盾激烈，且均有一定根据，这种局面直到第20.680号法律做出了定论才终结。删除了第228条条文，从而对离婚子女抚养权归属判定中的儿童利益最大化原则进行再次强调。

（三）第20.680号法律对父母双方在抚养权中的平等地位的强调

智利是拉丁美洲最为保守的天主教国家之一，性别歧视一直是阻碍该国社会及法学进步的严重问题；这样的歧视也深埋在家庭关系之中，进而体现在与

---

[1]　Texto del Código Civil anterior a Ley N° 20.680，artículo 228.

亲权、抚养权相关的法律制度之中。本应属于父母双方的"父母权利",却以更类似于"父权"的形式存在。在很长一段时间内,父权制和极度保守的天主教都是皮诺切特独裁政府用来维护社会稳定的工具;而 2006 年上任的智利首位女总统巴切莱特(Verónica Michelle Bachelet Jeria)为 21 世纪的智利带来了经济和文化上的双重革命:个人自由主义发展、家庭的解构与重组、宗教宽容、性别平等、改变父权制和天主教保守状况。第 20.680 号法律中设立的一些条文就体现了对父母双方在抚养权中平等地位的格外强调,具体体现在以下两个方面:

1. 探望制度

第 20.680 号法律中明确规定,在分配抚养权时必须在父母双方之间建立一种制度,使得父母双方——无论是谁获得对子女进行亲自看护的权利——都能在子女的生活中成为一种永久且经常出现的存在。也就是说,父母双方都应与子女保持私人的、定期且稳定的联系,在这种联系上父母双方的地位是平等的。在抚养权归属确定以后,获得抚养权的一方所确立的抚育子女的家庭制度不得妨碍另一方家长与孩子保持直接、定期的联系。除此之外,第 20.680 号法律通过第 229 条第 2 款对此前智利《民法典》没有规定的祖父母、外祖父母与孙辈定期联系的权利进行了规定:子女有权与其祖父母、外祖父母保持直接、定期的联系;如果父母之间没有相关协议,则按照第 229 条所确立的标准来确定这种联系的方式,并最大限度照顾子女的利益[1]。

2. 父母权利共享

第 20.680 号法律新增了"共享的父母权力"(la patria potestad compartida),既适用于共同居住的父母,也适用于分居的父母。其中涉及两个方面:一方面,为了维护第三方(包括子女及第三人)的利益,父母双方均可任意采取纯粹的保护行为,并在为了完成该行为的其他行动中采取共同行动。[2]另一方面,第 20.680 号法律颁布后的智利《民法典》第 243 条对作为多项权利和义务的集合体的父母权利做出在个人领域和婚姻领域两方面的定义:在个人领域,父母权利主要转化为父母的责任,以确保父母双方各自对子女进行照拂、教育和保护;在婚姻领域,父母权利则转化为对子女个人财产的管理,以及在极少数情

---

〔1〕 Texto del Código Civil posterior a Ley N° 20.680,artículo 229-2.
〔2〕 Texto del Código Civil anterior a Ley N° 20.680,artículo 244.

况下利用这些财产的权利。这些权利均由父母双方平等地享有。该规定的意义在于结束了在第 20.680 号法律颁布之前仅由父亲一方所独享的"父母权力"（la patria potestad exclusiva del padre），更加适应日益走向性别平等的智利社会，满足家庭的新需要。

二、智利判决抚养权归属的基本原则、标准与监护模式

在智利抚养权法律框架之中，除了第 20.680 号法律，还有许多值得探讨的其他原则与规定。下文选取其中最为核心的儿童利益最大化原则、父母权利保障与父母子女关系维护的二分原则以及其下的细化标准、监护模式等内容进行详述。

（一）儿童利益最大化原则

1. 基本内容

儿童利益最大化原则是从子女本位出发在离婚案件中进行子女抚养权判定归属的第一原则。但是在《儿童权利宣言》中，并没有对儿童利益最大化原则的标准进行明确；事实上，结合世界各个国家、地区不同的生活水平、文化背景，实行统一标准的儿童利益最大化在实际操作层面也是不可行的，因此各个国家或地区对之都有不同的解读，订立了不同的标准，也推出了各有千秋的法律制度。

通过考察由智利《民法典》、婚姻法、儿童保护法等相关内容所构成的抚养权法律框架，我们认为其对儿童利益最大化原则主要进行了三方面的规定：其一，将儿童作为一个独立的权利主体看待，而非父亲或母亲的附属品，这是对儿童权利进行保护的基础。尤其是在第 20.680 号法律颁布后，对儿童的保护上升到了对其尊严进行完整保护的高度。其二，在做出会对儿童自身利益产生影响的决定时，要把儿童自身的利益放在第一位进行保护和考量，涉及的父母或他人的利益必须位列其后，且儿童利益不能被掺杂进其他利益中进行考量，否则会受到一些不必要的因素的干扰。其三，必须通过法律的形式对儿童的权利加以确认，这样才能构成对儿童权利最有力的保障。智利抚养权相关的法律法规不仅体现了对儿童权利的全方位保护的价值观，也体现了智利社会对该问题的一些讨论和思考，并且针对智利国情做出了一些有别于其他国家的规定，譬如对父母双方行使抚养权平等原则的格外强调。

2. 立法考虑

儿童利益最大化原则的出发点是把儿童视为具有独立权利主体地位的个体，是具有独立思想、独立表达意见的能力且应为此受到尊重的人。以法律的形式对儿童的权利进行确认和保障，不仅是《儿童权利宣言》的基本要求，也体现了天赋人权的法学理念。但是，由于儿童属于无民事行为能力人或者限制民事行为能力人，其对部分权利的行使会受到一定限制，其拥有这些权利的事实很容易被人忽视。在智利这样父权色彩浓厚的天主教国家，儿童和女性更容易被视为成年男性的附属品。因此，以立法的方式确立儿童利益最大化原则，既有利于使该原则在法律运用层面得到最有力的保障，也有利于在普通社会公民中树立保护儿童、尊重儿童的意识，从而为儿童建设一个适合成长、健康、温暖的社会大环境。

3. 特点分析

保护弱者是平等和正义的体现，也是法律的重要价值理念。[1]在一个由父亲、母亲和未成年子女构成的三方家庭结构中，孩子不仅是这三方关系中的弱者，而且有可能是并未牵涉进离婚关系中却要共同承担家庭破碎后果的"受害者"。在涉及儿童权益的问题上，不应该居高临下地从成年人的角度对未成年子女进行保护，而应该将儿童视为能够完整清晰地表达意见的独立个体，充分倾听儿童的声音，以实现儿童最大利益为目的，做出最有利于儿童成长的决定。每一个未成年人都会长大成人，而其作为未成年人时所受的教育、所有的经历、所生活的环境，都会对其一生产生深远的影响。儿童作为无民事行为能力人或者限制民事行为能力人的法律身份不应成为阻碍其按照自己的意愿选择家庭成员和生活方式的理由。智利对儿童利益最大化原则的践行充分体现了这一点。

（二）智利父母权利保障与父母子女关系维护的二分原则

1. 基本内容

智利抚养权法律框架中非常有特色的一点是，其认识到并承认父母权利保障与父母子女关系维护之间可能存在冲突。对于这种难以避免的冲突，智利的解决态度是父母作为个体的基本权利应得到合理的维护，即不应为了维护父母

---

〔1〕 邓丽：《婚姻法中的个人自由与社会正义》，知识产权出版社 2008 年版，第 275 页。

与子女的关系而牺牲父母的属于人权一部分的基本权利。这与前文所述的儿童利益最大化原则在实践中有一定的矛盾，但可以通过对价值位阶进行排序最大可能调和这种矛盾。譬如已经被第 20.680 号法律废除的原第 228 条，反映的就是父亲或母亲的配偶的权利与子女权利之间的矛盾，最终智利社会达成了一个受多数人赞同的结论：父亲或母亲的配偶对于自己所属的家庭之中的成员身份的掌控之权利，应排在子女得以与其偏爱的亲生父亲或母亲共同生活的权利之后[1]。这是父母权利保障与父母子女关系维护的二分原则让位于儿童利益最大化原则的例子。而相反的例子是：如果子女提出仅在父亲或母亲与配偶分居的情况下才与其共同生活的不合理请求，将视为子女有与该父亲或母亲共同生活的愿望，即使该父亲或母亲对于这种请求做出肯定的回应，该方家长与新配偶分居的愿望将不被考虑，这是儿童利益最大化原则让位于父母权利保障与父母子女关系维护的二分原则的体现。

2. 立法考虑

《世界人权宣言》第 26 条明确规定，父母对其子女所应受的教育，有优先选择的权利，这是作为父母的基本权利之一。更重要的是，《世界人权宣言》将这一规定纳入基本原则之中，成为宣言签署国法律制度范本。智利的抚养权法律框架从未忽略在保护儿童权利的同时保护父母权利，第 20.680 号法律中尤其凸显了对父母权利的保护，智利父母权利保障与父母子女关系维护的二分原则就是这种保护意识在立法精神中的体现。

3. 特点分析

正如前文所述，尽管智利是一个偏保守的、父权色彩相对浓厚的拉丁美洲天主教国家，但对个人主义却表达了坚定的支持。其中最主要的原因是智利特殊的近代历史：以法国《民法典》为蓝本写就的智利《民法典》，本身即带有浓厚的个人主义色彩，也为智利培养了丰厚的个人主义、自由主义的法律土壤；然而在皮诺切特军政府长期的独裁统治下，两者的冲突形成了激流暗涌的社会矛盾；皮诺切特军政府虽然实行军事独裁，执政期间社会氛围十分压抑，但其在经济上却实行大刀阔斧的激进的自由主义经济政策，更加激化了这种矛盾。

---

[1] Lathrop, Fabiola. (In) constitucionalidad de la regla de atribución preferente materna del Cuidado Personal de los hijos del artículo 225 del Código Civil chileno.Revista Ius et Praxis, Año 16, No 2, 2010.ISSN 0717-2877.Pág.163-167.

自 1990 年皮诺切特军政府独裁统治结束以来，个人主义在被长期压抑后快速发展，也表现在相关法律法规之中，父母权利保障与父母子女关系维护的二分原则就是最明显的体现。儿童利益最大化原则强调将儿童自身利益脱离父母利益、家庭利益进行单独考量，而父母权利保障与父母子女关系维护的二分原则则强调将父亲与母亲两方的利益脱离孩子的利益和家庭利益进行单独考量。这种区分原则是对父母权利、子女权利进行有力保障的基础，是智利父母权利保障与父母子女关系维护的二分原则的核心，也是其立法特色所在。

（三）智利判决抚养权归属的细化标准

第 20.680 号法律对于离婚子女抚养权归属判定在原智利《民法典》所规定的相关内容的基础上增添了一些新的标准。[1]

1. 保证子女与其偏爱的父或母共同居住的连续性

如果父母双方在离异时并未在征得子女同意后订立协议确定子女和父母其中一方共同居住，则应尽量使子女和其所偏爱的父或母——往往是其目前所共同生活的父母一方——继续共同居住。父母离异对子女的心理影响是巨大的，但是如果能尽量维持子女已经习惯了的生活环境，在一定程度上能削弱父母离异对孩子带来的不利影响，这也是从儿童利益最大化原则出发做出的考量。第20.680 号法律另外一项规定从侧面体现了这一点：如果子女并非独生子女，则应尽力避免兄弟姐妹之间的分离。兄弟姐妹之间往往因为年龄相近而拥有父母与子女之间无法获得的亲密关系；一个家庭中父母两方中有一方缺位，已然使孩子产生家庭破裂的感受，维持兄弟姐妹之间的互相依赖能在一定程度上减少家庭破碎带来的不良影响。

2. 保证子女处于其所适应且适合其成长的环境

父母离异时子女与之共同居住的父或母为子女提供的生活环境往往是孩子熟悉和亲近的，但不一定是最适合孩子成长的。在判定抚养权归属的时候，既要考虑父或母与孩子之间的情感联系，也要考虑孩子对父或母其中一方的偏爱程度，还要考虑父或母能给孩子提供的成长环境。此三者虽然具有紧密的联系，但是根据第 20.680 号法律的立法初衷，它们应当被分别考量。决定最适合孩子的成长环境是最为复杂的，法官应当综合考察父母双方的经济情况，感情上的

---

[1] Código Civil Chileno posterior a Ley N° 20.680，artículo 225-2.

稳定性，能为子女日后发展所提供的经济、感情与环境支持等方面的现状，以及日后可能的发展状况、日后其他家庭成员对孩子可能产生的影响等，并做出判断。第 20.680 号法律在这方面设立了多项新的标准。这些标准不是一成不变的，在不同的家庭中会根据不同的家庭情况决定哪种判断标准占据更大的比重[1]。

3. 父母双方各自对孩子的奉献

在个案中，法官考察父母双方对孩子的奉献有多重标准。首先，应当考察孩子在父母分居后与父或母共同居住时与家庭成员的情感联系，其中包括与之共同居住的父母一方以及这个家庭中其他的家庭成员，具体言之，包括与父或母一方有血缘关系的亲属以及因为与父或母一方有亲密关系而进入家庭的成员；其次，应当考察父或母在对孩子的亲自照料中的参与度，包括父母分居前后的所有阶段，一般而言是将父母亲自进行照料的时间长度进行比较；最后，应当考察父母双方在分居后的合作态度，即为了保持子女处在一个和平稳定的家庭中且能与父母双方都保持亲密关系而与对方保持规律的联系的意愿。此三个维度能够综合考察一个家长为子女所做出的奉献的程度。智利为离婚子女抚养权判定归属建立了相对完整的法律框架，其中重要的原因之一是抚养权并不仅是由父母之爱所支撑的，而且是以父母之责任作为基础的。抚养子女是父母牺牲了部分个人生活的奉献，因此，父母双方对于子女的奉献意愿被视为抚养权判定的重要指标。

4. 父母双方和子女的健康状况和年龄

父母双方和子女的健康状况和年龄一直以来都是决定抚养权归属的重要考量因素，但是第 20.680 号法律首次对其做出明文规定，并由法官在处理个案时结合当事人具体情况进行实践。譬如，一般而言，仍然在哺乳期内的婴儿可能更需要母亲的照看，而进入青春期的男孩则更适合与父亲共同生活；如果父母一方由于健康原因没有生活自理能力，而子女仍处在需要照料的年龄阶段，则更适合由另一方进行抚养[2]。这一项判断规则既是为了使子女能得到最好的看

---

〔1〕 LATHROP，Fabiola.Algunasconsideracionesentorno a la custodia compartida de loshijos.En：RevistaChilena de Derecho Privado Fernando Fueyo Laneri，Universidad Diego Portales.N° 10.2008.p.11.

〔2〕 ACUÑA，Marcela.Derecho de relación directa y regular.Santiago，Chile.Editorial Legal Publishing Chile.2014.294p.

护，也是为了不对能力不足的父母设置过多的负担。

5. 父母双方的经济条件、分居后的地址

第 20.680 号法律明确规定，在任何情况下，父母双方的经济能力都不得作为法官判定子女抚养权归属的唯一依据[1]。如果父母一方具有明显的经济优势，则更有可能为子女提供日后发展的经济支撑、良好而舒适的居住环境等，这些都可以成为其取得抚养权的优势条件，但是绝对不能让经济条件成为判定抚养权归属的唯一标准。父母双方分居后的住址也会影响抚养权的判定。在实践中有两个方面的判断倾向：一方面，受经济条件影响，父母一方可能因为离异而失去经济支撑，从而使分居前后的居住环境条件有较大的落差，在这种情况下，理想的结果是尽量不使子女违背自身意愿而经历此类由经济条件带来的落差；另一方面，如果父母一方在分居后的居住地址与分居前的社区缺乏必要的重合之处，而子女可能因此需要重新习惯并融合进全新的社区文化，理想的结果亦是尽量使子女避开这种可能带来成长的矛盾的经历[2]。这一项判断规则更侧重于保护未成年子女的利益，而非父母的权利。

除此之外，第 20.680 号法律对原智利《民法典》中一些典型的判断标准没有做出变动，譬如应充分考虑子女的意愿（子女的意愿在第 20.680 号法律颁布后得以在抚养权归属判定标准中获得更重要的地位）、已经取得执业资质的专家的意见（如心理学专家、儿童心理专家、家庭关系专家等），都在第 20.680 号法律颁布后的智利《民法典》中得以保留。

第 20.680 号法律对离婚子女抚养权的归属判断规则尽可能地做出细分，针对各种可能的情境都做出预设并设立了判断规则，其最终目的是为儿童创设一个既符合客观理性的一般人视角，亦充分照顾到个体特殊性和儿童意愿的，温暖、健康并充满父母之爱的成长环境，尽最大可能弱化父母离异对子女造成的影响。除了上文所提及的六条由第 20.680 号法律所确立的判断规则，智利《民法典》、婚姻法、儿童保护法以及《儿童权利公约》中也有许多条款沿用至今，对合理判定离婚子女抚养权归属具有重要的意义。譬如《儿童权利公约》第 29

---

〔1〕 Código Civil Chileno posterior a Ley N° 20.680，artículo 225.

〔2〕 LEPIN，Cristián.Reformas a las relaciones paterno-filiales.Análisis de la Ley N° 20.680.En：Revista de Derecho. Escuela de Postgrado. N° 3. p.291.

条明确规定，教育必须足以培养儿童的独立个性、职业技能，维护其身心健康发展；孩子应该学会尊重他人和他人的文化[1]。这对法官针对具体案情、结合当事人的个人情况、遵循儿童利益最大化等宗旨并根据法律所规定的具体判断规则进行合法合理的判定提出了极高的要求。虽然智利国内的社会环境、法律环境已经与其批准通过《儿童权利公约》时的1990年有了很大的不同，但是智利通过多项法律法规及签署的国际公约于20世纪末所构架的保护儿童权利的法律框架，是由人性本真出发，饱含社会对于儿童的保护与期望，其整体仍然紧密贴合智利的社会现状。通过第20.680号法律对离婚子女抚养权归属判定的进一步修改与补充，智利保护儿童权利的法律框架进一步牢固。

（四）智利离婚后父母行使监护权的模式

1. 共同行使监护权模式

抚养权与监护权不同，在共同行使监护权模式下，离婚父母所争夺的并非子女的监护权，而是抚养权。抚养权只能由父母中的一方获得，但是监护权往往是由父母双方共同行使。智利与我国同属施行共同行使监护权模式的典型国家。智利《民法典》第244条规定：在父母双方有协议的情况下，子女监护权可以仅由父母一方行使，也可以由父母双方共同行使；但如果父母双方没有就此达成一致协议，则在一般情况下子女的监护权应由父母双方共同行使。如果出现父母双方之间就子女看护相关事宜有严重分歧，或者父母一方失踪、行使监护权有严重障碍或者无正当理由拒绝行使监护权等类似情况，法官也可以做出将子女监护权仅判归父母一方的决定。在监护权仅归属父母一方的判决做出后，如果获得监护权的父或母怠于行使权利，法院可以启动相应程序重新做出判决，将监护权判给本未获得监护权的另一方。换言之，构成智利离婚子女看护的主要模式是父母双方共同行使监护权模式。

共同监护模式目前被认定为一种比较理想化的监护模式。我们认为，如果行使得当，在共同监护模式下的孩子能在最近似于父母双全的家庭条件下成长，从而最大限度地避免父母离异带来的不利影响；但是与单独行使监护权模式、共同行使监护权与单独行使监护权相结合模式相比，共同行使监护权模式也是在施行中最有可能受到阻碍的，这种阻碍往往来自离异夫妻之间感情破裂后不

---

〔1〕La Convención de Derechos del Niño，1990，artículo 29.

可调和的矛盾,从而有可能对子女造成不必要的二次伤害;此外,父母分居使不与子女共同居住的一方家长亲自行使日常监护权困难重重。在《儿童权利宣言》中,第六原则明确规定:"儿童需要爱与了解,以利其人格之充分及和谐发展。凡属可能,儿童应在父母照料及负责之情形下成长,无论如何,应在慈爱及道德与物质安全之气氛中成长。"即在可能的情况下应尽力为离婚子女创造父母双方均不缺位的成长环境,但是成长环境本身的和谐、稳定与健康比仅仅在形式上拥有"父母双全"的表象更为重要。

2. 单独行使监护权模式

单独行使监护权模式指的是离婚父母中仅有一方拥有且行使监护权,另一方不得行使。即与子女共同生活的父亲或母亲单独监护,实行正常亲子关系的监护内容,另一方家长只能享有探视权,其身份相当于其他监护人,而关于子女监督、教育、抚养等其他事项都由实际监护人承担。[1]与共同行使监护权模式不同的是,在单独行使监护权模式下并没有抚养权和监护权的严格区分,这种"监护"是行使亲权的表现形式。亲权是日本、德国等大陆法系国家父母对子女的权利和义务的总称,[2]和英美法系国家称父母或其他监护人对子女的直接看护为"监护"是不同的概念。值得注意的是,我国在制定《民法通则》时,虽然使用了英美法系的监护制度,但是援引的却是大陆法系中亲权的概念,致使监护与亲权产生了混淆,[3]因此在这里特别做出区分。

采用单独行使监护权模式的典型国家是日本。日本《民法典》第 819 条规定,无论是协议离婚还是诉讼离婚,最终仅确定父母双方中的一方行使亲权。[4]日本原本是不给予未获得亲权一方家长探望权的,但是随着世界各国相继确立相关法律制度,本着为离婚子女创造一个父母双方均不缺位的健康的成长环境,日本也开始提倡离婚子女与不与之共同生活的一方家长保持定期会面。与智利相同的是,日本也提倡以达成协议的方式对子女的监护责任进行分配:日本《民法典》第 766 条规定,离婚父母可以对子女必要事项的监护进行分配;对于

---

[1] 薛方晴:《论父母离婚后对未成年子女的监护制度》,载《黑龙江省政法管理干部学院学报》2010年第 9 期。

[2] 匡敦校:《我国当代未成年人监护制度探析》,载《预防青少年犯罪探究》2017 年第 5 期。

[3] 杨立新:《〈民法总则〉制定与我国监护制度之完善》,载《法学家》2016 年第 1 期。

[4] 《日本民法典》,王书江译,中国法制出版社 2002 年版,第 320 页。

必要事项，父母之间的协议优先，家庭法院则作为最后的司法解决途径而存在。

单独行使监护权模式是在现实当中实践起来最为顺畅的一种监护模式；除了可以减少离婚父母之间难以调和的矛盾对子女带来的二次伤害，还可以使获得亲权的一方家长在没有受到另一方家长阻碍的情况下顺畅地行使作为父母的权利。但是单独行使监护权模式的弊端也是显而易见的：一方面，单独行使亲权的家长可能成为家庭内部的"独裁者"，对子女过分控制，不利于子女的健康成长；另一方面，单独行使父母的权利也意味着单独承担父母的责任，而为人父母意味着其个人生活在一定程度上的牺牲，行使亲权的一方家长在经济、精神和生活上面临相当的压力，这是单独行使监护权模式主要的弊端所在。

3. 共同行使监护权与单独行使监护权结合模式

共同行使监护权与单独行使监护权相结合的模式为混合模式，即抚养权在离婚父母之间的移转相对灵活，并不会被双方离婚时的协议或者法院判决固定化。只要在法律许可的范围内，父母双方均可提出申请实行监护。德国便是全球少数实行该种混合监护模式的国家之一。德国《民法典》第 1671 条、第 1672 条规定，如果父母双方均享有对子女的监护权，那么双方均可向法院申请行使全部或仅行使部分监护权；监护权若仅被判归母亲一方独自行使，父亲一方可在征得母亲同意后向法院申请行使部分或全部监护权，法院可以根据儿童利益最大化原则予以批准；父母双方均可一人独自行使监护权。除此之外，探望权在德国以"交往权"的形式存在，其最低标准相较共同行使监护权模式、单独行使监护权模式之下的探望权更低，仅要求进行探望的一方家长不做出损害子女利益的行为。

共同行使监护权与单独行使监护权结合模式和共同行使监护权模式、单独行使监护权模式相比，显著的不同之处在于抚养权移转的灵活性；对监护权的归属和分配都没有做出硬性的限制规定，儿童的利益可以得到最大化的考量，父母双方对监护权的自由分配程度也较另外两种监护模式更高；面对不同时期不同的问题可以有不同的应对模式，如此，不同的离婚家庭都能获得属于自己的和谐稳定运转的家庭模式。但是，由于各国现实国情、立法理念、文化背景大相径庭，采取统一的监护模式是不现实的，每一种法律土壤都有其最为适宜的监护权行使模式，应根据实际环境选取最为合适的监护模式。就目前的实践情况来看，共同行使监护权模式是比较适合我国现状的。

值得注意的是，以智利、日本和德国为例，三种监护模式的共同点在于均提倡优先以父母达成协议的方式对子女监护权的归属和分配做出决定，把决定权交给法院则是最后的司法手段，这是三种监护模式共同的决定抚养权归属及分配的优先方式。

三、智利离婚子女抚养权归属的司法判例

法律的实施体现了法律的实效性，智利离婚子女抚养权归属的司法实践也是本章考察的内容。以下选取对智利儿童保护相关立法以及抚养权法律框架有重要促进作用的两起司法判例进行分析：本杰明·佩德罗·卡布拉尔案与阿塔拉夫人案。选择这两个案例，并非因为它们体现了在判决做出之时智利相关立法的先进性，而是因为这两起判例都暴露出智利当时在立法上的不足。但可贵的是，正是因为依据当时的法律规定做出的判决明显有违涉案儿童权益，有违最大限度保护公民幸福与平等的法的初衷，这些判例对相关立法的完善起到了重要的推进作用。研究此类判例，不仅能审视一个"错误"的立法错在何处，以此警醒本国立法不要犯相同的错误，也能了解一个"正确"的立法对在何处，并看到从错误走向正确所需要付出的努力。除此之外，通过这两个司法判例，不仅能看到完善的立法，尤其是针对一些需要法律介入的空白领域进行立法的重要性，也能看到立法之后应如何在司法当中进行法律应用，使法律应用的结果最大限度地符合立法的初衷。

（一）本杰明·佩德罗·卡布拉尔案

1. 案情及判决概述

本杰明·佩德罗·卡布拉尔案于 2004 年 9 月 1 日宣判。该案在当时引起了颇多争议，因此非常具有研究价值。在该案中，本杰明（该案中的未成年男性）的母亲已故，父亲因多种原因无力对其进行抚养，因而在多年前已将孩子托付给其生母的姐姐抚养。在父亲诉请变更抚养权归属时，其自身经济条件等客观情况较之其放弃抚养权时并无明显改善，但是其并无身体或精神上的残疾。据此，圣地亚哥高级法院终审依法做出判决，将本杰明的抚养权交还给了父亲。[1]

---

〔1〕 Caso Benjamín Pedro Cabral May，［2004］Corte de Apelaciones de Santiago，Rol429.

2. 协议决定抚养权归属的细则

智利现行法律规定，如果离婚父母想要通过达成协议的方式决定子女抚养权归属，则只有父母本人能成为协议中获得子女抚养权的对象；第三人可以获得子女抚养权的唯一条件是父母双方均有身体或心理残疾，且只有法官有权在该种情况下将子女抚养权授予其他有资质的第三人行使，在决定该第三人的人选时，法官将始终优先考虑最亲近的血亲，特别是祖父母或外祖父母这样的长辈。[1] 该项规定至今仍然作为智利《民法典》第 226 条存在，第 20.680 号法律并没有对之做出修改。

本案中的姨妈作为第三人，虽然是本杰明已故母亲的亲生姐姐，对妹妹及其孩子都具有深厚的感情，但她仍然不能依据智利现行法律被认为是与本杰明最为亲近的血亲。在大多数家族结构中，父亲或者母亲的兄弟姐妹较之孩子的亲生父母、兄弟姐妹、祖父母或者外祖父母，确实不是与孩子感情联系最为紧密的；但是每个家庭都是不能复制的，其中的感情因素更是错综复杂，必须结合具体的案情并充分倾听孩子的意见，才能决定第三人的合适人选。在该案中，姨妈很明显是与本杰明具有血缘关系的人中最为亲近且最受孩子偏爱的人选，还可以为孩子健康成长提供温馨舒适的环境、可期的发展空间，[2] 应当是比父亲更合适的抚养本杰明的人选。据此看来，智利《民法典》第 226 条的规定并未充分考虑情况的多样性，有待建立更为成熟、细则更明确的第三人抚养或第三人监护制度，并且应给予法官足够的自由裁量空间。我国在进行相关立法时也可以借鉴这一经验。

3. 关于上述规定是否符合儿童利益最大化原则的思考

本杰明·佩德罗·卡布拉尔案在智利引起社会广泛的讨论，其原因在于，尽管法院将孩子的抚养权交还给父亲的判决确实是依法做出的，但是孩子与抚养他的姨妈已经有了极深的感情，这种感情不亚于母子之间的感情。这种感情是相互的，一方面对于孩子而言，经过长期的相处，他对姨妈更为熟稔；另一方面，该判决也从姨妈的身边带走了她真心呵护的孩子。除此之外，父亲对孩子无力抚养虽然不是由身体或精神上的残疾导致的，但是他无力抚养孩子却是

---

〔1〕　Código Civil Chileno posterior a Ley N° 20.680，artículo 226.
〔2〕　Caso Benjamín Pedro Cabral May，〔2004〕Corte de Apelaciones de Santiago，Rol429，Página 7.

事实，而且根据判决做出时的情况，这种困境并不会在短期内得到改善，而可以预见的是孩子在姨妈身边能获得更优质的教育，得到更好的发展与不逊于亲生父亲的家庭之爱。除此之外，年幼的本杰明经历了丧母之痛、离开父亲的孤独、与姨妈重建新家庭并逐渐成为彼此相依为命的存在，他的成长经历始终是不连续的；而在孩子的成长已经渐入正轨之际，又遭强行拖离其已经融入了的家庭环境，这对孩子的人格塑造有弊无益。以该案为引，智利《民法典》通过第 242 条第 1 款的规定强调了对抚养协议的长期性与稳定性的维护：只有出现"必不可少、无可回避"的情形时，才会审慎地做出变更抚养权归属的决定。这是本案在促进智利抚养权法律框架完善中所起的作用。

（二）阿塔拉夫人案

1. 案情及判决概述

2012 年 12 月 24 日，美洲人权法院对轰动一时的阿塔拉夫人及其女儿们诉智利案做出终审判决。在该案中，父亲以母亲与另一名女性同居的同性恋生活会侵害三个女儿的心理健康为由请求获得抚养权，智利国内法院将抚养权判归父亲。但是美洲人权法院在判决中宣布，智利的原判决违反了不歧视原则、法律面前人人平等原则、保护荣誉和尊严以及尊重隐私等原则；并且认为，智利原判决所依据的"被告的感情生活和家庭构成会对子女造成不利影响，不利于其称职地扮演母亲的角色"这一理由是站在异性恋立场、在传统社会背景的视角下做出的，并未做到公平、平等地对待双方当事人；以社会歧视为理由支撑该判决，是变相地以法律为武器巩固社会歧视，这是追求平等的法治精神所不能容忍的。[1]

2. 子女的意愿应受到更多重视

在本案中，三位女儿和阿塔拉夫人及其同性伴侣长期生活，对两位母亲清晰地展现了极强的偏爱和依赖；而即使在将抚养权判归父亲的智利原审判决中，法院也认为阿塔拉夫人与其同性伴侣为女儿们创造了一个和谐幸福的家庭环境。换言之，该案中的三位女儿本人的意愿是跟随母亲及其同性伴侣共同生活，并且从社会一般人的角度也认可这种意愿的合理性，那么这种意愿应当成为法官判定抚养权归属的最重要因素之一。但是法院以儿童利益最大化原则为由，认

---

[1] Caso Atala Riffo y Niñas VS.Chile，［2012］Corte Interamericana de Derechos Humanos，Rol.6332.

定社会歧视将使得阿塔拉夫人及其伴侣所创造的家庭环境不利于三位女儿成长，并将之作为抚养权归属改判的主要理由。从这个结果来看，子女自身的意愿并没有得到应有的重视，有悖于儿童利益最大化原则。

3. 父母个人生活对子女的影响

儿童利益最大化原则的出发点在于将儿童视为独立的、能够完整表达意愿并应得到尊重的个体；但这并不意味着子女和父母的生活是独立开来的，恰恰相反，子女和父母互为彼此生活中不可分割的一部分，而具有完整价值观、社会经验更为丰富的父母，其价值观、行为方式等对未成年、生活重心多为家庭的未成年子女确实会产生至关重要的影响；如果这种影响对子女的健康成长是不利的，那么这种影响本身即可以成为变更抚养权的理由。但是，在本案中，智利法院做出原判决的事实依据并不在于身为同性恋的母亲的性取向或是其与同性伴侣共同创造的家庭环境会对三个女儿造成不利影响，而是外界对于她们家庭构成的偏见，这是将两种完全不同的影响因素混淆的行为，不符合自担其责的原则。

4. 父母权利和儿童利益最大化原则之间的冲突与平衡

阿塔拉夫人案受到整个美洲的关注，最终由美洲人权法院进行审理，是因为它不寻常的案情凸显了儿童利益最大化原则和父母的属于人权一部分的基本权利之间不可调和的冲突，而这种冲突在具有寻常构成的家庭里普遍存在但往往被忽略。智利原判决所依据的是判定抚养权归属中的第一原则：儿童利益最大化原则。在保守色彩浓厚的天主教国家智利，和母亲及其同性伴侣共同生活的特殊家庭使得本案中的女儿们区别于她们的同龄人，并时刻面临着孤立和歧视；为最大限度保护儿童利益、维护其心理健康并使其在一个能有归属感的环境中成长，智利法院将抚养权判归父亲。从智利法院的角度出发，这种判决并非全无道理。但是美洲人权法院认为，对儿童最大利益的保护，不能成为庇护针对父亲或母亲的性取向的社会歧视的理由，这有悖儿童利益最大化原则的初衷[1]；与此同时，父母双方作为人、作为基本的个体，都有性取向，而性取向之

---

[1] Convención Americana de Derechos Humanos; Convención sobre eliminación de todas las formas de discriminación contra la mujer; Convención Interamericana para prevenir, sancionar y erradicar la violencia contra la mujer（"Convención de Belem do para"）.

间并没有高低之分,所以社会歧视本身并不能作为做出判决的法律支撑[1]。除此之外,美洲人权法院补充说明:毫无根据地对父母双方为人父母的能力做出刻板的定论,并无益于最大限度地保障子女利益。[2]

阿塔拉夫人案体现了儿童利益最大化原则和父母的属于人权一部分的基本权利之间的冲突,其根本在于相对保守的社会文化和积极勃发的个人主义之间的矛盾,这种矛盾在许多国家都存在并且相当尖锐;而将这种矛盾的后果施加于某个个体,甚至以法律为工具将之合理化,绝非公正,既有违法律面前人人平等的原则,亦非儿童利益最大化原则的初衷。子女利益和父母基本权利之间常有冲突,但是儿童利益最大化原则不能成为对父母基本权利的侵害的庇护所,必须根据实际情况和当事人自身的意愿对这两种价值进行权衡并做出取舍。

四、智利抚养权判定制度的立法借鉴

(一)父母本位向子女本位转变

与世界大多数国家(包括智利)所遵循的儿童利益最大化原则不同,我国在离婚子女抚养权归属上所采用的是儿童优先原则。儿童优先原则在实践中虽然也强调将儿童利益置于优先的位置进行考量和保护,但其本质仍然是以父母本位为主导。[3]当以父母为本位时,强调的是父母权威和子女地位的从属性。在这种原则下,只考虑在儿童与成人的权利发生冲突时对儿童提出优先的保护,并未超出对父母权利的规制。儿童利益最大化原则则是将儿童定位为有独立需求的个体,承认其独立价值,肯定其独立需求,因此比儿童优先原则适用范围更广、内容更丰富。与儿童优先原则相比,儿童利益最大化原则强调广义上的儿童权利的利益最大化,从儿童的身心出发,对儿童提供的保护是根本性的、全面性的。而儿童优先原则仍保有父母本位立法的痕迹,其内容更为具体明确,内涵也相对受限。子女本位和儿童利益最大化原则都是伴随着儿童权利理念的

---

[1] Caso AtalaRiffo y Niñas VS.Chile,[2012]Corte Interamericana de Derechos Humanos,Rol 6332,Página 6.

[2] Caso AtalaRiffo y Niñas VS.Chile,[2012]Corte Interamericana de Derechos Humanos,Rol 6332,Página 9.

[3] 夏吟兰:《以"子女本位"审视我国离婚亲子关系立法》,载夏吟兰、龙翼飞、张学军主编:《婚姻法学专题研究(2007年卷)》,中国人民公安大学出版社 2008 年版,第 163 页。

发展而兴起的，今天奉行儿童利益最大化原则的诸国在或远或近的历史上也都曾将抚养权的重心置于父母，[1]而从父母转向子女需要一个过程，立法可以帮助国家和社会更快地实现这种转化。

在我国的婚姻制度和抚养权制度中，无论是登记离婚还是诉讼离婚，父母的离婚自由权都受到了比对未成年子女自身利益的保护更为完全的保护。造成这种价值倾斜的原因并不在于我国法律认为父母的离婚自由权比子女利益更为重要，而是因为我国更注重子女作为无民事行为能力人或者限制民事行为能力人的身份，从而在一定程度上忽视了子女作为能够独立表达见解和意愿的个体的身份。子女是家庭中独立而不可或缺的一分子，其自身利益应当与家庭利益、父母各自的利益相分离，而不是作为家庭或父母的附属品而存在；如果在离婚子女抚养权归属判定过程中，将子女利益与父亲或母亲的利益杂糅在一起考量，会使未成年子女的一些利益得不到应有的维护。

子女本位的现代立法思想有利于未成年子女的健康成长和社会的和谐稳定，已经成为21世纪离婚亲子关系立法的大趋势。[2]智利在这一点上采用子女本位，严格遵循儿童利益最大化原则，将对儿童利益的保护上升到了对其尊严进行完整保护的高度，这一点是值得我国借鉴的。是通过法律法规明文规定儿童利益最大化原则，还是通过法律条文内容间接体现这一原则并不重要，只要能在《婚姻法》《未成年人保护法》等相关法律法规的内容上对儿童利益最大化原则做出清晰明确的规定即可；应当意识到子女本位和儿童利益最大化原则对未成年离婚子女的利益能够形成更有力的保护，从而循序渐进地从父母本位过渡到子女本位、从儿童优先原则走向儿童利益最大化原则。

（二）子女意愿成为更重要的考量因素

虽然我国目前的法律要求在判定抚养权归属时考虑子女利益与子女意愿，但是如上文所述，这种考量仍然是从父母本位出发的，并未将未成年子女视为具有独立的权利地位的个体，其独立表达的意愿并未被视为与成年人所表达的意愿具有同等的重要性。抚养权的归属，最深刻和直接的影响对象始终是子女，孩子将伴随着这个决定长大成人，而他们有权利决定自己以怎样的方式成为怎

[1]　刘征峰：《我国抚养权执行的困境、成因和出路》，载《江汉学术》2016年第4期。
[2]　夏吟兰：《以"子女本位"审视我国离婚亲子关系立法》，载夏吟兰、龙翼飞、张学军主编：《婚姻法学专题研究》（2007年卷），中国人民公安大学出版社2008年版，第161页。

样的大人，这种意愿应得到足够的重视与尊重。使子女意愿在法官判决抚养权归属时成为更重要的考量因素，符合儿童利益最大化原则，也是从父母本位过渡到子女本位的重要一步。

（三）离婚抚养协议

1. 离婚后父母协议行使抚养权的法律认定

就我国目前的法律而言，并未对协议离婚做出细化规定或者处理标准，对于协议离婚仅进行形式审查，因而有学者感叹"中国是世界上离婚最自由的国家之一"。[1]这也是我国离婚子女抚养权判定中仍然残留着父母本位痕迹的体现，如果对于仅由父母双方一致决定便能实施的协议离婚行为不做任何限制，给予完全的自由，便是使儿童利益最大化原则让位于父母的离婚自由权。婚姻法的诉求是在个人自由与社会正义之间实现平衡，[2]但是个人自由不能阻碍社会正义的实现，而未成年人权益正是社会正义应当保护的价值。

在离婚所造成的父母双方与子女之间的三角关系里，毫无疑问未成年子女是弱者；而在个人自由与保护弱者的社会价值的选择上，保护弱者更符合人类的文化价值理念和社会正义的标准。确保儿童利益最大化原则得到完整的遵循，并非限制父母离婚自由权，而是应在程序上限制离婚自由权的行使，确保其不会损害未成年子女的利益。譬如，就我国目前的法律规定而言，只要夫妻双方均同意离婚，并且对财产分割、子女抚养等相关问题达成了协议，即可登记离婚。[3]若将该规定修改为"在夫妻并无子女的情况下，可以通过登记进行协议离婚；夫妻双方育有未成年子女，即使已经就子女抚养达成协议，也不能进行登记离婚，必须通过司法途径进行离婚"，就可以更好地保障未成年子女的权益。在没有任何外力监督的情形下，仅由父母双方达成的涉及儿童根本利益的抚养协议，是不一定能确保儿童最大利益实现的。有学者认为："应当增设维护弱者利益的苛刻条款作为离婚的抗辩理由"[4]，也是出于同样的考虑。

2. 确保抚养协议的长期性和稳定性

智利现行法律要求父母双方共同达成的确定抚养权归属的协议应当具有稳

〔1〕 夏吟兰：《中国是离婚最自由的国家》，载《小康》2009 年第 7 期。
〔2〕 邓丽：《婚姻法中的个人自由与社会正义》，知识产权出版社 2008 年版，第 116 页。
〔3〕 郑小川、于晶：《亲属法原理·规则·案例》，清华大学出版社 2006 年版，第 121 页。
〔4〕 夏吟兰：《离婚自由与限制论》，中国政法大学出版社 2007 年版，第 190 页。

定性乃至永久性；在通过该协议确定未成年子女的抚养权归属方，子女与该方家长已经组建新的家庭并逐渐步入正轨后，订立协议时放弃抚养权的一方只有在"必不可少、无可回避"的情形下方可通过司法途径或个人途径请求更改抚养权归属，且应当承担该种情形下的证明责任。[1]对于"必不可少、无可回避"的定义，智利现行法律并无明确规定，但通过体系解释可以推知，如果出现譬如获得抚养权的一方家长沾染不良嗜好、有家暴等严重侵害子女权益的行为、对子女全无关爱致使其在形同虚设的家庭中成长或是其他具有等价性的情形，应当被视为符合"必不可少、无可回避"的定义。应充分了解个案情况，结合具体情形进行分析，并充分听取子女的意见，做出最终决定。

　　不贸然做出变更抚养权归属的决定，体现了尊重和维持稳定的观念，其出发点在于对未成年人而言，成长环境的稳定性与和谐性是同等重要的。如果抚养权需要变更，其根本条件应当是父或母一方的抚养条件发生了重大变化。父母离异对子女而言已经是家庭环境的一次重大变更，如果在子女已经适应了新环境后轻易进行家庭重组，那么未成年人的情感世界将再一次面临断层，人格的塑造将再次面临冲击，会对孩子带来不可避免的伤害。在确立了抚养协议后，如果确实出现了不利于未成年子女成长的情形，的确应该考虑变更抚养权归属，但是这种决定的做出应当是审慎的。

（四）完善探望权制度

1. 扩大探望权权利主体

　　我国是适用共同行使监护权模式的典型国家，父母离婚后不与子女共同居住的一方享有对子女当然的探望权，相关内容规定在《婚姻法》和《最高人民法院关于适用〈中华人民共和国婚姻法〉若干问题的解释（一）》等相关条款中，《婚姻法》第38条规定，离婚后不直接抚养子女的一方有探望子女的权利，另一方有协助其进行探望的义务。行使探望权的方式、时间、地点等可以由当事人协商决定，无法达成协议时，由人民法院判决；《最高人民法院关于适用〈中华人民共和国婚姻法〉若干问题的解释（一）》第26条规定，未成年子女、直接抚养子女的父或母及其他对未成年子女负担抚养、教育义务的法定监护人，

---

[1] Paulina Veloso, Algunas reflexiones sobre la titularidad del cuidado personal, Revista del Magíster y Doctorado en Derecho, 2011, N° 4: página 111.

有权向人民法院提出中止探望权的请求。

由上述法条所规定的内容可见,虽然我国法律对离婚后父亲与母亲双方对于子女的探望权做出了比较完善的规定,但是对于祖父母、外祖父母的探望权却没有明确的规定。相比之下,国外的法律对探望权做出的规定比较详尽,智利对祖父母、外祖父母或其他近亲属的探望权有法律明文规定,[1]其他国家也有类似的规定。譬如英国在其《家庭法》中明确规定子女探视应当适用子女幸福原则,并且要充分考虑未成年子女的意愿和情感,申请探望权的主体不仅包括父母双方,还包括祖父母、外祖父母和子女。[2]

从探望权设立的立法目的来看,探望权不仅是父母的权利,而且是父母的义务;它既能保证父母与自己的孩子保持不间断的联络、维护彼此之间亲密的感情,也能让未成年子女得到来自父母双方的关爱和生活指导。而不同的家庭有不同的构成,在许多大家庭中,祖父母、外祖父母或者其他近亲属也可能在孩子成长过程中扮演重要的不可或缺的角色。在这种情况下,如果上述亲人对孩子的探望权得不到法律的保障,那么他们在行使探望权时就可能会受到来自孩子实际抚养人的阻碍,会对孩子和这些亲人构成伤害。通过立法的形式对祖父母、外祖父母或其他近亲属的探望权进行保护,使这三类人在遇到行使探望权的障碍时可以诉诸司法途径,法官可以通过援引法条以司法裁判的形式保障其探望权的行使,这有利于儿童成长,是符合儿童利益最大化原则的。

2. 明确探望权协议的内容

如前文所述,智利现行法律鼓励父母以达成协议的方式解决与抚养权相关的责任分配等问题,其中就包括探望权的相关内容。在相关判决中,法官往往会引入"合理探望"(visita razonable)的概念,探望是否合理由离婚夫妻双方就探望权所达成的协议决定;但是如果订立的协议本身即具有不合理性,则在后期的实践过程中很可能引起纠纷。父母双方,或祖父母、外祖父母及其他近亲属三类家长可以通过达成协议的方式对探望权行使的方式、时间和中止条件做出规定。但是涉及儿童切身利益,法律规定应该更为审慎,不能给予父母过多的自由决定权或给予法官过大的自由裁量权,以防权利的滥用损害儿童的权益。

---

[1] Código Civil Chileno posterior a Ley N° 20.680, artículo 229-2.
[2] [美] 凯特·斯丹德利:《家庭法》,屈光清译,人民出版社 2004 年版,第 299 页。

而我国目前针对这一问题的相关法律法规仍然过少，譬如，针对未获得抚养权一方的家长行使探望权的频率、地点、方式、内容应尽可能做出细致的规定，是否需要获得抚养权一方家长的陪同，随着孩子年龄的增长是否需要做出变动等，父母双方如果能尽早在更多的事项上达成一致，日后就能减少纠纷发生的可能性，从而减少对子女的二次伤害，维护其成长环境的和谐稳定，这样不仅有利于培养子女身心健康，也有利于维护父母和子女之间的稳固的感情联系。

除此之外，值得注意的是，智利《民法典》要求应当在确定抚养权归属的同一法律文书当中明确未获得抚养权一方家长或其他需要和孩子保持稳定联系的亲属的探望权的行使方式，这一规定同样具有借鉴价值。

（五）建立第三人监护制度

1. 明确第三人作为监护人的情形和人选

智利对于第三人成为监护人的情形做出了明确的限制：在父母双方有身体或精神残疾或者道德问题以致亲自抚养子女具有严重障碍的情形下，法官可以做出将子女监护权交给有资质的第三人的裁决；在父母做出严重侵害儿童利益的行为——比如虐待、忽视或遗弃子女的时候，法官可以做出将子女交给一个或多个有资质的第三人进行监护的决定。但是对于有资质的第三人的认定目前仍然过于僵化。

与之相比，我国目前对第三人监护制度的适用仍然限制过多。譬如《关于人民法院审理离婚案件处理子女抚养问题的若干具体意见》第 20 条规定："在离婚诉讼期间，双方均拒绝抚养子女的，可先行裁定暂由一方抚养。"一方面，暂时性的强行性要求是不能用于决定监护权的最终归属的；另一方面，父母双方既然都已经明确表达放弃监护权的诉求，那么无论要求哪一方行使监护权，都必将导致其心生愤懑，父母一方怀着这样的心态与其并不想要养育的子女朝夕相处，无论时间长短，对于健康的亲子关系的形成、子女的成长与身心健康都是有害无益。除此之外，还有多种情况可能导致父母双方均不适宜抚养子女：父母双方由于身体残疾、精神原因或者经济条件均无抚养能力，双方均道德素质低下或染有不良嗜好，双方均有遗弃、家暴行为，等等。在日后进行相关立法时，可以将这些情形纳入考量。

值得注意的是，我国在撤销监护权方面做出了明确的规定。根据 2015 年 1 月 1 日起实施的《关于依法处理监护人侵害未成年人权益行为若干问题的意见》，父母有七种严重侵害子女权益的恶劣情形[1]之一的，人民法院可根据有关人员或单位的申请，判决撤销其监护人资格。在父母被撤销监护人资格后，仍然需要对"失去"父母的子女进行保护及为子女建立其与社会的联系，这就需要完善的第三人监护制度为孩子寻找一个新家庭。在无合适监护人的时候，未成年人救助保护机构应当接收公安机关护送来的受监护人侵害的未成年人，履行临时监护责任。在临时监护期（不超过一年）结束后，如果仍然没有合适人员和其他单位担任监护人的，法院会指定民政部门担任监护人，由其所属儿童福利机构收留抚养。民政部门担任监护人的，承担抚养职责的儿童福利机构可以送养未成年人。换言之，可以行使监护权的第三人，既包括自然人，也包括机构和组织。以这样的方式扩大第三人监护人的人选范围，是有利于最大限度维护未成年人权益的。

建立第三人监护制度，将孩子置于能受到真心呵护并且有利于其身心健康的环境下成长，即使并未与亲生父或母共同生活，也是更加符合儿童利益最大化原则的，对于探望权的主体不应设定过多的障碍[2]。但是应当对可以获得监护权的第三人的身份、获取方式进行严格的限定，充分听取儿童的意愿，取得监护权的流程必须透明化，并通过登记制度使之公开化。除此之外，法院或社区机构应当定期回访，以确保儿童成长环境的长期幸福稳定。

2. 第三人成为监护人后父母的权利和义务

在第三人获得监护权的情况下，该种模式与日本所采用的单独行使监护权模式较为类似。获得监护权的第三人将成为儿童的亲权人，而亲生父母将成为相当于其他监护人的存在，仅能行使必然的探望权。父母双方与获得监护权的第三人也可以通过协议的方式针对探望权的行使方式和监护职责的分担等事项

---

〔1〕 根据《关于依法处理监护人侵害未成年人权益行为若干问题的意见》，该七种情形包括：1. 性侵害、出卖、遗弃、虐待、暴力伤害未成年人，严重损害未成年人身心健康的；2. 将未成年人置于无人监管和照看的状态，导致未成年人面临死亡或者严重伤害危险，经教育不改的；3. 拒不履行监护职责长达六个月以上，导致未成年人流离失所或者生活无着的；4. 有吸毒、赌博、长期酗酒等恶习无法正确履行监护职责或者因服刑等原因无法履行监护职责，且拒绝将监护职责部分或者全部委托给他人，致使未成年人处于困境或者危险状态的；5. 胁迫、诱骗、利用未成年人乞讨，经公安机关和未成年人救助保护机构等部门三次以上批评教育拒不改正，严重影响未成年人正常生活和学习的；6. 教唆、利用未成年人实施违法犯罪行为，情节恶劣的；7. 有其他严重侵害未成年人合法权益行为的。

〔2〕 薛宁兰：《我国亲子关系立法的体例与构造》，载《法学杂志》2014 年第 11 期。

达成一致。父母可以通过与子女交流或者与作为监护人的第三人进行交流获知子女的生活情况，如果父母认为存在不符合儿童利益最大化的情形，可以向第三人本人或者法院提出，以尽快解决问题，使第三人所营造的家庭环境更适宜子女生活。

在第三人监护制度下一个屡见不鲜的问题是，儿童的亲生父母在失去监护权后寻求通过司法途径乃至暴力途径夺回其子女。[1]建立第三人监护制度的初衷并非在于剥夺亲生父母的监护权或抚养权，而是为使儿童利益最大化，为未成年子女构建一个能获得真心关爱、和谐稳定、有益于其身心健康的成长环境。即使父母已经戒除不良嗜好、重新获得抚养子女的经济能力或者明确表达想要亲自抚养子女的意愿，也不应仅凭此轻易改变子女已经与第三人建立的稳定的亲情联系和家庭环境。如果违背子女的意愿将监护权还与亲生父母，可能会对子女和获得监护权的第三人构成伤害。在这种情况下，应当充分听取子女本人的意愿，并结合获得监护权的第三人的意见，衡量其亲生父母的身心状况、经济状况等方面的变化，从而做出最有利于未成年子女成长的决定。

---

[1] 刘征峰：《我国抚养权执行的困境、成因和出路》，载《江汉学术》2016年第4期。

第四章　加拿大公司法中的压迫救济制度

一、加拿大压迫救济制度的发展历程

（一）加拿大建国前的压迫救济制度

1. 加拿大与英国的特殊双边关系

众所周知，加拿大与英国的关系是十分紧密而又特殊的。加拿大本是一片由北美原住民即印第安人占据的广袤土地。1497 年，意大利航海家约翰·卡波特（John Cabot）在今日加拿大的大西洋沿岸进行探险，并以英格兰国王亨利七世的名义宣称占领该地。[1] 1583 年，亨福里·吉尔伯特爵士（Sir Humphrey Gilbert）在英格兰女王伊丽莎白一世的授权之下，建立了北美洲的首个英国殖民地——纽芬兰的圣约翰城（Saint John's）。[2] 1756 年，为了争夺世界霸权，英国与法国之间爆发了七年战争，随着法国的战败，大部分此前为法国所殖民的时称新法兰西的加拿大地区由英国占领。1867 年，四个加拿大省份，即魁北克、安大略、新斯科舍和新不伦瑞克联合制定了《1867 年宪法》，宣布加拿大的联邦化。[3] 此后，加拿大虽然有了一定的自治权利，但该宪法仍然明文规定加拿大的外交与国防事务由英国主导。直到 1919 年，加拿大才作为一个独立的政治实体加入国际联盟（League of Nations）。[4] 1931 年，英国国会通过《威斯敏斯特法》，规定英国王室仍保有其他自治领（包括加拿大）的国家元首地位，但英国

---

〔1〕 The Canadian Encyclopedia, at http://www.thecanadianencyclopedia.com/en/article/john-cabot/, last visited: Jan.22, 2018.

〔2〕 George A.Rose, *Cod: The Ecological History of the Northern Atlantic Fisheries*, Breakwater Books, 2007, p.209.

〔3〕 Bothwell Robert, *History of Canada since 1867*, Michigan State University Press, 1996, p.31.

〔4〕 Desmond Morton, *A Military History of Canada*, 4th ed., McClelland & Stewart, 1999, p.173.

王室与政府及议会等不得再干涉其他属于自治领的内部事务。[1]这部成文法典虽然限制了英国国会对加拿大的立法权限，但仍然明文规定，在加拿大国会发出请求的情形下，英国国会仍然有权对加拿大的宪法做出修正。这一权力在加拿大制定的《1982年宪法》（Constitutional Act，1982）中被废止，其也被视为加拿大成为完全主权独立国家的最后一步。[2]但英国王室作为加拿大国家元首的地位不变，加拿大仍然是英联邦中的一个重要成员国，两国继续保持一种极为特殊的双边关系。

由于加拿大与英国关系的特殊性，就法律制度而言，加拿大以英国的同类制度为蓝本和先例，乃是顺理成章的，特别是在加拿大完全成为主权国家以前，英国法院的相关判例可以直接在加拿大适用，因此可以说，加英两国在法律制度的移植上保持着一种非常特殊的关系。在今天的加拿大境内，除了魁北克省仍然沿用以法国制度为基础的法律体系以外，其他诸省是典型的英美法地区，判例法与法典都具有法律约束力。具体到公司法领域，加拿大公司法是基于英国公司法的规定而形成的，加拿大法院强烈地依赖英国法院的判例以形成并发展自己在普通法上的实体法。[3]在1950年以前，加拿大法院的终审权被操控于英国枢密院（Privy Council）和上诉法院（English Court of Appeal）手中。[4]因此，加拿大的法律制度的渊源，大部分来自英国。故研究加拿大公司法上的压迫救济制度，理应首先要讨论其英国的法律渊源，即英国成文法和普通法下的压迫救济制度。曾经作为法国殖民地的魁北克实行以法国《民法典》为基础的欧陆罗马法体系，故本文不涉及其公司法制度。

2. 成文化压迫救济制度的渊源：英国《1948年公司法》第210条

普通法中法典化压迫救济制度的源头无疑是英国《1948年公司法》第210条的规定。[5]该条开宗明义，将救济定义为"在压迫状况下，不以解散公司为

---

[1] Statute of Westminster, at https：//en.wikipedia.org/wiki/Statute_of_Westminster_1931, last visited：Jan.22, 2018.

[2] The Global and Mail, "A Statute Worth 75 Cheers", https：//www.theglobeandmail.com/opinion/a-statute-worth-75-cheers/article1329730/, last visit：Jan.23, 2018.

[3] H.E.Read, The Judicial Process in Common Law Canada, *Canadian Bar Review*, 1959, Vol.37, p.266.

[4] M.MacGuigan, Precedent and Policy in the Supreme Court, *Canadian Bar Review*, 1967, Vol.15, p.628.

[5] James Farley, Roger J.Chouinard, Nicholas Daude, "Expectation of Fairness：The State of the Oppression Remedy in Canada Today", *The Advocate's Quarterly*, Vol.33, No.3, 2007, p.6.

目的的替代救济"。[1]其第 1 款规定了发起救济申请的适格当事人,即"公司的任何成员声称公司的运作对公司的其他成员(包括他自己在内)造成了压迫的事实,以及有任何本条第 3 款或本法第 169 条规定(即足够引起公司清算的行为)的行为,贸易委员会可就此行为向法院提起救济申请"[2]。第 2 款规定了法院可以做出的决定,即"如果法院认为(a)公司确有上述行为,或;(b)虽然做出解散公司的决定可能对部分公司成员造成损害,但本案的事实证明为了公正与衡平的目的公司确当解散,法院有权做出其认为恰当的如下决定:可以在未来对公司的行为进行恰当的监督,或者可以要求公司其他的成员或者公司本身收购该成员的股份,或者可以在公司收购该成员股份的情形下要求公司减资,或者其他任何恰当的行为"[3]。第 3 款规定了公司在此情形下必须依法对自己的备忘录或章程进行修正或添加内容,即"在公司依据本条的规定对其公司备忘录或章程进行修正或添加内容的情形下,除非经过法院的许可,公司不得再对其公司备忘录或章程进行其他的修正或添加内容"[4]。第 4 款规定了公司有义务对新的公司备忘录或章程进行登记,即"任何依据本条的规定而做出的对公司备忘录或章程的决定,公司均有权依据此决定,在该决定生效后的十四日内向公司登记注册机关递交变更登记的正式书面材料;若公司未能遵守该条的规定,则公司及公司的任何相关人员均可被处以罚金"[5]。

从上文可以看到,英国《1948 年公司法》第 210 条仅能在一个比较小的范围内提供救济。依据该条第 1 款的规定,适用这一条款的先决条件之一就是案件的事实足够发起对公司清算的申请,而这一对公司清算的申请是公司对其成员的压迫行为所导致的。换言之,这里的"压迫行为"被限制为一种附带条件的"连续性"行为,单独的压迫行为并不足以适用该条所规定的救济。[6]

尽管有上述的固有缺陷,但英国《1948 年公司法》第 210 条仍然被加拿大作为压迫救济的最初立法范本而加以利用,比如《1960 年不列颠哥伦比亚公司

---

[1] UK Companies Act 1948, at http: //www.legislation.gov.uk/ukpga/1948/38/section/210/enacted, Jan.24 2018.

[2] UK Companies Act 1948, s.210(1).

[3] Ibid., s.210(2).

[4] Ibid., s.210(3).

[5] Ibid., s.210(4).

[6] Marcus Koehnen, *Oppression and Related Remedies*, Thomson Carswell, 2004, p.4.

法》中的第 185 条就几乎照搬了该条的规定。[1]而 1975 年加拿大联邦国会制定的《加拿大公司法》虽然直接借鉴其立法精神与基本原则，但对该条的具体内容进行了全面的扩充与修正。

　　3. 英国普通法下压迫救济制度的发展历程

　　（1）Foss 案及其例外规定

　　Foss v.Harbottle 案[2]是英国公司法历史上的标志性判例，这一案件确立了公司法人人格独立原则以及多数决规则这一现代公司法的基石原则。在该案中，原告是涉案公司中的两名小股东，而被告则是公司的五名董事及其他相关人员。原告声称被告以高于当时市价的价格向公司出售了一块位于曼彻斯特的土地，同时被告在公司的财产上设立了很多不恰当的按揭贷款，而这些行为业已经公司的多数股东通过决议并生效。原告据此向法院申请撤销上述行为，并为公司指定一名接收人。但法院最终驳回原告的申请，其理由是，一旦公司内部多数股东认可公司内部事务的处理方式，法院便不得干涉该公司的内部事务。同时，基于人格独立原则，在公司受到侵害时为寻求救济而向法院提起申请的适格当事人不能是公司的某个成员，而只能是公司本身。[3]

　　在本案中，法院引用了一个早期的合伙规则（该规则源自合伙法领域的早期判例，即规定法院不得干预合伙事务的内部争议与多数决规则），提出公司的某个单独成员与一个被称为"公司"的形而上实体应当被严格区分。[4]这一原则在普通法世界受到了广泛的认可，以至于英国和加拿大的法院多次在其本国的司法实践中运用这一原则处理案件。1886 年，加拿大最高法院在审理 Northwest Transportation Co.v.Beatty 一案[5]中，进一步巩固了这一原则的地位。法院认为，除非公司章程另有规定，公司的任何股东均有行使表决权以决定公司事务的自由，无论其是否符合该股东的个人利益。因此，只要公司在自己的权限内处理公司事务，多数股东就有权认可该行为，该行为也因此对公司的小股

---

〔1〕　James Farley, Roger J.Chouinard, Nicholas Daude, "Expectation of Fairness: The State of the Oppression Remedy in Canada Today", *The Advocate's Quarterly*, Vol.33, No.3, 2007, p.6.

〔2〕　Foss v. Harbottle, Ch.2 Hare 461（Chancery Division）, 1843.

〔3〕　Kenneth Bickley, *A Comparative Study of Recent Developments of the Oppression Remedy in Canada and the United States*, University of Ottawa Press, 1993, p.16.

〔4〕　Ibid, p.16.

〔5〕　Beatty v.Northwest Transportation Co., （1886）12 S.C.R.598

东具有约束力。[1]在 Phillips v.Manufacturer's Securities Limited 一案[2]中,法院甚至认为公司的多数股东对小股东并不承担诚信义务(Fiduciary Duty)。适用该原则的结果是,确立了公司股东间的内部事务不受法院干涉这一公司治理原则,以及公司股东间的权利冲突并不会必然使股东决议无效这一规则。[3]

严格适用由 Foss 案所确立的多数决规则的弊端是显而易见的。公司的大股东、董事或其他高级管理人员往往在处理公司内部事务上具有更大的控制权,如果上述人员做出对公司不利的侵害行为,依据多数决规则,则只能由公司本身申请救济。然而,在这一情形中公司往往由于受上述人员的控制而无法向法院起诉。由于损害公司的行为最终也将会使小股东的权利受到侵犯,因此,从公正衡平的原则出发,也要赋予小股东寻求救济的权利。压迫救济制度就是在这一背景下产生的。

为了规避 Foss 案的不合理之处,英国法院创制了一系列针对该判例的例外情形,以避免严重的不公。在 Edwards v.Halliwell 一案[4]中,詹金斯(Jenkins)大法官总结了四点针对该判例的例外情形:"第一,公司的行为完全越权(ultra vires)与非法;第二,控制公司的人员对小股东有欺诈行为(fraud);第三,任何需要特别多数表决通过的事务却由简单多数表决;第四,任何侵犯股东个人利益的行为。"[5]在以上四种情形下,股东有权直接向法院申请救济,法院可以规避 Foss 案确立的原则而做出恰当之裁判。

(2)对少数股东欺诈的判断与公正衡平规则的确立

根据上述例外情形,在对小股东存在欺诈行为,即公司的大股东、董事或高级管理人员的行为不能体现公司的利益(当然也不能体现公司特定的股东,即使是小股东的利益)以及公司大股东侵吞公司财产的情形下,股东有权直接向法院申请救济,也就意味着在此情形下,法院有权对公司的内部事务进行干

[1] Kenneth Bickley, *A Comparative Study of Recent Developments of the Oppression Remedy in Canada and the United States*, University of Ottawa Press, 1993, p.17.

[2] Phillips v.Manufacturer's Securities Limited (1917) 116 L.T.290 (Chancery Appeal).

[3] Kenneth Bickley, *A Comparative Study of Recent Developments of the Oppression Remedy in Canada and the United States*, University of Ottawa Press, 1993, p.17.

[4] Edwards v.Halliwell, [1950] 2 All E.R.1064 at 1067 (Chancery Division).

[5] I.M.Cameron, "Majority Rule: The Development of General Principle in Cases on Chartered Corporations", *Melbourne University Law Review*, Vol.15, 1986, p.119.

预。如果大股东等相关人员在处理公司相关事务时不能做到公平与诚信，法院同样将进行干预。[1]

在需要应对上述情形时，法院通常会使用"压迫"这个词来描述需要被纠正的行为。比如，在英国枢密院 1916 年审理的 Cook v. Deeks 一案[2]中，作为被告的大股东们将本应由公司履行的合同转由大股东本人履行。在股东会上，被告利用其处于多数地位这一优势条件通过了一项股东会决议，该决议声称公司对此项合同并不感兴趣借此将该合同转移到了大股东名下。枢密院认为，大股东的这一行为，构成了对小股东的"压迫"。[3]这一案例说明，当时英国法院运用 Foss 案规则的例外处理公司内部争议时，已经将其中对股东欺诈的行为定义为压迫行为。

合伙法在 18 世纪早期的发展中形成了"公正衡平规则"（Just and Equitable Rule）。[4]该规则为法院规避 Foss 案规则的不合理性提供了一个基础框架，使法院能够干预公司的内部事务。与上述对少数股东欺诈的例外一样，法院明确表示在这一问题上其自由裁量权不会受到任何外部限制。适用这一规则的关键，在于这一规则定义的灵活性。有学者认为，所谓"类合伙关系"（quasi-partnership）的判断标准是英国和加拿大法院适用这一"公正衡平"规则的基本要义之一。[5]该判断标准产生于英国上议院和枢密院审理的 Loch v. John Blackwood Ltd. 一案。[6]在该案中，为了解释法院具备管辖此案的权限，法官提出必须有一个衡量被告公司对于其内部事务的管理行为是否"缺乏诚信"（Lack of Probity）的客观标准。对此，他提出以下判断标准。第一，公司的商业行为必须要有明确的指向对象；第二，该等商业行为必须由特定的人以特定的方式为之；第三，公司的商业行为必须符合相关具有明确法律效力的商业管理原则，这些原则需要符合商业诚信与商业效率。如果公司的大股东等公司实际控制人

［1］ Kenneth Bickley, *A Comparative Study of Recent Developments of the Oppression Remedy in Canada and the United States*, University of Ottawa Press, 1993, p.20.

［2］ Cook v.Deeks, ［1916］1 A.C.555（Privy Council）.

［3］ Kenneth Bickley, *A Comparative Study of Recent Developments of the Oppression Remedy in Canada and the United States*, University of Ottawa Press, 1993, p.19.

［4］ Ibid, p.21.

［5］ Ibid, p.23.

［6］ Loch v.Blackwood Ltd., ［1924］A.C.783（House of Lords and Privy Council）.

员不能遵守上述任一条件，同时公司股东不能从任何现行的公司法法律或规则中寻求合理的救济，大股东的不公平行为严重损害小股东对公司以及对大股东的信任，那么法院便有权依据公正衡平的原则，做出解散公司的决定。[1]

根据上述法官所提出的判断要件，证明公司大股东缺乏诚信可以引用公正衡平原则，那么如何证明公司大股东缺乏诚信就成了应对该类案件的关键。由于公司法人人格的特殊性，任何对公司的损害行为只有公司才有资格寻求救济，但只要证明该类公司具有"类合伙关系"的特征，那么小股东便可以依据合伙法中的类似规定，比如诚信规则（rule of good faith）、成员间的互相信任规则（rule of mutual trust）等，向法院寻求救济。而这正是压迫救济的目的，即使得小股东可以就公司大股东、董事或高级管理人员损害自己利益的行为直接寻求司法救济。但是，在此情形下小股东需要向法院证明其身处的公司乃是一个"类合伙"的商业组织，而法院必须要从公司人数是否有限、公司的利润如何分配以及公司所有成员是否都参与公司的日常经营活动等方面判断在公司的各个成员之间是否形成类似于合伙的"契约关系"。[2]

（3）与英国压迫救济制度相关的典型案例

在传统的普通法下，无论是依据股东欺诈原则抑或公正衡平原则，法院针对受害的小股东的主要救济方式就是要求公司解散。但是，就实际情况而言，公司解散这一方式有时并不会对小股东的权利形成真正的"救济"，因为公司的解散很可能会使得在该公司投资的小股东的资产受到损失。依据英国《1948年公司法》第210条的规定，对小股东权益的保护可能会更加完善，因为其中明确规定法院为保护小股东的权益可以"做出任何其认为合适的决定"。这一规定扩大了法院在这一问题上的自由裁量权。但是究竟何为压迫行为，仍需要司法机关的进一步解释。

依据该条规定处理的第一批案例为加拿大后来在压迫救济制度上的立法和司法改革提供了参考。在 Elder v.Elder and Watson Ltd. 一案[3]中，库珀（Cooper）法官解释了如何适用英国《1948年公司法》第210条的规定。他认为，如果

---

〔1〕 Kenneth Bickley, *A Comparative Study of Recent Developments of the Oppression Remedy in Canada and the United States*, University of Ottawa Press, 1993, p.24.

〔2〕 Ibid, p.25.

〔3〕 Elder v.Elder and Watson Ltd., 〔1952〕S.C.49（Court of Session）.

被诉的行为确实属于压迫行为，那么该行为必须"明显违反"公平交易的标准，以及违反公司内部的公平竞争的条件。[1] 基斯（Keith）法官认为，适用第210条，必须存在公司股东之间明显缺乏信任的情形。这一缺乏信任的情形必须是大股东在处理公司内部事务之时存在对小股东的压迫行为，而这些压迫行为应该至少是其对公司小股东的"缺乏诚信"（lack of probity）和"不公平竞争"（unfair dealing）行为的一个组成部分。[2] 他进一步解释道："……（该案）显示了压迫行为的某些特质，即它必须是控制公司的个人或群体不公平滥用其权力，导致公司部分成员的权利受到损害。"[3] 据此，在该类案件中，判断被告承担责任的标准将是对其是否符合"公平竞争"和"缺乏诚信"的客观事实进行衡量。

英国上议院在 Scottish Co-operative Wholesale Company v. Meyer 一案中继续对第210条的适用进行解释。该案的事实较为简单，即公司的三名董事为了以不合理的价格收购一名小股东的股份，恶意破坏自己公司的日常经营以迫使该小股东同意售出其股份。西蒙斯（Simmons）法官认为，解释"压迫"这一词应当严格依照其字面含义，即"不合理负担、严苛及不正当的行为"，[4] 但他并未清楚定义按照字面含义进行判断的标准，即何种行为应当是不合理负担、严苛及不正当的行为。莫顿（Molton）法官和丹宁（Danning）法官同样未能对压迫行为的标准做出精准定义。[5] 基斯法官继续重申其在 Elder 案中的立场，即压迫行为应当是缺乏诚信和不公平竞争行为的组成部分，以及该压迫行为必须对公司的一部分成员造成实际的损害。[6]

英国法院在随后审理的两起发生于英格兰的案件[7]中继续重申以上上议院诸位法官的意见。其结果是，此后的英国法院逐渐形成了对"压迫"和"压迫

---

[1] Elder v.Elder and Watson Ltd., [1952] S.C.49（Court of Session），p.55.

[2] Ibid., p.60.

[3] Ibid., p.55.

[4] Scottish Co-operative Wholesale Company v.Meyer, [1958] 3 All.E.R.66;（House of Lords and Privy Council），p.71.

[5] Ibid., pp.86-87.

[6] Ibid., p.86.

[7] In Re H.R.Harmer Ltd. [1958] 3 All E.R.689（Court of Appeal）; Re Lundie Brothers, Ltd. [1965] 2 All E.R.692（Chancery Division）.这两起案件的事实接近，即私人公司（private company）的董事之间发生了争执，公司大股东利用其影响力，通过股东决议解除了与其发生争执的董事（也是公司小股东）的职务。其他进一步的行为还包括孤立该名被终结职务的小股东，以使其无法参与公司的日常事务。

行为"的一般解释方法，即由西蒙斯法官在 Meyer 案中所提出的较为狭窄的文义解释方法，所谓"压迫行为就是不合理负担、严苛及不正当的行为"，以及库珀法官在 Elder 案中所提出的较为宽泛的标准，即压迫行为必须"明显违反"公平交易的标准，以及违反公司内部的公平竞争的条件。[1]

最后一起对加拿大压迫救济制度的成文化起到影响作用的英国案例是 1973 年由上议院审理的 Ebrahami v.Westbourne Galleries Limited 案。[2]该案中，一家在个人合伙的基础上成立的公司被起诉至上诉法院。原告依据第 210 条的规定要求解散公司，上诉法院驳回原告的申请。该案最终上诉至上议院。上议院在审理的过程中解释了"公正衡平"规则的定义，并认为，适用公正衡平规则必须以小股东对公司的管理方式缺乏信心为基础。当公司的大股东"缺乏诚信"时，这一标准是不难证明的。如果公司的内部架构可以被认为是一种"类合伙关系"，那么依据合伙法有关解散合伙的规定，即合伙成员之间缺乏信任。只要符合这一标准，法院即可做出解散公司的决定。[3]

在该案中，上议院认为，即使公司是严格按照法定的公司设立条件成立的，法院依然有权探究该法律实体是否具有合伙的特征。[4]它认为，有限公司尽管可以被视为一个在法律上拥有完全独立人格的实体，但法院仍然有权确认，在公司这个独立实体之内还存在着独立的拥有权利、期待和责任的个体，尽管这些个体有时不会在公司的组织结构中崭露头角。他们的法律权利也应当用衡平的方法进行保护。[5]当然，在判断公司是否具有合伙特征方面，上议院也提出了一定的标准，"（判断一个公司是否具有合伙的特征）仅仅存在公司规模较小或公司是私人拥有的事实是不够的……衡平法上要求以下一个或多个条件的存在：（1）一个建立在个人关系之上或以个人关系维持的组织，这种关系涉及组织成员间的信任——这一条件通常存在于一个先前已经存在的合伙转化为有限公司的情形；（2）存在一项协议，或至少是共识，使得所有或一部分（以免存在

[1] Kenneth Bickley, *A Comparative Study of Recent Developments of the Oppression Remedy in Canada and the United States*, University of Ottawa Press, 1993, p.25.
[2] Ebrahami v.Westbourne Galleries Limited, [1973]A.C.360.（House of Lords）.
[3] Kenneth Bickley, *A Comparative Study of Recent Developments of the Oppression Remedy in Canada and the United States*, University of Ottawa Press, 1993, p.31.
[4] Ebrahami v.Westbourne Galleries Limited, [1973]A.C.360.（House of Lords）, p.378.
[5] Ibid., p.379.

'沉睡中'的成员）股东有权参与公司的日常商业运营；（3）对成员将其利益转移至组织进行严格限制——即使成员间丧失信任，或其中一名成员被剥夺管理的权利，他也不能将其利益任意抽出并转移至别处"[1]。简而言之，该案例确立了"正当期待"对成立压迫救济具有决定性作用的原则。

随着 Ebrahami 案的完结，加拿大公司法下的压迫救济制度的英国制度模式也基本上成型。这一模式对加拿大版本的压迫救济制度产生了深刻的影响，使加拿大立法者将普通法上和以往由英国和加拿大判例所主要体现的压迫救济制度法典化，同时，在长期的实践过程中，加拿大司法者在具体个案中对法律条文和法律原则的解释更为成熟与精准。接下来，本章将重点讨论加拿大公司法下的压迫救济制度的形成过程，且主要从立法和司法两个方面进行论述。

（二）加拿大建国后压迫救济制度的发展历程

如前文所述，普通法世界的现代压迫救济制度肇始于对 Foss 案判例的修正。该判例以及其他相关案例确定了在公司权利遭受侵犯的情形下只能由公司本身寻求救济的原则。这一判例的结果便是强化了公司大股东的地位，因为公司大股东可以依靠自己的优势地位在股东会上通过可能使公司本身或小股东受损的决议，而小股东却不能就此寻求恰当的救济。正如一名英国法学家所言，如果不是对 Foss 案判例的例外规定，那么小股东的命运将完全受大股东摆布。[2]根据 Edwards 案中詹金斯大法官的总结可知，上述例外规定包括四种情形，即越权行为、欺诈、特别多数决和原告个人权利被侵犯。除此之外，加拿大学者还提出一些其他的例外情形，即"严格依照公司章程的规定……要求公司董事和高级管理人员承担诚信义务，要求公司董事和高级管理人员切实关照小股东的权益以及在适当的情形下，刺穿公司的面纱"等其他法院可以运用的干涉方式，在公司小股东受到多数决规则侵犯时能为其提供一定的保护。[3]但是这些例外散见于浩如烟海的过往判例和不成体系的普通法原则中，难以为公司小股东提供其真正需要的救济。

在压迫救济制度法典化之前，在公司小股东受到公司大股东等相关人员侵

---

[1] Ebrahami v.Westbourne Galleries Limited，［1973］A.C.360.（House of Lords），p.379.

[2] L.C.B.Gower，*Principle of Modern Company Law*，2nd ed.，Stevens & Sons Ltd.，1958，pp.526–527.

[3] Marcus Koehnen，*Oppression and Related Remedies*，Thomson Carswell，2004，p.4.

犯时，真正对其有意义的救济方式是向法院起诉解散公司。[1]但是这一救济方式是很不完善的。如一名加拿大学者所言，"比起保护股东投资的完整性，（解散公司）更像是要摧毁它"[2]。也因此，需要在法典上具体地规定对小股东更为有利的救济方式。加拿大建国后，其公司法中的压迫救济制度的独立发展就是在这一背景下进行的。

1. 加拿大建国后压迫救济制度的立法发展进程

加拿大公司法中压迫救济制度的蓝本乃是英国《1948年公司法》第210条。在此之前，英国公司法对小股东救济的不足已经引起了英国国内大众广泛的反对，为应对这一民意诉求，1945年科恩委员会（Cohen Committee）向英国国会递交了《委员会有关公司法修正的报告》，建议对英国公司法做出有利于保护小股东权益的修正。[3]在这份报告中，委员会提出，为了更好地维护公司小股东的权益，司法力量应该得到最大限度的扩张，目的是在出现压迫行为时，向小股东提供法院所认定的公正与衡平的救济手段。[4]尽管英国国会并未完全遵循这一建议而修正公司法，但其仍然成为加拿大相关立法的范本。1960年，不列颠哥伦比亚省在其公司法（British Columbia Companies Act，BCCA）中几乎完全照搬了该条的规定，[5]加拿大版本的压迫救济制度第一次以法典条文的形式固定下来。然而在当时，加拿大其他地区对压迫救济制度的关注度并不高。1967年，安大略省立法机关的"公司法特别委员会"（又称劳伦斯委员会）强烈反对将压迫救济制度纳入安大略的法律体系之中，因为其担心司法权在商业领域的过度扩张可能会带来不良的影响。作为回应，3年后经过重大修正的《安大略公司法》中并未包含压迫救济制度。[6]

1962年詹金斯委员会（Jenkins Committee）向英国国会递交了一份报告，对

---

[1] James Farley, Roger J.Chouinard, Nicholas Daude, "Expectation of Fairness: The State of the Oppression Remedy in Canada Today", *The Advocate's Quarterly*, Vol.33, No.3, 2007, p.264.

[2] Marcus Koehnen, *Oppression and Related Remedies*, Thomson Carswell, 2004, p.3.

[3] James Farley, Roger J.Chouinard, Nicholas Daude, "Expectation of Fairness: The State of the Oppression Remedy in Canada Today", *The Advocate's Quarterly*, Vol.33, No.3, 2007, p.265.

[4] *Report of the Committee on Company Law Amendment*, Cmd.6659 (1945), p.60 (Cohen Committee).

[5] James Farley, Roger J.Chouinard, Nicholas Daude, "Expectation of Fairness: The State of the Oppression Remedy in Canada Today", *The Advocate's Quarterly*, Vol.33, No.3, 2007, p.265.

[6] David S.Morritt, Sonia L.Bjorkquist and Allan D.Coleman, The Oppression Remedy, No.5, Canada Law Book, 2004, pp.1-2.

英国公司法的进一步修正提出建议。[1]关于压迫救济制度，詹金斯委员会的报告建议在《1948年英国公司法》第210条的基础上，做出重大改进，即小股东在受到压迫而寻求救济时，不再要求案件事实也足以引起公司解散，被告的一个单独行为也足以构成压迫，以及在单纯的压迫行为以外将更多的"不公平损害"（unfair prejudice）行为纳入救济范围以内。[2]这一英国委员会的建议在加拿大国内引起强烈反应，1971年加拿大国会的迪克森委员会（Dickerson Committee）做出的报告是加拿大国内对该建议反响的集大成者。该委员会在报告中认为，"（委员会的主要活动）是在公司法主要原则的指导下进行的，我们认为该原则的要义为，公司法应当是公司股东、债权人、管理者间及其与公共利益间的平衡力量，公司法应当在最大限度内平衡公司投资者的适当利益和公司管理的灵活性"[3]。据此，该委员会认为，当时的加拿大公司法对小股东权利的保护不足，对封闭公司（closely held corporations）尤其如此。该委员会建议立法机关应当给予司法机关足够的自由裁量权以确保公平的一般标准得以适用。[4]

迪克森委员会的建议为加拿大联邦国会在1975年对《加拿大公司法》（Canada Business Corporations Act，CBCA）的修正奠定了坚实的基础。在该版公司法中，压迫救济制度被明订于第238条。在该版公司法中，立法者规定的压迫救济制度所能救济的范围明显宽于其先例《1948年英国公司法》和《不列颠哥伦比亚公司法》。[5]一名加拿大学者总结了加拿大压迫救济制度与以往英国制度的不同之处。第一，根据《加拿大公司法》的规定，有权申请压迫救济的适格人员从公司股东扩展到了公司董事、高级管理人员以及法院认为合适的一切其他人员。第二，法院有权审理的违法行为的范围由英国法下的压迫行为与不公平损害行为扩展到"不公平漠视原告权利"的行为。第三，加拿大压迫救济制度还要考虑公司董事、高级管理人员和债权人的利益，而非仅考虑股东的利益。[6]

---

〔1〕 James Farley, Roger J.Chouinard, Nicholas Daude, "Expectation of Fairness: The State of the Oppression Remedy in Canada Today", *The Advocate's Quarterly*, Vol.33, No.3, 2007, p.266.

〔2〕 Report of Jenkins Committee, Cmnd.1749（Jenkins Committee）, p.503.

〔3〕 R.M.V.Dickerson et al, *Proposals for a New Business Corporation Law for Canada*, v.1（Dickerson Report）, p.160.

〔4〕 Ibid., p.162.

〔5〕 James Farley, Roger J.Chouinard, Nicholas Daude, "Expectation of Fairness: The State of the Oppression Remedy in Canada Today", *The Advocate's Quarterly*, Vol.33, No.3, 2007, p.266.

〔6〕 Marcus Koehnen, *Oppression and Related Remedies*, Thomson Carswell, 2004, pp.5-6.

加拿大联邦层级的压迫救济制度的法典化意味着，在加拿大国内除了不列颠哥伦比亚省等少数地区以外，其余各地的适格原告只要向法院证明被告对原告具有压迫行为、不公平损害行为，或者在一定程度上不公平漠视了原告的利益，法院就将认定被告的行为非法并将给予原告救济。然而，由于主要参照英国法的规定，不列颠哥伦比亚省的压迫救济制度并未认可不公平漠视原告利益的行为也是一种压迫行为。[1]

在《加拿大公司法》正式生效后，安大略省一改先前对压迫救济制度的抵制态度，顺势修订了自己的公司法，其压迫救济制度和《加拿大公司法》中的规定几乎一致，只是扩大了压迫行为的范围，包括"任何有可能对适格原告的利益进行压迫的、不公平迫害的或不公平漠视的作为或不作为"。[2]这意味着所谓"压迫"的行为不仅包括过去和正在发生的行为，还包括未来或许会发生的行为。这是安大略省版本的压迫救济制度的特别之处。

压迫救济制度在《加拿大公司法》中的成文化是加拿大公司法发展历史的分水岭。[3]在1975年新修订的《加拿大公司法》生效后，各省立法机关几乎均以其为范本将压迫救济制度纳入自己的法律体系，唯一的区别是其规定的范围宽于《加拿大公司法》的规定或与其完全一致。事实上，只有魁北克省与爱德华王子岛省尚未在其公司法中明确规定压迫救济制度。[4]可以说，加拿大公司法压迫救济制度的立法形态已经定型，但考虑到该制度是被设计为向法院提供足够的自由使其能够以公正与衡平的方式应对各种情形，其势必对司法系统留有开放的解释空间。因此，1975年后的加拿大压迫救济制度的发展几乎集中在司法领域而非立法领域，这些发生于司法解释上的发展连同先前的立法基础，使该制度具有今天的面貌。

2. 加拿大建国后压迫救济制度的司法发展

法典化的压迫救济制度问世以来，加拿大行政部门为向立法机关提出建议而组成的委员会与立法者一直在试图平衡两种互相对立的价值取向，即对公司

---

[1] BCCA, S.227.

[2] OBCA, S.248.

[3] James Farley, Roger J.Chouinard, Nicholas Daude, "Expectation of Fairness: The State of the Oppression Remedy in Canada Today", *The Advocate's Quarterly*, Vol.33, No.3, 2007, p.268.

[4] Ibid.

小股东的权利提供更多保障还是允许公司以更为高效的经营方式运营。[1]这就是所谓公平与效率的对决。在这个意义上,"公平"这个模糊的概念成为司法机关对压迫救济制度解释的主要着眼点。[2]

《加拿大公司法》中压迫救济制度的保护范围较英国更为宽泛,表明加拿大的立法者认为对压迫行为的宽泛定义更能确保"公平"。特别是加拿大的压迫救济制度的对象从简单的"压迫"行为发展到"不公平损害"和"不公平漠视"行为,使那些认为压迫救济制度不仅要保护既存的合法权利,还必须保护衡平权利的人士欢欣鼓舞。[3]因此,加拿大法院在处理涉及压迫救济的案件时,往往会深入考虑原告的正当期待(legitimate expectations)以确保公平。正如一名加拿大学者所言,"受到损害的股东期待是压迫救济制度所要关心的全部。每一个公司股东在买进股份时都带有特定的期待。(这些期待中)有些是非常奇怪的。但是对于其中一部分,特别是对那些身处股东人数有限的小公司中的小股东而言,他们的期待是非常合理的"[4]。

支持上述观点的加拿大判例是相当丰富的。在压迫救济制度成文化后不久,加拿大法院的法官便在审理 Ferguson v.Imax Systems Corp. 一案[5]中用灵活的解释方式在一定程度上突破了过去由普通法和英国判例所设定的限制。布鲁克(Brook)大法官在判决书中这样写道:"今天当我们去审视与小股东利益相关的法条时,我们认为对这些法条的解释应当尽可能宽泛,以达成其立法目的。因此,当处理封闭公司内股东间的利益纠纷时,法院不仅要考虑股东的法定权利,还要进一步考察股东间的关系。"[6]

到了 20 世纪 90 年代早期,加拿大法院在"压迫救济所要保护的对象应该是股东的正当期待"这一问题上的立场更加坚定。[7]例如,在 1991 年阿尔伯塔

---

〔1〕 Dennis H.Peterson, *Shareholder Remedies in Canada*, LexisNexis Canada, 1989, p.18.

〔2〕 Marcus Koehnen, *Oppression and Related Remedies*, Thomson Carswell, 2004, p.84.

〔3〕 James Farley, Roger J.Chouinard, Nicholas Daude, "Expectation of Fairness: The State of the Oppression Remedy in Canada Today", *The Advocate's Quarterly*, Vol.33, No.3, 2007, p.269.

〔4〕 B.L.Welling, *Corporate Law in Canada: The Governing Principle*, Butterworths, 1984, p.533.

〔5〕 Ferguson v.Imax Systems Corp., (1983) 43 O.R. (2d) 128, 150 D.L.R. (3d) 718 (C.A.).

〔6〕 Ferguson v.Imax Systems Corp., (1983) 43 O.R. (2d) 128, 150 D.L.R. (3d) 718 (C.A.), p.137.

〔7〕 James Farley, Roger J.Chouinard, Nicholas Daude, "Expectation of Fairness: The State of the Oppression Remedy in Canada Today", *The Advocate's Quarterly*, Vol.33, No.3, 2007, p.271.

省上诉法院审理的 Westfair Foods Ltd.v.Watt 一案[1]中，柯伦思（Collins）大法官在判决书中这样写道："公司与其股东之间的关系，并非是出于义务或偶然建立的，而是双方自愿达成的结果。我们认为，在涉及这一关系时，法院有权自其他部门法，如合同法、衡平法和合伙法中的规定寻找解决问题的灵感。就一般情况而言，我们认为在处理类似于一种自愿关系下的纠纷时，法院的一个基本原则就是要深入探查一方因对方的口头承诺或书面约定所产生的期待，并且这样的一种期待鼓励该方与另一方建立法律上的关系。这就是我们认为的正当期待，或者说值得受到法律保护的期待……我要强调的是，所有涉案双方间的文字与约定都属于正当期待的评价范围，那些文字与约定并非一定要书写于纸面之上，也不一定要产生于双方关系第一次形成之时。"[2]压迫救济制度所要保护的利益乃是小股东对其在公司内部利益的正当期待，这一观点逐渐成为加拿大司法机关和学界的共识。

毫无疑问，在给予小股东压迫救济这一问题上，尽管法院认为要强化对小股东权利的保护，但其仍然对过度干涉公司内部事务将会带来的危险保持足够的警惕。[3]例如，在 820099 Ontario Inc.v.Harold E.Ballard Ltd. 一案[4]中，法利（Farley）法官认为，"法官应该发挥他的一切聪明才智去给予（受损害一方）最为恰当的救济方式"[5]。然而，随后他又认为，"法院不能轻易地干涉一个公司的内部事务。我认为，如果将如何处理压迫行为并给予救济这一问题比作是进行一场手术，那么我们就应该用手术刀而非战斧。我认为这一原则即使在压迫者的行为是十分可鄙的情形下仍然适用，因为法院不能对受害一方完全倾斜，而应当在双方之间保持平衡"[6]。

1975 年《加拿大公司法》修正后将压迫救济制度纳入其中，经过多年的司法实践，其制度内涵较法典中的文字内容更为丰富了。目前，加拿大的司法机关普遍认为，压迫救济制度作为一种灵活的机制，其本质乃是维护小股东衡平

---

〔1〕 Westfair Foods Ltd.v.Watt，〔1991〕79 D.L.R.（4th）48，79 Alta.L.R.（2d）263.

〔2〕 Ibid., p.54.

〔3〕 James Farley, Roger J.Chouinard, Nicholas Daude, "Expectation of Fairness: The State of the Oppression Remedy in Canada Today", *The Advocate's Quarterly*, Vol.33, No.3, 2007, p.272.

〔4〕 820099 Ontario Inc.v.Harold E.Ballard Ltd.,〔1991〕3 B.L.R.（2d）〔Ont.Ct.（General Division）〕

〔5〕 Ibid., p.181.

〔6〕 Ibid., p.197.

法上的权利。[1]同时，还有一些省的法院认为，压迫救济制度所针对的对象，不仅是那些对股东权利造成损害的"不法行为"（unlawful conduct），还应当包括"不当行为"（wrongful conduct）。这是具有加拿大特色的压迫救济制度与英国制度的不同之处，也是其亮点。

二、加拿大压迫救济制度的现状

自 1975 年加拿大正式在联邦层面将压迫救济制度法典化并运用于司法实践以来，普通法世界普遍认为其是世界上保护范围最为宽广的公司法救济制度。[2]一位学者认为，加拿大版本的压迫救济"寻求保护公正与衡平的路径，且不限于保护（股东的）法定权利。在这一意义上，其为股东所提供的保护是令人赞叹的"[3]。为了进一步理解这一制度的内涵，有必要对其法律条文进行深入解读。由于《加拿大公司法》第 241 条的规定既是加拿大联邦层面的压迫救济制度，又是很多加拿大地方的制度范本，因此本部分将主要以该条作为加拿大救济制度现状的研究对象，对现行《加拿大公司法》第 241 条的具体内容进行深入分析。

（一）《加拿大公司法》第 241 条的规定
《加拿大公司法》对压迫救济制度的规定集中体现于其第 241 条。该条的主要内容由以下几个部分组成，即向法院申请压迫救济的适格当事人和适格事由、压迫行为的范围、法院能给予受害股东的救济和对其的限制等。

1. 适用压迫救济制度的法定先决条件：对第 241 条第 1 款、第 2 款的解释
《加拿大公司法》第 241 条第 1 款和第 2 款规定适格当事人向法院申请压迫救济时所要符合的法定先决条件，它们主要包括对压迫行为及判断其标准的规定以及原告的诉讼资格等。第 241 条第 1 款是这样规定的："一名适格的原告

---

〔1〕 James Farley，Roger J.Chouinard，Nicholas Daude，"Expectation of Fairness：The State of the Oppression Remedy in Canada Today"，*The Advocate's Quarterly*，Vol.33，No.3，2007，p.272.

〔2〕 Natasha A.Abbey，An Insightful Study of the Oppression Remedy under South African and Canadian Corporate Law，this is submitted for the degree in LL.M.，The University of Western Ontario，2012，p.93.

〔3〕 Dennis H.Peterson，*Shareholder Remedies in Canada*，LexisNexis Canada，1989，p.17.

可以根据本条的规定向法院起诉，以申请救济。"[1]而第 2 款则这样规定："如果法院在接到依据本条第 1 款的规定而发起的申请时，法院经审查发现，一家公司或其任一子公司有以下任何之行为，即（a）任何该公司或其任一子公司的作为或不作为造成了一定结果，（b）任何该公司或其任一子公司的商业或日常事务正在或已经以某种方式为之，或（c）任何该公司或其任一子公司董事的职权正在或已经以某种方式为之，该种方式对公司任意之股东、债权人、董事、高级管理人员的利益造成了压迫、不公平损害或不公平漠视，法院有权做出命令，要求被告改正其行为。"[2]

首先，需要进一步解释的概念就是第 1 款中的"原告"。对此，《加拿大公司法》第 238 条对当事人资格做出明确的规定。该条规定，"在本法中，'原告'意指（a）一家公司或其任一子公司证券的注册持有者或受益所有人，以及之前持有上述证券的注册持有者或受益所有人，（b）一家公司或其任一子公司的现任或前任董事或高级管理人员，（c）任何依据本法第 260 条由法院指定之公司董事，或（d）任何法院以其自由裁量权决定之有权依据本法提起诉讼的适格人员"。[3]所谓"证券"，在《加拿大公司法》中是指记载任何公司财产的一定份额或公司债权的一定份额的凭证。[4]1970 年迪克森委员会向加拿大国会提出修法建议时，委员会认为必须对当事人资格条款做出最为宽泛的规定，以保护一切涉及利益之相关人员。第 238 条（d）项正是这一理念的产物。[5]因此，有权申请压迫救济的适格当事人不仅包括公司股东，而且包括其他任何利益受损之人。

接下来，第 241 条第 2 款原则上规定了压迫行为的来源范围，包括公司或其任一子公司的作为与不作为，公司的商业或日常事务以及公司董事的权限等。首先，《加拿大公司法》第 1 条第 2 款规定，所谓"子公司"就是"（a）一家公司隶属于另外一家公司，并且该公司是另外一家公司的附属机构，或者

---

〔1〕 CBCA, s.241（1）.

〔2〕 Ibid., s.241（2）.

〔3〕 Ibid., s.238.

〔4〕 Natasha A.Abbey, An Insightful Study of the Oppression Remedy under South African and Canadian Corporate Law, this is submitted for the degree in LL.M., The University of Western Ontario, 2012, p.96.

〔5〕 Ibid., p.97.

两家公司同为另外一家公司的附属机构，或者它们都被同一人员所控制；以及（b）如果两家公司同时隶属于同一家公司，则它们应当被视为互相隶属"[1]。根据迪克森报告，委员会对加拿大版本的压迫救济制度的立法建议是，压迫行为不能像英国《1948 年公司法》那样仅规定必须存在"连续的"行为，还必须包括"单独的"（isolated）行为。[2] 而且，不同于《1948 年公司法》，加拿大压迫救济制度还针对"不作为"（omission）。这也是加拿大制度的革新之处。

所谓公司的日常事务是指排除公司的经营事务以外的非经营活动（non-business activities），还要包括公司的内部管理活动。[3] 因此，当公司内部管理活动出现紊乱导致相关人员利益受损时，该相关人员就可以寻求压迫救济。至于公司董事的职权，依据《加拿大公司法》第 102 条第 1 款的规定，主要为"公司董事之职责，在于在任何一致通过之股东会决议下，管理或监督公司之商业或日常事务"。正如一名加拿大学者所言，"由于公司绝大多数的事务都是由董事会处理的，因此董事对其权利的滥用很自然地便成为压迫救济所针对的对象"[4]。

确定压迫行为的来源范围后，对压迫行为本身的界定就成为重点问题。《加拿大公司法》将压迫行为定义为"压迫、不公平损害或不公平漠视"行为。迪克森委员会建议加拿大国会在修改英国《1948 年公司法》第 210 条时应当遵循以下的原则："（本委员会）建议将'压迫'行为扩大为'不公平损害或不公平漠视'的行为，以彰显我国对该条款适用的改革精神，该精神当为即使被诉行为实际上并非是'非法的'（unlawful），但只要该行为是'不正当的'（wrongful），那么就应当在压迫救济制度的调整范围以内。"[5] 这显然在英国压迫救济制度的基础上极大扩充了其适用范围。首先，所谓"压迫"行为，即压迫救济制度最初所针对的对象，其定义应当为该行为是"强迫的"（coercive）和"滥用的"

---

〔1〕　CBCA，s.1（2）.

〔2〕　R.M.V.Dickerson et al，Proposals for a New Business Corporation Law for Canada，v.1（Dickerson Report），p.163.

〔3〕　Natasha A.Abbey，An Insightful Study of the Oppression Remedy under South African and Canadian Corporate Law，this is submitted for the degree in LL.M.，The University of Western Ontario，2012，p.99.

〔4〕　Dennis H.Peterson，*Shareholder Remedies in Canada*，LexisNexis Canada，1989，p.17.

〔5〕　R.M.V.Dickerson et al，*Proposals for a New Business Corporation Law for Canada*，*v.1*（Dickerson Report），p.163.

（abusive）。[1]在 Meyer 案中，英国法院将其总结为不合理负担、严苛及不正当的行为，对公平竞争原则的明显违背，以及公司大股东或其实际控制人员在处理公司日常事务时对权利的滥用导致股东对公司失去信心。如一位学者所言，"过去数十年，加拿大司法系统所认定的压迫行为包括以下几种情形：公司或其控股股东未能采取合理的措施以进行正常的商业交易；公司董事缺乏善意；公司股东间的互相歧视导致大股东排除小股东单独获益；小股东缺乏充分及适当的重要信息披露；以及（相关人员具有）彻底排除小股东利益的企图"[2]。其次，所谓"不公平损害"行为，是指尚未达到"压迫"标准但足以对股东权益造成"损害"的行为。[3]适用这一条款的重点在于行为必须是足以造成损害的，而非仅仅是不公平的。正如一位加拿大学者所言，"公司的正常运作必须保证在公司股东的利益间保持平衡，也就意味着会有不公平的空间出现"[4]。也因此，不公平损害的行为包括但不限于以下情形：未能披露关联交易；为彻底更改负债比率而改变公司结构；在缺少公告的情形下分配红利，以及侵犯衡平权利。[5]最后，对"不公平漠视"行为的判断可能是三种行为中最为宽松的。[6]比如，"在公司需要增资而股东无法支付的情形下，尽管公司的可持续发展得到了保障，但公司资本的重组无疑减损了该股东的利益"[7]。在此种情形下，可能会构成对股东权益的漠视，而引发压迫救济制度的介入。

2. 法院所能提供的救济方式：第 241 条第 3 款、第 4 款的规定

在《加拿大公司法》第 241 条第 1 款、第 2 款对申请压迫救济的适格当事

---

〔1〕 Natasha A.Abbey, An Insightful Study of the Oppression Remedy under South African and Canadian Corporate Law, this is submitted for the degree in LL.M., The University of Western Ontario, 2012, p.102.

〔2〕 Stephanie Ben-Ishai & Poonam Puri, "The Canadian Oppression Remedy Judicially Considered: 1995–2001", *Queen's Law Journal*, p.89.

〔3〕 Natasha A.Abbey, An Insightful Study of the Oppression Remedy under South African and Canadian Corporate Law, this is submitted for the degree in LL.M., The University of Western Ontario, 2012, p.104.

〔4〕 Dennis H.Peterson, *Shareholder Remedies in Canada*, LexisNexis Canada, 1989, p.35.

〔5〕 Ibid., p.36.

〔6〕 Natasha A.Abbey, An Insightful Study of the Oppression Remedy under South African and Canadian Corporate Law, this is submitted for the degree in LL.M., The University of Western Ontario, 2012, p.104.

〔7〕 Ibid., p.42.

人和法定先决条件做出规定后，《加拿大公司法》第 41 条第 3 款对法院可以决定的救济措施进行了详细规定。

首先，该条规定"若一名适格之原告满足上述规定（即符合法定先决条件），则法院有权做出任何其认为合适的临时或最终之命令，该等命令包括且不限于下列诸项之规定"[1]。从该条的文字可以看出，立法者对法院涉及压迫救济的自由裁量权做出了最大限度的保障，这也符合加拿大压迫救济制度的立法精神，即最大限度地保障小股东和一切相关人员的利益免受侵害，体现公正衡平的法治精神。

其次，该条明文罗列了 17 项法院可以对原告（包括公司小股东）做出的救济方式，包括：

（1）法院有权做出限制被诉行为的禁令；[2]

（2）法院有权指定一名涉讼财产管理人或经理管理被诉公司；[3]

（3）法院有权做出修正公司章程或创制（修正）股东协议的命令以实现对公司事务的监管；[4]

（4）法院有权做出发行或兑换公司证券的命令；[5]

（5）法院有权指定人选以替换全体或部分现任之公司股东；[6]

（6）法院有权做出使公司或其他任何相关人员收购股东所持有之股份的命令；[7]

（7）法院有权做出使公司或其他任何相关人员向股东支付其为购入公司证券所支出的全部或部分的资金的命令；[8]

（8）法院有权做出变更或撤销公司作为一方之交易或合同，且有权令该交易或合同的任一方做出赔偿的命令；[9]

（9）法院有权做出在法院所决定的一定时效期间内，使公司向法院或任何

---

[1] CBCA, s.241（3）.
[2] Ibid., s.241（3）（a）.
[3] Ibid., s.241（3）（b）.
[4] Ibid., s.241（3）（c）.
[5] Ibid., s.241（3）（d）.
[6] Ibid., s.241（3）（e）.
[7] Ibid., s.241（3）（f）.
[8] Ibid., s.241（3）（g）.
[9] Ibid., s.241（3）（h）.

利益相关人员提供依据本法第 155 条之规定而做出的公司财务报表或会计资料的命令;[1]

（10）法院有权做出向受害者赔偿的命令;[2]

（11）法院有权做出更正公司依据本法第 243 条应当向注册登记机关提供之任意文件的命令;[3]

（12）法院有权做出清算或解散公司的命令;[4]

（13）法院有权指导依据本法第十四章之规定所进行之对公司的调查活动;[5]

（14）法院有权审理任何相关之问题。[6]

可以看到，从最轻的针对压迫行为由法院颁布禁令，到最重的解散公司，加拿大法院在处理涉及压迫问题时有权做出的救济是多样的。同时，第 241 条第 4 款虽然名为"董事之职责",[7]但其也可以作为法院有权提供的救济方式。其规定："如果法院基于本条之规定做出命令使公司之章程得到修正，则（1）公司股东需立即遵守本法第 191 条第 4 款（即《加拿大公司法》有关公司重组后章程变更的规定）的规定[8];（2）除非经法院直接之命令，不得对公司章程进行进一步之修正。"[9]该款是对有压迫行为之公司的董事权限的限制，以进一步保护受侵害之相关人员（包括公司小股东）的权利。

3. 对压迫方责任的限制：第 241 条第 5 款、第 6 款的规定.

尽管设立压迫救济制度条款的初衷是保护受到压迫行为损害的相关人员的利益，但《加拿大公司法》对于压迫方的责任也做出一定的限制。第 241 条第 5 款名为"责任排除"，其规定"若公司章程之变更是基于本条规定而进行，则公司股东无权依据本法第 190 条之规定（即《加拿大公司法》有关股东异议权的规定）对此提出异议"[10]。

---

[1] CBCA, s.241（3）（i）.
[2] Ibid., s.241（3）（j）.
[3] Ibid., s.241（3）（k）.
[4] Ibid., s.241（3）（1）.
[5] Ibid., s.241（3）（m）.
[6] Ibid., s.241（3）（n）.
[7] Ibid., s.241（4）.
[8] Ibid., s.241（4）（a）.
[9] Ibid., s.241（4）（b）.
[10] Ibid., s.241（5）.

同时，第 241 条第 6 款进一步限制了公司作为压迫方时的经济责任。该款名为"责任限制"，其规定"如果有下列情形发生且法院确信下列情形属实，则公司无须依据本条第 3 款之第（6）项、第（7）项的规定向股东支付相关费用：（1）公司在支付该相关费用后，不能或有可能不能履行对其他公司所承担之债务；[1]（2）将公司所有之财产变现后，其价值低于其所应当承担之债务[2]"。这些规定进一步凸显了压迫救济制度在衡平法上的价值。

以上是对现行《加拿大公司法》第 241 条，即所谓压迫救济条款的详细解读。加拿大的立法者在设立压迫救济制度时对其做出了比较开放和灵活的规定，其在适用的过程中难免会产生一定的问题。对此，加拿大的司法机关和学者认为，对压迫救济制度的适用应当做出一定限制。

（二）压迫救济制度存在的问题与适用的限制

1. 压迫救济制度的问题

压迫救济制度最主要的适用难点，便是对"压迫行为"的界定。加拿大是典型的英美法系国家，因此《加拿大公司法》仅对此做出了原则性的规定，即"压迫行为"就是"压迫、不公平损害或漠视"的行为。仅从字面上看难以确定这些规定的真实含义，需要法官在司法实践过程中对其进一步解释。事实上，综观加拿大国内学者的评述，大部分人对压迫救济制度的存在不持异议，他们担心的主要问题还是该制度的适用范围过于宽泛，与以往的商业判断规则形成了一定的冲突，因此认为有必要限制压迫救济制度的适用。

压迫救济制度适用的另外一个问题则是容易被滥用。由于可以发起该救济的原告范围较为宽泛，且法院在此问题上具有很大的自由裁量权，加拿大国内的很多学者认为，公司法应当对其规定必要的制约手段。比如，该救济制度应当排除因被告主观或意图之行为导致的后果；再如，法院应当严格审核原告提出的救济申请，一旦法院认为不符合相关法律规定，则应该直接驳回之；又如法院在适用压迫救济制度上的自由裁量权，应当受到衡平法原则的限制，[3]等等。

2. 对压迫救济制度适用的限制

由于压迫救济制度存在上述一些问题，加拿大法律实务界与学术界就对其

---

[1] CBCA, s.241（6）（a）.

[2] Ibid., s.241（6）（b）.

[3] B.L.Welling, *Corporate Law in Canada: The Governing Principle*, Butterworths, 1984, pp.537-550.

适用的限制提出了一系列看法。

（1）商业判断规则

自普通法中首先出现压迫救济理念后，对其抱持怀疑态度的学者的一个基本理由便是这一制度的存在会对商业组织内部活动造成有害的过度干涉。在此意义上，商业判断规则可谓是对法院适用压迫救济制度的天然限制。[1]

安大略省上诉法院审理的 Brant Investments Ltd.v.Keep Rite Inc. 案[2]是适用这一规则的典型案例。法院在完成对被告公司董事的行为和决定的审查后，展示了加拿大司法机关对公司内部决定的尊重如何限制压迫救济制度的适用："毫无疑问，当法院面对依据（《公司法》）第234条的规定发起的诉讼时，其应当对被诉行为的本质和其被执行的方式进行深入的审查。但这并不意味着法官有权代替涉案公司的经理、董事或董事会就该公司的经营事务做出商业判断。无论法官面前的证据多么确凿，他也不可能这样做。对法官而言，他只是在不同的时间和环境中接触了这个问题；他不可能完全拥有与上述人员一样的背景知识和专业技能；同时，他基本上不具有涉案公司所在商业领域的任何相关知识。简而言之，他不知道在此种情形下应该如何做出涉案公司需要的商业决定。但这并不意味着他无法依据（《公司法》）第234条的规定对所涉案件进行客观的评价。"[3]一位加拿大学者表示，就商业判断规则而言，"一般规则应当是对公司管理层和董事的商业判断和专业知识的尊重，这也是法院在（向小股东）提供救济时的限制所在"[4]。因此，尽管压迫救济制度使法院有权对为数众多的公司行为进行审查，但在一些特定的情形中，商业判断规则的存在使法院的此项权力受到了一定限制。

然而，尽管商业判断规则已经成为现代公司法的重要组成部分之一，对压迫救济制度的适用尚有待法院审视的空间。比如，在 UPM-Kymmene Corp.

[1] James Farley, Roger J.Chouinard, Nicholas Daude, "Expectation of Fairness: The State of the Oppression Remedy in Canada Today", *The Advocate's Quarterly*, Vol.33, No.3, 2007, p.282.

[2] Brant Investments Ltd.v.Keep Rite Inc., (1991), 3 O.R. (3d) 289, 80 D.L.R. (4th) 161, 45 O.A.C.320 (C.A.).

[3] Ibid., p.32.

[4] David S. Morritt, Sonia L.Bjorkquist and Allan D.Coleman, "The Oppression Remedy", *Canada Law Book*, 2004, No.5, p.25.

v.UPM-Kymmene Miramichi Inc. 案[1]中，多数法官认为，"法官的责任在于审查公司董事是否做出了合理的决定而非完美的决定"[2]。然而，莱克斯（Rax）法官表达了不同的意见。他认为，"公司董事只有在证据显示他们的行为确实符合一般商业规则的情形下才能受到保护。尊重商业判断的原则必须预先假定公司董事对公司的事务是足够谨慎的，他们在做出决定时是足够尽职的。法院当然有权对这些决定的内容以及他们做出这些决定所依据的信息的内容进行审查"[3]。

实际上，由于压迫救济制度具有极强的灵活性和开放性，法院在处理这一问题时应当对自己的管辖权进行认真的审视以防滥用司法权力。但是，立法者设计开放性的压迫救济制度的目的在于最大限度地确保公平，法院就不能在其司法实践的过程中教条地适用商业判断规则。如何平衡处理压迫救济制度与商业判断规则的关系仍然是加拿大司法系统面临的一个难题。

（2）预期压迫限制

加拿大部分学者认为，在商业判断规则以外，存在另外一个对压迫救济制度的适用具有一定限制作用的概念，这个概念就是预期压迫（Anticipated Oppression）。[4]关于预期压迫，加拿大理论界和实务界仍有争议。安大略省与不列颠哥伦比亚省所制定的公司法中明确规定压迫行为应当包括"可能会造成压迫结果的威胁行为"，[5]但《加拿大公司法》和其他省的公司法并未就此问题做出明确规定，因此就这些公司法下的压迫救济制度来说，其所应对的压迫行为仅指发生在过去和现在的行为，而不能包括未来的行为。阿尔伯塔省的一个早期的案例 Bank of Montreal v.Dome Petroleum Ltd. 中法院认为，《加拿大公司法》下的压迫救济制度并不针对预期压迫行为[6]。Sparling v.Doyle 案中法院做出的裁决同样排除了这一可能性："（原告）仅仅因为对未来压迫行为的恐惧而企图基于（《公司法》）第234条的规定向法院申请清算公司的命令是没有根据的。法院可

---

〔1〕 UPM-Kymmene Corp.v.UPM-Kymmene Miramichi Inc.,（2002）214 D.L.R.（4th）496,（C.A.）.

〔2〕 Ibid., p.537.

〔3〕 Ibid., p.536.

〔4〕 James Farley, Roger J.Chouinard, Nicholas Daude, "Expectation of Fairness：The State of the Oppression Remedy in Canada Today", *The Advocate's Quarterly*, Vol.33, No.3, 2007, p.289.

〔5〕 Ibid, p.289.

〔6〕 Bank of Montreal v.Dome Petroleum Ltd.,（1987），67 C.B.R（N.S.）296, 54 Alta.L.R.（2d）289（Q.B.）, p.307.

以就被诉问题做出纠正其现状的决定，但法院没有义务处理没有发生或者永远不会发生的不正义行为。"[1]

认可预期压迫的判例基本上出自安大略省和不列颠哥伦比亚省法院的裁决。在 Ballard 案中，法利法官确认压迫救济应当针对那些可能会造成压迫结果的威胁行为，他表示："对未来压迫行为的担忧应当被慎重对待，如果有充分的证据表明这一压迫行为确实有可能发生，那么就应当适用压迫救济。"[2] 在 Greenlight Capital Inc.v.Stronach 案[3]中，法院的态度与 Ballard 案中的一致，认为原告可以针对预期的压迫行为发起压迫救济之诉，但是该案法院驳回了这一诉请，法院认为，尽管在法典中压迫救济确实可以针对预期压迫行为，但是法院在被诉的交易行为尚未真正完结的情况下，并无审理此案的管辖权。

根据上文所述，尽管判例法在预期压迫行为是否属于压迫救济制度的调整范围这一问题上存在不一致性，而且成文的《加拿大公司法》和其他一些省的公司法并未明确对这一问题做出书面规定，但加拿大学者普遍认为预期压迫应当被纳入压迫救济制度的调整范围。一位学者表示，首先，现行法律并未明确排除压迫救济条款适用于威胁行为的可能性。其次，发生于未来的压迫行为有可能对一个独立个人的既存利益造成损害。最后，设计压迫救济制度的目的就在于防止不当行为对特定人员的利益造成损害，并尽最大努力去纠正它，因此，不能排除尚未发生的压迫行为所造成损害的可能性。[4] 这也体现了压迫救济制度的设计初衷，即公正衡平地保护受侵害小股东的权利。

三、压迫救济制度与小股东权利救济典型制度的比较

（一）小股东权利救济概述

毋庸讳言，民商法领域特别是公司法如何对小股东的权利进行完善的保护，并在其受到损害的情形下提供适当之救济，是一个经久不衰的研究课题。尽管

---

[1] Sparling v.Doyle, [1986] R.J.Q.1073, p.1134.

[2] 820099 Ontario Inc.v.Harold E.Ballard Ltd., [1991] 3 B.L.R. (2d) (Ont.Ct. (General Division)), p.201.

[3] Greenlight Capital Inc.v.Stronach, (2006) 22 B.L.R. (4th) 11, CanLII 36620 (S.C.J.).

[4] Marcus Koehnen, *Oppression and Related Remedies*, Thomson Carswell, 2004, p.151.

各国公司法对小股东权利救济取得了长足的进步，但其仍是一个亟待全世界立法者和司法者解决的棘手问题。

英美法中多数决规则（Majority Rule）的内在缺陷是阻碍公司法保护小股东权利的一个重要因素。所谓多数决规则，是指持有公司多数股票并因此享有更多表决权的大股东对公司一般事务的决定权以及对重大事务的较大影响力。[1]加拿大公司法的多数决规则确立于 1878 年的 Foss v.Harbottle 案[2] 和 North West Transportation Co.v.Beatty 案[3]。诚如一位加拿大学者所言，"多数决规则使控制公司主要事务的力量取决于大股东"，[4]"法院将不会直接干预公司内部事务的争议，因为该等争议的解决有赖于公司的大股东而非法院"。[5]虽然多数决规则作为公司运作的一个基本原则，其内涵与法治精神中的权利义务平衡原则相吻合，同时，多数决规则在促进大股东对公司的投资热情、保持公司股东间利益的平衡和促进公司决策更加高效等方面扮演了重要的角色，但是仍须承认，其所具有的不公平和非理性等缺点是非常明显的。在公司大股东基于多数决规则确定公司的诸项事务之时，小股东的权利往往会被忽视甚至牺牲。这一现象已经引起世界各国的立法者与司法者的注意。

另外一个对公司小股东权利产生潜在威胁的公司法原则是现代公司法的基石——公司法人人格独立原则。"公司的独立人格身份乃是其与任何其他商业组织相区别的最重要特征之一。"[6]英美法下的公司法人人格独立原则由 1897 年的 Salomon v. Salomon 案所确立。[7]审理本案的英国上议院认为，公司作为具有独立人格的实体，不仅可以独立享有权利并承担义务，而且可以"享有对抗实际

---

〔1〕　Jianfeng Ji, Protecting Minority Shareholders in Private Corporations: A Comparative Study From Canadian and Chinese Perspectives, this is submitted for the degree of LL.M., the University of British Columbia, 2010, p.15.

〔2〕　Foss v. Harbottle, （1843）2 Hare 461, 67 E.R.189.

〔3〕　North West Transportation Co.v.Beatty, （1878）12 App.Cas.589（PC）.

〔4〕　Paul Martel, Business Corporations in Canada–Legal and Practical Aspects, Thomason Canada Ltd., 2008, pp.30–2.

〔5〕　Ibid, pp.30–3.

〔6〕　Ibid, p.41.

〔7〕　Salomon v. Salomon, ［1897］A.C.22, 66 L.J.Ch.35, 75 L.T.426, 45 W.R.193, 41 Sol.Jo.63（Eng. H.L.）.

操控公司的人的权利，同时在特定的情形下独立承担可执行的义务"[1]。简而言之，公司具有独立的人格地位，而公司的大股东或实际控制人在公司中具有十分明显的优势地位，因此很难避免公司为其所控制。这一潜在威胁的后果则是，公司的大股东或者实际控制人在追求其自身利益时，很有可能会威胁甚至压迫公司或者小股东的利益，因为二者的利益有时并不一致。但是，若严格依据公司法人人格独立原则，当公司的大股东或实际控制人的某些行为影响公司利益时，只能由公司向司法机关寻求救济，公司的小股东无此权利。股东派生诉讼（Derivative Action）是对公司法人人格独立原则的突破。以我国为例，《公司法》规定公司股东在"董事、高级管理人员有本法第 149 条（即相关人员执行公司职务违反法律、法规或公司章程的规定给公司造成损失的）规定的情形的，有限责任公司的股东、股份有限公司连续一百八十日以上单独或合计持有公司百分之一以上股份的股东可以书面请求监事会或不设监事会的有限责任公司的监事向人民法院提起诉讼；监事有本法第一百四十九条规定的情形的，前述股东可以书面请求董事会或不设董事会的有限责任公司的执行董事向人民法院提起诉讼。监事会、不设监事会的有限责任公司的董事，或者董事会、执行董事收到前款规定的股东书面请求后拒绝提起诉讼，或者自收到请求之日起三十日内未提起诉讼，或者情况紧急，不立即提起诉讼将会使公司利益受到难以弥补的损害的，前款规定的股东有权为了公司的利益以自己的名义直接向人民法院提起诉讼"[2]。从上述规定可以看出，派生诉讼这一救济制度受到了一定的限制，不仅只能以公司的名义向法院起诉，而且具有比较严格的程序规定。为了更好地保护小股东的权益，还需要更为开放的制度。

（二）加拿大小股东权利救济的三种典型制度

加拿大是一个实行联邦制的国家。截止到 2017 年，该国共分为 10 个省[3]

---

[1] Kevin P. McGuinness, *Canadian Business Corporations Law*, 2nd edition, LexisNexis Canada Inc., 2007, p.36.

[2] 《中华人民共和国公司法》第 151 条。

[3] 这 10 个省分别为：阿尔伯塔（Alberta）、不列颠哥伦比亚（British Columbia）、曼尼托巴（Manitoba）、新不伦瑞克（New Brunswick）、纽芬兰和拉布拉多（Newfoundland and Labrador）、新斯科舍（Nova Scotia）、安大略（Ontario）、爱德华王子岛（Prince Edward Island）、魁北克（Quebec）、萨斯喀彻温（Saskatchewan）。

和 3 个地区[1]。就公司的设立和对其监管的相关事务而言,根据《加拿大宪法》的规定,联邦国会、省(地区)议会均有权立法规定之。1985 年加拿大国会通过的《加拿大公司法》是加拿大第一部联邦层级的公司法成文法典,但此前一些省(如安大略与不列颠哥伦比亚等)已经生效的公司法仍并行不废,与《加拿大公司法》具有相同的效力。此后加拿大尚未制定公司法的各省均以该法典为范本制定本省的公司法,而安大略省与不列颠哥伦比亚省也在一定程度上对本省的公司法进行了修改,以更好地适应这一新形势。

　　总体而言,加拿大公司法(无论是其联邦立法还是省立法)中对小股东权利的救济制度是多样的。早在 1960 年,不列颠哥伦比亚省就借鉴英国的立法经验,创造性地引入"压迫救济"这一制度。[2]在《安大略公司法》(Ontario Business Corporations Act,OBCA)生效后,"通过对董事与高级管理人员的义务法典化、强化对公司证券内幕交易行为的监管和允许派生诉讼等行为的明确规定,加拿大公司的小股东保护在诸多重要方面得到进一步的强化"[3]。《加拿大公司法》对小股东权利救济制度的规定较为详细。比如,第十四章专章规定了股东对公司财务信息的知情权;[4]第十五章第 190 条规定了公司股东的异议权(Dissenting Right);[5]第十八章第 213 条至第 216 条规定了股东发起解散公司诉讼的事由和程序条件;[6]第十九章第 229 条至第 230 条规定了股东的调查权(Investigation)和法院的救济;[7]第二十章第 239 条至第 240 条规定了发起股东派生诉讼的程序条件[8]和法院能够给予的救济;[9]第二十章第 241 条规定了发起压迫救济的事由和法院能够给予的救济;[10]第十七章专章规定了对异议股

---

〔1〕 这 3 个地区分别为:西北(Northwest)、努纳武特(Nunavut)、育空(Yukon)。

〔2〕 David S.Morritt, Sonia L.Bjorkquist and Allan D.Coleman, The Oppression Remedy, Release No.5, Canada Law Book, 2004, pp.1-2.

〔3〕 Douglas Harris, Ronald J.Daniels, Edward Iacobucci et al, Cases, *Materials and Notes on Partnerships and Canadian Business Corporations*, 4th edition, Thomson Carswell, 2004, p.57.

〔4〕 CBCA, PART XIV, Financial Disclosure.

〔5〕 Ibid., s.190.

〔6〕 Ibid., s.213-216.

〔7〕 Ibid., s.229-230.

〔8〕 Ibid., s.239.

〔9〕 Ibid., s.240.

〔10〕 Ibid., s.241.

东股权的强制回购（Compulsory Acquisition）；[1]第十章第 107 条规定了股东的累计投票权（Cumulative Voting）；[2]第 247 条规定了法院有权对公司和相关人员的违法行为提出禁令（Restraining or Compliance Order）。[3]以下对三个《加拿大公司法》小股东权利救济的典型制度进行介绍。

1. 派生诉讼

根据《加拿大公司法》第 239 条到第 240 条的规定，所谓派生诉讼，是指相关适格人员有权作为原告，以公司或其任何关联实体的名义向法院起诉有关责任方对于其公司造成损害的行为，要求法院对此行为做出制止或撤销的诉讼。该制度在加拿大国内又被称为"强制代表诉讼"。[4]根据规定，发起这一诉讼的适格当事人包括公司的股东、债权人、董事、高级管理人等。同时，法院有权裁定其认为合适的人员为适格原告。发起股东强制诉讼的先决条件主要包括：第一，原告需要在提起诉讼前的十四日内通知做出损害公司行为的董事或相关人员，但该等人员在此期间内对原告的通知置之不理，无论其是否故意。[5]第二，原告须为善意。第三，原告起诉必须是为了公司或其任何关联实体的利益。上述条件缺一不可。

可见，上述先决条件已经明确指示了在加拿大发起派生诉讼的实体和程序上的要求。第一个条件反映了所谓"用尽内部救济"的原则，防止公司小股东对其权利的滥用。第二个条件在加拿大派生诉讼中，举证责任将由原告承担。在 Winfield v. Daniel 一案[6]中，法院这样判决："原告的善意，存在于其向法庭提交的初步证据（prima facie evidence）具有合法性，且其诉讼请求具有合理性。原告的善意是任何法院受理案件的先决条件。然而，法院的主要工作并不在于如何定义'善意'，而是在于分析原告所提交的每一个证据中是否含有恶意的成分。法院一旦发现原告具有恶意，则原告便不会胜诉。"第三个条件反映了法院对于提起诉讼的原告的诉讼目的的要求。首先，原告提起该诉讼乃是为了公司

---

[1] CBCA, PART XVII, Compulsory and Compelled Acquisitions.

[2] Ibid., s.107.

[3] Ibid., s.247.

[4] Bruce Welling, *Corporate Law in Canada: the Governing Principles*, 3rd ed., Scribblers Publishing, 2006, p.509.

[5] CBCA, S.239（2）（a）.

[6] Winfield v.Daniel, 2004 CLB 12084, 21 Alta L.R.（4th）337,［2004］.

或其任何关联实体的利益而非为了自己的利益。其次，由于派生诉讼的举证责任由原告承担，针对小股东原告处于相对弱势的地位和信息不对称这一现实情况，《加拿大公司法》允许其仅仅提供初步证据即可发起诉讼。

根据《加拿大公司法》的相关规定，[1]针对公司小股东作为原告发起的派生诉讼，加拿大法院可以做出以下四种救济：第一，可以裁决由原告主导这一诉讼行为；第二，可以自由裁量此诉讼行为；第三，可以裁决被告直接向原告而非其代表的公司或其关联方支付一定的赔偿；第四，可以裁决由涉案公司或其任何关联方代替原告支付合理数量的诉讼费用。

2. 公司解散

根据《加拿大公司法》的规定，公司小股东申请公司解散与清算的权利应当得到保护。由于其涉及公司的"生死"，《加拿大公司法》规定提起公司解散之诉的适格原告仅为公司的股东，任何其他相关人员均不得享有此权利。其进一步规定了三种引起该诉讼的事由。

第一种事由为，当法院判定行为人的行为对股东的权益造成"压迫"时，即可做出令公司解散或清算的判决。但是法院不会在此情境中轻易做出这样的裁决，因为申请压迫救济的原告其目的往往不是要将公司解散，而是维护自己遭到被告侵犯的正当合法的权利。根据《加拿大公司法》相关条款的规定，法院有权在裁决此类案件的过程中，适用其认为合适的公司解散救济或压迫救济。法院的解散决定是公司法对于股东权利保护的最极端的表现形式，也意味着公司解散救济的负面影响是显著的。对此，法院必然在做出最终的解散裁决之前，依据现有情况和衡平原则，对原告提供其他类似的救济，以延续公司的存在。只有在被告对原告的侵犯过于严重以至于除了对其所属之公司进行清算或宣告解散以外，再无其他的救济途径可循，法院才会做出解散公司的裁决。正如一名加拿大学者所言，"我国一位知名的法官曾声称，该救济（指公司解散救济）实在是过于严厉，因此其仅能针对那些确实对公司事务的良好运作产生极为恶劣影响的行为"。"基本上，公司解散救济是一种在最后的关头不得已而为之的手段。"[2]

---

〔1〕　CBCA，s.240.

〔2〕　Kevin P.McGuinness，*Canadian Business Corporations Law*，2nd edition，LexisNexis Canada Inc.，2007，p.1543.

第二种事由则是，当公司股东一致同意赋予一名股东向法院申请解散公司的权利时，法院当裁决公司解散。[1]这一事由比较直接，股东的一致同意就表示股东在此问题上已经做出了自己的真实意思表示。理论上，该项救济权利可以归结为股东与公司之间存在契约关系，股东达成协议成立公司，自然也可以通过协议终结公司。

第三种事由是，衡平法精神对《加拿大公司法》的影响。衡平法认为，公司的清算和解散应该体现公司和股东之间权利的平衡与公正。此条规定明显过于原则化，以至于有加拿大学者认为，"何种情形将构成《公司法》下公司解散救济的事由之一，即达到所谓'平衡与公正'，是模糊不清的"。在 Ebrahami v.Westbourne Galleries Limited 一案[2]中，韦伯福斯（Wilberforce）法官在判决书中这样写道："所谓'衡平条款'，如被告所言，并未赋予原告一方违背其加入公司时所许诺的义务，法院也不可能使其豁免这些义务。尽管衡平法允许法庭根据公平原则赋予特定主体以特别的权利，但在本案中，由于原告的诉讼理由过于模糊，本庭不可能也不愿意支持其相关之诉请。"尽管如此，一部分学者仍通过加拿大司法实践的经验，总结了三种法院运用其自由裁量权做出公司解散救济裁决的情形："第一，股东间因公司日常经管事务的矛盾而陷入僵局；第二，特定之股东渴望参与公司日常经管事务的运作而被公司管理层排除在外；第三，一个自然人是出于与公司的个人关系而成为公司的股东，且与其他股东建立了一种类似于合伙的关系，而此种关系由于双方信任的降低而名存实亡。"[3]

总体来说，《加拿大公司法》对小股东行使公司解散救济制度的权利进行了严格限制。小股东作为原告提起此类诉讼时，需要向法院说明诉讼理由，并进行宣誓。此外，法院在接到此类诉讼请求的四个月内，应当向涉案公司或任何相关利益人发出通知，要求其解释公司为何不应被清算或解散。该项通知还应向公司的所有董事与相关高级管理人员发出，在此案有关听证会举行前于有影响力的报纸公开发布或直接邮寄至公司的注册地址。这些规定的目的在于充分保证被告或与公司有利害关系人员的合法权益。此外，法院还可以要求涉案公司的董事或高级管理人员向法院提供一切与本案相关的材料，这些材料包括：

---

[1] CBCA, s.214（1）(b)(i).

[2] Ebrahami v.Westbourne Galleries Limited,［1973］A.C.360.（House of Lords）.

[3] David S.Morrit, *The Oppression Remedy*, Canadian Book, 2004, pp.7-39.

第一，公司的财务报表；第二，公司全体股东的姓名和住址或营业地址；第三，当时可知的公司所有债权人，以及任何与公司尚有契约关系的人的姓名、住址或营业地址等。

3. 股东知情权

一个公司设立后，势必有掌握公司多数股权的大股东和仅掌握公司部分股权的小股东。公司小股东往往难以获得公司的财务报表，而大股东往往会以保持公司商业秘密之名进一步限制小股东的知情权。针对这些情况，《加拿大公司法》对小股东知情权的保护主要体现在两个方面：一方面为赋予公司的审计人员以信息披露的权利，另一方面则是授权公司小股东查阅公司的财务报表以及在此权利受到侵犯时向小股东提供救济。

公司审计人员的主要义务是对公司的财务报表进行全面的审查并据此形成一份详尽的报告。[1] 通常，审计人员为了履行自己的职责，有权要求公司的现任或前任董事、高级管理人员、普通职员或代理人提供与公司日常运作相关的所有信息，以及与之有关的任何实体记录，包括但不限于公司或其任何关联实体的文档、书籍、账簿和发票收据等。由于审计人员的报告属于公司年度财务报表的重要组成部分，这项报告将在公司召开年度股东大会时向所有出席的公司股东提交并供其参考，小股东在此情形下即通过审计人员的报告而间接实现对公司财务状况的知情权。因此，为了保护小股东的知情权，就特别要求审计人员保持其工作的独立性和专业性。

除了上述对公司审计人员的赋权，《加拿大公司法》还规定公司的小股东有权对公司的财务报表进行直接的审核。首先，公司有义务至少在公司年度股东大会召开的二十一日前将公司年度财务报表的副本邮寄给每个股东。其次，公司有义务在其注册营业地为其本身和所有关联实体的财务报表建立完善的档案。公司的小股东及其合法代理人有权在公司正常营业时间内向公司提出对该档案进行审核的要求，并有权免费获得档案的摘要。如果公司在没有合理理由的情形下拒绝小股东及其代理人的申请，则其将受到相关处罚。例如，公司未能将年度财务报表寄到每个股东之手且没有合理的缘由，将会被处以不少于五千加元的罚款。当然，与小股东未能及时收到财务报表而使其知情权遭受侵犯，进

---

[1] CBCA, s.216（3）.

而可能影响其是否做出对公司继续投资的决定这一情形相比，该处罚的力度显得轻描淡写了一些。

为了更进一步解决公司小股东知情权受到侵犯时的救济问题，《加拿大公司法》针对公司不能及时向股东提供财务报表的情形做出更多的严格规定。[1] 前文所述的引起公司解散救济的三个事由中，有两个是与小股东对于公司财务报表的审核权直接相关的。例如，一个公司连续两年或两年以上未能召开股东大会，一个小股东即有权向法院申请解散公司。这一制度规定显然与小股东的知情权相关，因为年度股东大会正是小股东了解公司相关信息的重要时机。同时，当公司未能将财务报表寄到每个股东的手中以及公司拒绝股东对公司财务报表的审查时，知情权受到侵犯的小股东同样可以向法院申请解散公司。

由上述内容可得出结论，加拿大立法者以高超的立法技术将公司小股东的知情权、对财务报表的审查权和申请法院解散公司的权利巧妙地融合在一起，体现了《加拿大公司法》对彻底解决公司内部信息不对称这一棘手问题的决心，以及其对保护公司小股东权利的高度重视。尽管如此，为了防止小股东对其权利的滥用，《加拿大公司法》也做出一些制衡该权利的规定。例如，如果公司认为小股东对于公司财务报表的审核将会危及公司和其任意关联实体的经营，公司有权在收到小股东申请的十五日内，向法院申请禁止小股东对该财务报表的审查。同时，公司有义务通知公司董事和相关的股东出席听证会并接受律师的询问。经过充分的法庭调查和辩论后，法院将有权做出其认为合适的裁决，以决定究竟是维护公司财务报表的秘密性还是保护小股东的知情权。

（三）压迫救济制度与上述三种制度的比较

整体而言，压迫救济制度与上述三种小股东权利救济制度的指导思想与价值取向是一致的。加拿大的立法者在设置这四种制度时所秉持的法律理念，均受到衡平法的巨大影响，强调公平与效率的平衡。

具体而言，在适用的条件上，上述小股东权利救济制度的设置目的，均是在公司的股东，特别是处于弱势地位的小股东的利益受到公司或其实际控制者的行为损害时，有权向司法机关申请司法介入救济其受损权利。在诉讼主体资格上，加拿大公司法规定其应当包括公司的股东、债权人、董事、高级管理人

---

[1] CBCA, s.169.

员等。在诉讼的程序上，压迫救济制度与上述三种制度均规定了一系列前置程序，体现了对公司独立人格和经营自主的尊重等。但是，压迫救济制度与上述三种制度仍有明显的不同。

首先，引发救济的事由不同。根据《加拿大公司法》的相关规定，引发法院介入并给予压迫救济的事由主要包括：（a）任何该公司或其任一子公司的作为或不作为造成了一定结果，（b）任何该公司或其任一子公司的商业或日常事务正在或已经以某种行为为之，或（c）任何该公司或其任一子公司董事的职权正在或已经以某种行为为之，该行为对公司任意之股东、债权人、董事、高级管理人员的利益造成了压迫、不公平损害或不公平漠视。[1]这一规定明显较其他三种典型小股东权利救济制度更宽泛。

其次，法院的自由裁量权不同。《加拿大公司法》明确规定，法院在上述十四种救济方式之外，"可以自行做出任何其认为合适的临时或终局的裁判"[2]。而上述三种典型小股东权利救济制度未能做出类似的规定。

最后，对其适用的限制不同。上述典型的小股东权利救济制度并未明文规定有何适用的限制（解散公司救济除外），而压迫救济制度则有明文规定，"若公司章程之变更是基于本条规定而进行的，则公司股东无权依据本法第190条之规定对此提出异议"[3]。"如果有下列情形发生且法院确信下列情形属实，则公司无须依据本条第3款第（6）、（7）项的规定向股东支付相关费用：（1）公司在支付该相关费用后，不能或有可能不能履行对其他公司之债务；[4]（2）将公司所有之财产变现后，其价值低于其所应当承担之债务[5]"等。

（四）压迫救济制度的特点

通过对压迫救济制度与加拿大其他三种典型的小股东权利救济制度的对比分析，可以发现，现行加拿大公司法下压迫救济制度具有如下特点。

第一，适用主体的广泛性。根据《加拿大公司法》的规定，适用这一救济制度的适格原告，包括公司及其任何关联实体的证券的持有人或前持有人，公

---

〔1〕　CBCA, s.241（2）.
〔2〕　Ibid., s.241.
〔3〕　Ibid., s.241（5）.
〔4〕　Ibid., s.241（6）（a）.
〔5〕　Ibid., s.241（6）（b）.

司及其任何关联实体的现任董事、高级管理人员或前任董事、高级管理人员等。可以看到，这一救济制度保护的并不仅是公司小股东的利益，虽然其设置的首要目的乃是保护公司小股东的利益。

第二，救济方式的多样性。依据《加拿大公司法》第 241 条第 3 款规定，首先，法院可以决定在公司现有权力框架和章程规定的范围内，协助原告自行处理争议，比如法院可以裁定公司更换有不当行为的董事或高级管理人员等。其次，法院可以决定将原告从公司的压迫中解脱出来，但是仍然保持公司原有的权力结构和章程规定，比如法院可以裁定将公司股东所持有的股权变现，并另外给予补偿等。再次，法院可以决定重新调整公司的权力结构或公司章程。最后，法院可以裁定双方当事人自行解决其争端，比如法院可以裁定被诉公司进入破产清算程序等。

第三，法院在给予压迫救济时享有较大的自由裁量权。依照《加拿大公司法》的规定，当原告发起压迫救济之诉时，法院有权审理其认为的任何与该诉请相关之问题。这是一个开放性很强的规定，目的在于赋予司法机关以最大限度的权力保障商业活动公平与效率的平衡。

加拿大学者在提及该制度时，认为其已经成为加拿大公司法领域对小股东权利救济标杆性制度，并对普通法世界诸国产生了深远影响。"毫无疑问，我国公司法下的压迫救济制度乃是普通法世界有关股东权利救济制度中最为广泛、最具综合性也最具开放性的制度。它史无前例，并广泛地应用于对我国公司小股东权利的保护。更为重要的是，法院也愿意运用这一规则去处理那些由认为自己受到不公平对待的小股东发起的权利救济之诉。"[1]

四、压迫救济制度的比较与借鉴

公司法是典型的舶来品。从法制史的角度而言，我国公司法的产生乃是晚清修律的结果。1904 年，清政府颁布了中国历史上第一部，也是唯——部商法

---

[1] Stanley M. Beck, *Minority Shareholder's Rights in the 1980s*, Law Society of Upper Canada, 1982, p.31.

典即《钦定大清商律》。[1] 1911 年辛亥革命后中华民国成立，民国时期，政府先后制定了《公司条例》和《中华民国公司法》等单行公司法。1949 年中华人民共和国成立后，在相当长的一段时间内，受计划经济体制的影响，以商品经济为土壤的公司不存在，公司法也必然失去了存在的必要。[2] 1978 年后我国的工作重心从阶级斗争转移到经济建设后，出于发展社会主义市场经济的需要，我国逐步颁布了《中外合资经营企业法》《中外合作经营企业法》《外资企业法》等单行公司法。1993 年，我国颁布了作为市场经济一般法的《中华人民共和国公司法》。截至 2021 年，该法已经经历了四次主要修改并出台五部司法解释，基本适应了我国自 1992 年提出建立社会主义市场经济体制以来社会经济高速发展的新形势。

随着我国经济的快速发展，越来越多的人选择将其闲置的资本投入公司的商业运作，即越来越多的人成为各类公司的中小股东。股份有限公司的股东，由于其可以相对自由地转让股权，其在利益受损的情况下可以相对自由地选择退出以减少损失。而广大有限责任公司的中小股东，由于有限责任公司相对封闭，股东退出机制较难建立。保护他们的切身利益，应当成为我国公司法今后改革的重要方向。

（一）中国公司法中的三种典型股东权益保护制度

1. 股东代表诉讼

传统理论认为，具有法人人格的公司，依法得以独立享有法律权利、承担法律义务。因此，当其利益受到任何第三方损害时，有权向司法者寻求法律救济。由于公司的大股东、董事或高级管理人员可能会利用自己的特殊地位损害公司的利益，公司法便设置了股东代表诉讼制度来解决这个问题。

所谓股东代表诉讼指当公司拒绝或怠于通过诉讼追究公司董事、监事、大股东、实际控制人或第三人对公司所负的义务或责任时，适格股东有权依照法定程序以自己的名义、为公司的利益而提起诉讼。[3] 我国《公司法》第 151 条

---

[1] 朱大明：《从公司法的历史严格探索我国民商法立法模式的选择》，载《南京大学学报》（哲学·人文科学·社会科学）2017 年第 3 期。

[2] 魏淑君：《历史的智识：中国百年公司法史的解读与启迪》，载《山东师范大学学报》（人文社会科学版）2008 年第 3 期。

[3] 刘俊海：《现代公司法》，法律出版社 2015 年版，第 405 页。

规定："董事、高级管理人员有本法第一百四十九条规定的情形的，有限责任公司的股东、股份有限公司连续一百八十日以上单独或者合计持有公司百分之一以上股份的股东，可以书面请求监事会或者不设监事会的有限责任公司的监事向人民法院提起诉讼；监事有本法第一百四十九条规定的情形的，前述股东可以书面请求董事会或者不设董事会的有限责任公司的执行董事向人民法院提起诉讼。监事会、不设监事会的有限责任公司的监事，或者董事会、执行董事收到前款规定的股东书面请求后拒绝提起诉讼，或者自收到请求之日起三十日内未提起诉讼，或者情况紧急、不立即提起诉讼将会使公司利益受到难以弥补的损害的，前款规定的股东有权为了公司的利益以自己的名义直接向人民法院提起诉讼。他人侵犯公司合法权益，给公司造成损失的，本条第一款规定的股东可以依照前两款的规定向人民法院提起诉讼。"

依据该规定，我国公司法对股东行使该项权利设定了前置性程序条件，以保证用尽公司内部的救济手段。这是立法者在保证公平的同时，考虑到了公司实际运营的效率状况，防止公司股东滥用此权利。有学者认为："如果对小股东提起代表诉讼的权利不加以任何限制，则势必对公司治理造成极为有害的影响。如果此种诉权仅仅着眼于保护原告的利益而不在于纠正被告的做法，则其必将沦为原告'诉讼敲诈'的工具。"[1] 然而，在股东代表诉讼中，原告股东是以自己的名义起诉被告，因此涉案公司的诉讼地位到底是共同被告还是无独立请求权的第三人，公司法并未明确规定。另外一个问题是，由于信息的不对称，小股东往往很难进行相关的取证活动，而公司法并未特别规定股东代表诉讼的举证责任，这会增加原告的举证难度。

2. 解散公司

股东发起的解散公司之诉是一种较为严厉的权利救济制度，因此司法实践中对该制度的运用要格外谨慎，因为这一行为可能会对其他"无辜"的股东或公司普通员工产生不利的后果。故有学者认为，"由法院裁决解散公司或许并非保护小股东利益的最佳选择。因此，法院应当选择其他更为适合的方式对其受损的权利进行救济"。因此，这一救济方式应当是兜底的。

我国公司法对股东解散公司权利的规定，主要为"公司经营管理发生严重

---

[1]　施天涛：《关联企业法律问题研究》，法律出版社 1998 年版，第 198 页。

困难，继续存续会使股东利益受到重大损失，通过其他途径不能解决的，持有公司全部股东表决权百分之十以上的股东，可以请求人民法院解散公司"[1]。《最高人民法院关于适用〈中华人民共和国公司法〉若干问题的规定（二）》中，对这一权利做了更为细化的规定，其第 1 条规定："单独或者合计持有公司全部股东表决权百分之十以上的股东，以下列事由之一提起解散公司诉讼，并符合公司法第一百八十三条规定的，人民法院应予受理：（一）公司持续两年以上无法召开股东会或者股东大会，公司经营管理发生严重困难的；（二）股东表决时无法达到法定或者公司章程规定的比例，持续两年以上不能做出有效的股东会或者股东大会决议，公司经营管理发生严重困难的；（三）公司董事长期冲突，且无法通过股东会或者股东大会解决，公司经营管理发生严重困难的；（四）经营管理发生其他严重困难，公司继续存续会使股东利益受到重大损失的情形。股东以知情权、利润分配请求权等权益受到损害，或者公司亏损、财产不足以偿还全部债务，以及公司被吊销企业法人营业执照未进行清算等为由，提起解散公司诉讼的，人民法院不予受理。"

　　上述规定明确了股东提起解散公司之诉的相关实体与程序上的条件，即公司经营管理发生严重困难难以为继时，股东可以提出解散公司的申请。但其明确规定，只有持股比例达到百分之十以上的股东，才享有该权利。同时，所谓"通过其他途径仍不能解决"中的其他途径究竟包含哪些内容，法律并未明确规定，因此在实践中意图发起该诉讼的原告会困惑于究竟要通过哪些途径才能算是"通过其他途径仍未能解决"，这也使法院在此问题上的自由裁量空间被不合理扩大。

　　3. 股东知情权

　　股东的知情权是指股东有权获取公司的相关重要信息（如财务报表等），为其是否进一步做出投资决定提供参考。"股东参与公司重要事务决策的先决条件就在于其充分了解公司相关活动的各种信息。"[2]在这一问题上，我国《公司法》第 33 条规定："股东有权查阅、复制公司章程、股东会会议记录、董事会会议决议、监事会会议决议和财务会计报告。股东可以要求查阅公司会计账簿。股东

---

[1]《中华人民共和国公司法》第 182 条。
[2] 赵旭东主编：《公司法学》，高等教育出版社 2006 年版，第 302 页。

要求查阅公司会计账簿的，应当向公司提出书面请求，说明目的。公司有合理根据认为股东查阅会计账簿有不正当目的，可能损害公司合法利益的，可以拒绝提供查阅，并应当自股东提出书面请求之日起十五日内书面答复股东并说明理由。公司拒绝提供查阅的，股东可以请求人民法院要求公司提供查阅。"

尽管上述规定并未限制有权行使查账权的股东的最低持股比例，但其仍然有一定的瑕疵。在实践中，公司小股东有时会因为公司向其出具的会计账簿内容太简略而对其真实性产生怀疑，在此情况下，只有让公司提供其原始的会计账簿才能解决这一问题。然而，我国公司法却未能在上述条文的基础上进一步规定公司的股东有审查公司原始会计账簿的权利。同时，所谓"公司有合理依据认为股东查阅会计账簿有不正当目的"的规定显得过于简单。这一"合理依据"并无法律上的明确定义，势必使法院在此问题上的自由裁量权被不合理扩大，可能导致较为严重的不确定性和不可预测性问题。

（二）加中两国三种典型小股东权利救济制度的比较分析

1. 派生（股东代表）诉讼制度的比较

加拿大公司法和我国公司法中均存在派生（股东代表）诉讼制度。该制度在两国公司法中所扮演的角色大同小异，即首先保证股东有权维护自己的利益，并在公司的控制者拒绝的情况下申请司法救济。其次，保持对公司董事会成员的可追责性，保证当公司的控制者未能履行其对公司的义务时，股东有制衡的能力。当然，在程序上和实体上，两国的制度存在诸多不同。

第一，能够发起诉讼的适格原告范围不同。在加拿大公司法中有权发起派生之诉的人员包括公司的股东、董事、债权人、高级管理人员等，但我国公司法规定只有公司股东才有权提起股东代表诉讼。此外，加拿大公司法进一步规定法院有权决定其认为合适的人为适格原告。在 First Edmonton Place Ltd.v. 315888 Alberta Ltd. 案[1]中，麦克唐纳德（McDonald）法官总结了两种依据衡平原则赋予适格原告发起派生诉讼的权利："第一，当作为被告的涉案公司董事或其管理层被指控违反了原告的正当期待，而产生此期待的缘由是基于原告对涉案公司的信任。第二，当作为被告的涉案公司董事或其管理层被指控将公司作为工具以对原告进行欺诈行为。"可以看到，加拿大公司法中能够发起派生诉讼

---

[1] First Edmonton Place Ltd.v.315888 Alberta Ltd.,［1988］A.J.NO.511 69 Alt.L.R.（2d）.

的适格原告的范围远大于我国公司法的规定。

第二，保护的范围不同。根据我国公司法的相关规定，我国公司法中的股东代表诉讼制度所保护的对象仅是该股东所在的公司本身，而加拿大公司法所保护的对象还包括任何该涉案公司的关联实体。这一立法技术很好地解决了因为关联交易和内幕交易所引起的侵犯股东权利的问题。

第三，对证据的需求不同。考虑到小股东在公司中处于相对弱势的地位，加拿大公司法允许小股东在仅提交初步证据的情况下即获得适格身份，而我国公司法对此并未做出任何特殊的规定，遑论初步证据。因此，我国股东代表诉讼的取证责任便和一般民事案件的基本要求一致，即谁主张谁举证，此举大大加重了处于弱势的股东原告的举证责任。

2. 申请公司解散制度的比较

加中两国都赋予公司小股东在公司陷入僵局的情况下向法院申请解散公司以保护自己合法利益的权利。两国公司法都规定了法院有权做出解散公司的司法裁判，但是亦承认如果有其他更为合适的救济方式，则无须解散公司。概言之，两国的相关制度有以下的区别。

第一，引起该司法救济的事由不同。就此问题，无论我国的公司法还是相关的司法解释，都规定适格原告仅在公司经营管理发生严重困难，继续存续会使股东利益受到重大损失且不能通过其他途径解决的情形下，有权向法院起诉申请公司解散。加拿大公司法中引起公司解散诉讼的事由大致可以分为两类：一类为公司陷入僵局，这一规定与中国相关制度的规定类似；另一类为原告失去了对公司或其任何关联实体相关日常经营管理行为的足够信任。Baxted v. Warkentin Estate 一案[1]是确立该事由的典型案例。在该案中，有两个股东分别持有该公司的一般股权，其中一位股东已经去世。另外一位股东，即本案的被告，在从未征询该股东遗孀的意见和充分考虑她利益的基础上对公司的财产进行了处理，并继续实际控制该公司。该股东的遗孀以对该名被告股东的行为完全失去信心为由，向法院起诉要求解散公司。萨斯喀彻温省上诉法院审理后认为，这一请求符合《加拿大公司法》保护股东衡平权利的规定，被告的行为确实损害了原告对其的信赖利益，判决解散该公司。

---

[1] Baxted v.Warkentin Estate, [2006]M.J.NO.376, 2006 MBQB 214.

第二，制约股东行使该权利的措施不同。我国《公司法》中制约股东行使解散公司请求权的规定仅仅体现为"通过其他途径不能解决"这一原则性规定，而《加拿大公司法》中制约股东行使解散公司请求权的规定较为详细，例如，被诉的可能遭到解散的公司有权向法院阐明其不应被清算和解散的原因，同时，基于衡平法的原则，在具体的司法实践中，有的加拿大法院甚至表示，"一个想要寻求（解散公司）救济的人必须在法庭上两手干净"[1]。

第三，法院处理此问题的权限不同。加拿大法院在司法实践中通常会要求公司的董事或高级管理人员将与案件相关的所有材料都在庭审中提交，同时该法院有权做出其认为的相较于解散公司而言更加适合案件情况的救济方式，在一定程度上突破了不告不理的原则。与此相比，中国的法院在此类案件中只能做出解散或是不解散公司的决定，无法根据案件的实际情况做出更为合适的判决。

3. 股东知情权制度的比较

知情权是公司股东所享有的重要权利之一。如果该权利遭到了侵犯，那么股东就很难对公司的日常经营运作进行监督，这会进一步影响股东的实际经济利益。加中两国的公司法都对保护股东特别是小股东的知情权做出了明确的规定。然而，二者仍然存在诸多不同。

第一，与知情权相关的信息范围不同。我国《公司法》并未赋予股东查阅公司原始账簿资料的权利，且股东仅能获取其所在公司的相关信息。而《加拿大公司法》并未对股东可以查阅公司的原始账簿资料的权利进行限制，其还规定公司及其任何关联实体都要为股东获取相关信息提供便利条件。

第二，能够获取信息的渠道不同。我国《公司法》明确规定，小股东查阅会计账簿需向公司提出书面申请。而《加拿大公司法》中小股东有两个渠道获取公司的财务报表，其一是公司审计人员于年度股东大会提交的审计报告，其二是小股东直接向公司的管理层提出审阅公司相关财务报表的申请。如果公司怠于处理，将会受到罚款。而我国公司法尚无公司在怠于处理小股东查账申请时的救济方式。

第三，防止小股东对其权利滥用的制衡措施不同。我国《公司法》对此

---

[1] Reznik v.Bilecki, [1986]S.J.NO.120, 49 Sask R.232, 39 A.C.W.S.（2d）428.

规定较为简单，即公司有合理根据认为股东查阅会计账簿有不正当目的，可能损害公司合法利益的，可以拒绝提供查阅，并应当自股东提出书面请求之日起十五日内书面答复股东并说明理由。而《加拿大公司法》对此的规定则较为复杂，例如公司有权直接向法院请求禁止小股东获取公司的财务报表，同时为了保证公司此举是出于善意，法律还要求公司将此申请的内容向其内部所有人员公开。

从中加两国公司法均有规定的小股东权利救济典型制度比较来看，我国相关制度更加原则化，这使得此种救济制度在司法实践中的不确定性比较大，且适用范围较为狭窄，难以为权利受到侵害的小股东提供足够的救济。这三种制度在加拿大法中尚不及压迫救济制度优越，我国有必要在未来引进压迫救济制度。

（三）我国引进压迫救济制度的必要性和可行性

在历经四次重大修改与五部司法解释出台的今天，我国公司法中小股东权利救济制度已经有了较大的进步。在我国立法机关学习、吸收与移植的基础上，派生诉讼、解散公司之诉与股东知情权等制度的规定已经较为完善了。但从整体上来说，我国的相关规定还比较粗糙，难以为合法权利遭受侵害的小股东提供足够的救济。一个成熟的小股东权利救济制度，对我国市场经济健康发展的重要性，不言而喻。

压迫救济制度是"普通法世界有关小股东权利救济制度的最为广泛、最具综合性同时也最具开放性的制度……"[1]为应对我国当下多变的社会经济环境，也有必要引入这一具有开放特征的制度。

压迫救济制度所要保护的，是公司小股东的正当期待与公司日常商业运作的平衡，亦即公平与效率的和谐关系。

在如何引进压迫救济制度这一问题上，建议由国家最高立法机关参照加拿大具体制度的规定，并结合我国的国情，在公司法的后续修订中直接加入特别条款专门规定之，同时在适用的过程中由最高司法机关对其进行进一步的解释，以使其更好地适应我国当下的经济生活情况。针对可能出现的小股东滥用该项

---

[1] Stanley M. Beck, *Minority Shareholder's Rights in the 1980s*, Law Society of Upper Canada, 1982, p.311.

救济申请权而扰乱公司的正常运作的情况，我国最高立法机关应在引进这一制度时充分考虑所谓的商业判断规则，在条文的设计上巧妙地规定前置性的程序条件，以减少上述风险。总之，任何对于压迫救济制度的移植活动都应当基于我国的具体情况。

（四）我国公司法小股东权利救济制度完善的建议

第一，我国在未来的公司法修订或司法解释中，可以借鉴压迫救济制度建立一种具有普适性和开放性的小股东权利救济制度，扩大小股东权利的保护范围。压迫救济制度能够很好地适应我国快速发展与多变的社会环境，能够多维度、全方位为被侵权小股东提供救济。同时，我国属于大陆法系国家，相关制度应当在公司法中明确规定，同时在实施的过程中由最高人民法院对其适用的情况进行必要的解释，以克服加拿大制度中的某些因法官自由裁量权较大而产生的弊病。

第二，我国应当在对小股东救济制度的完善中，突出保护小股东原告申请救济的便利性。众所周知，我国公司中的小股东往往处于较为弱势的地位，小股东在合法权利受到侵害时往往难以寻求司法上的救济。加拿大公司法为实施压迫救济，专门设置了相应的"人道条款"（Humanitarian Provision），旨在保证小股东在没有后顾之忧的情形下进行维权活动。[1] 例如，发起该诉讼的小股东原告有权不提供相应的诉讼担保等相关条款。[2] 又如，在诉讼进行过程中，法院有权随时要求被告及其任何关联实体对原告的诉讼请求进行先予执行，但若原告最终败诉则其将对被告进行赔偿。[3] 上述规定对我国公司法未来引入压迫救济制度的改革具有借鉴意义。当然，对小股东原告申请权利救济的便利性的重视不会也不应当颠覆公平与效率原则的平衡，即在此问题上，还需要注意不可向小股东原告过分倾斜。

第三，我国应当在引进压迫救济制度的同时在公司法中明确规定保护小股东正当期待、肯定商业判断的原则，并允许法院在司法实践中直接适用。这两项原则不仅是压迫救济制度的基石，更是英美法系国家用于保证商业立法公正

---

[1] Kenneth Bickley, *A Comparative Study of Recent Developments of the Oppression Remedy in Canada and the United States*, University of Ottawa Press, 1993, p.78.

[2] CBCA, s.242（3）.

[3] Ibid., s.242（4）.

和善意的重要法律原则。在司法实践中，其更是判断公司大股东是否滥用其对公司的控制权，公司董事是否尽到了忠实勤勉的义务以及小股东原告是否应当被给予司法救济的重要标准。因此，未来我国公司法可以将这两项原则纳入其中，以完善我国的小股东权利救济制度。

第五章 韩国儿童青少年性保护法

一、《儿童青少年性保护法》的定位

（一）韩国《儿童青少年性保护法》的产生与发展

1. 立法背景

韩国《儿童青少年性保护法》的前身是 2000 年 2 月 3 日颁布的第 6261 号法。20 世纪 90 年代，韩国社会发展迅速，人们普遍为外来文化的流入及青少年面临的新形态的有害社会环境而忧虑，认为有必要制定能够保护青少年的策略。对此，韩国修改了《青少年保护法》（1997 年 3 月 7 日），以法律条文的方式规定禁止对青少年有害读物和有害药物等的流通，并限制青少年出入有害场所，该法于 1997 年 7 月 1 日起施行。该法施行不久，韩国社会又出现了"援交"、利用青少年揽客等对青少年有害的行为，虐待青少年也成为一项社会问题；1999 年 2 月 5 日，《青少年保护法》再一次进行了修改。

此外，以青少年为对象的性行为、性暴力行为不断增多，淫乱物品的制作流通开始扩散。尤其是青少年性买卖日渐呈现低龄化，自发性的青少年性买卖不断增多，这也成为当时最严峻的社会问题。如果任其发展，不仅会损害青少年自身的身心健康，破坏性伦理，而且使国家的未来变得暗淡，因此急需国家层面的积极应对。在这样的背景下，韩国开始构建青少年性保护的法律制度。《青少年性保护法》严厉处罚与青少年进行性交易的行为、助长青少年性交易的各种形式的中间交易行为和对青少年实施性暴力的行为，以此来打击和预防青少年性犯罪，并制定针对成为性买卖和性暴力行为对象的青少年的保护和救济措施，保障青少年的人权，使其以健康的社会成员的状态回归社会。同时，为预防再犯，对实施以青少年为对象的性买卖及性暴力行为的人实行个人信息公开。[1]

---

[1] 설동삼：《청소년의 성보호에 관한 연구》，大田大學校經營行政大學院석사학위논문，2001 年 2 月。

　　2009 年 6 月 9 日，《青少年性保护法》的法律名称变更为《儿童青少年性保护法》，自此儿童也明确地成为这部法律的保护对象。韩国《儿童青少年性保护法》是以《少年法》《青少年基本法》《青少年保护法》《防止性暴力与被害者保护法》《性暴力犯罪处罚法》等为依据制定的。

　　2009 年重新制定《儿童青少年性保护法》是为了严厉惩治那些从事儿童、青少年性交易行为，为促成性买卖而实施各种形式的中间媒介行为以及对儿童、青少年实施性暴力行为的人；为遭受性买卖或性暴力行为的儿童、青少年提供保护与救济措施，充分保障儿童和青少年的人权。

　　2. 修改历程

　　2000 年 2 月制定《青少年性保护法》，并于 2000 年 7 月 1 日起施行。1999 年 9 月 3 日，新政治国民会议（以下简称"国民会议"）与禁止未成年卖淫嫖娼政策企划团主办了题为"青少年性买卖处罚法草案"的听证会；1999 年 11 月 2 日，新政治国民会议党向议会提交了《儿童青少年性保护法（草案）》；11 月 5 日，韩国国家党提交了《青少年保护法》部分修改草案；2000 年 2 月 3 日制定公布了《青少年性保护法》，同年 10 月 23 日，颁布了《青少年性保护法施行令》。

　　2009 年 6 月 9 日，韩国对《青少年性保护法》进行了全面修改，并将其法律名称从"青少年性保护法"变更为"儿童青少年性保护法"。重新制定《儿童青少年性保护法》的目的是严厉惩治那些从事儿童、青少年性交易行为，为促成性买卖而实施各种形式的中间媒介行为以及对儿童、青少年实施性暴力行为的人；为遭受性买卖或性暴力行为的儿童、青少年提供保护与救济措施，充分保障儿童、青少年的人权，使他们能够以健康的心态回归社会，并通过披露性买卖、性暴力犯罪的行为人身份信息等方式最大限度地发挥预防犯罪的作用。《儿童青少年性保护法》在内容上新增了惩罚以儿童、青少年为对象的类似性交行为、性买卖引诱行为，与被害儿童、青少年的监护人达成和解等行为。除了加强对儿童、青少年的性保护之外，考虑到再犯罪的可能性与犯罪的严重程度等，以通过通信网络披露犯罪者的个人信息等方式提高儿童、青少年对性犯罪者的警惕性，实施双罚制，为改善举报义务人的不作为等行为新增罚款等制度，力求全面改进不足之处[1]。

---

〔1〕 국가법령정보선터,http://www.law.go.kr,2018.04.

以儿童、青少年为对象的性犯罪具有发生频率高、隐蔽性强、再犯可能性高等特征，《儿童青少年性保护法》第一次进行了修改并于 2010 年 4 月 15 日生效。本次修改加强了对性犯罪者的处罚力度，完善了防止再犯罪的制度。在具有强化犯罪意志的酒精、药物等作用下实施性暴力犯罪的行为人，不适用刑法上的减刑规定；将性犯罪者的个人信息以邮件的形式告知所在地区（当地）居民；引入陈述录像制度、证据保全的例外以及允许有信赖关系的人在场（出席）制度；在避免对儿童、青少年在侦查、审判过程中或审判后产生二次伤害的同时，通过补充规定扩大禁止性犯罪以及限制性犯罪者在与儿童、青少年相关联的机构就业等范围。[1]

同年，因釜山女中学生事件，《儿童青少年性保护法》再次进行了修改并于 2010 年 8 月 24 日生效。虽然从 2010 年 1 月 1 日起，对那些以儿童、青少年为对象实施性暴力犯罪且获有罪判决的行为人通过通信网络进行一定时间的个人信息公开，但是在 2009 年 6 月 9 日法律全面修改之前，仅被害儿童、青少年的法定代理人或相关教育机构的领导可以到所在市、区、郡的管辖派出所了解犯罪者个人信息，一般人很难获知犯罪者的个人信息。犯罪者个人信息阅览制度的局限性，以及出于对再次发生类似事件的忧虑，韩国决定在信息通信网络中公开以前获有罪判决和阅览命令的犯罪者的个人信息，以此预防以儿童、青少年为对象的性犯罪的发生。[2]

为了处罚部分线上服务提供者对淫乱物品的不作为及更好地保障残障儿童的利益，韩国对《儿童青少年性保护法》进行了修改，并于 2012 年 3 月 16 日生效。新法扩大了描写儿童、青少年性行为的图书等淫乱物品的范围，加大对残疾儿童、青少年实施奸淫等行为的处罚力度，对利用在线服务提供者提供的信息通信网络进行非法淫秽物品的在线服务的在线服务提供者进行处罚；规定针对性犯罪被害儿童、青少年律师选任的特例，即在无代理律师时，为保护受害儿童、青少年的权益，由检察官指定国选律师，并对举报性买卖犯罪的人予以奖

---

〔1〕 국가법령정보센터 ,http://www.law.go.kr,2018.04.

〔2〕 http://www.law.go.kr/lsSc.do?tabMenuId=tab18&p1=&subMenu=1&nwYn=1&section=&tabNo=&query=%EC%95%84%EB%8F%99%E3%86%8D%EC%B2%AD%EC%86%8C%EB%85%84%EC%9D%98%20%EC%84%B1%EB%B3%B4%ED%98%B8%EC%97%90%20%EA%B4%80%ED%95%9C%20%EB%B2%95%EB%A5%A0#undefined.

励；引入对由少年部移送的实施加害行为的儿童、青少年进行必要听课命令及刑罚执行终了的保护观察制度[1]。

为扩大以儿童、青少年为对象性犯罪的范围，及修改诉讼时效制度等，韩国再次对《儿童青少年性保护法》进行了修改，该法于2012年8月2日生效。新法扩大了以儿童、青少年为对象的性犯罪的范围，新增对强奸或准强奸未满13岁的女性及身体或精神有障碍女性的行为不适用诉讼时效的规定；在限制儿童、青少年性犯罪者就业对象中增加以直接访问家庭的方式为儿童、青少年提供教育服务；在就业限制机构中增加了医疗机构；强化了对性犯罪者的处罚[2]。

为删除部分条款及明确相关概念，《儿童青少年性保护法》再次被修改，并于2013年6月19日生效。新法删除在公共场所的猥亵、利用通信手段的淫乱行为等反意思不罚罪[3]规定的条款；明确描写儿童、青少年性行为的淫乱物品的范围和概念，扩大因饮酒或药物引起的减轻量刑排除规定的适用对象；为解决个人信息登记及公开等相关部门的重复问题，删除了本法中的相关条款，将在邑、面、洞等公开的信息扩大到公路名称及建筑物号码，同时若需要警戒，邑、面、洞的公示区也将公开个人信息；扩大了个人信息告知的范围及对性犯罪者的就业进行限制，进一步加强对性犯罪者的管理，同时完善制度在运营上出现的不足之处[4]。

为了合法地评价防止再犯教育的效果及调查对接受教育的犯罪人员的再犯率等，《儿童青少年性保护法》进行了新的修改，并于2016年11月30日生效。新法为性犯罪再犯防止教育的效果性评价及对受教育者进行再犯率调查，提供了依据；在计算性犯罪者的个人信息公开期限时，将因其他犯罪被收押在矫正机构中的时间排除，以此保护儿童、青少年免受性犯罪的侵害。同时，在性犯罪者就业限制机关中增加委托教育机关，消除死角地带，将家教学习场所纳入儿童、青少年相关机构，简化性犯罪经历查询程序。另外，对于想要运营儿童、青少年相关机构的人，地方自治团体负责人有义务对其有无性犯罪经历进行查

---

〔1〕 국가법령정보센터, http://www.law.go.kr, 2018.04.
〔2〕 Ibid.
〔3〕 "反意思不罚罪"指当被害人做出不希望法律处罚加害者的意思表示时，法律不能处罚的罪。在韩国有过失伤害罪、名誉毁损罪等。
〔4〕 Ibid.

询。此外，新法也为儿童、青少年相关机构就业者其本人性犯罪经历查询提供依据，并且将就业限制检查、确认次数规定为每年 1 次。[1]

为给部分因信息公开被误会的善良居民提供申诉的法律依据、明确申请及申诉程序等，《儿童青少年性保护法》再次修改并于 2018 年 7 月 17 日生效。由于被告知的性犯罪者的居住地址与实际性犯罪者居住地址可能不同，居住在被告知地的居民可能被误认为性犯罪者，对此，法律为对错误告知的信息提出纠正申请提供了法律依据，明确处理部门及处理程序，防止给善良居民造成不便；宪法裁判所以侵害职业选择自由等为由，对以儿童、青少年为对象或以成人为对象的性犯罪者，不考虑犯罪性质、量刑或再犯危险性等因素，10 年内一律禁止其在儿童、青少年相关机关就业或提供事实上劳务等条款，判决违宪；[2] 判决反映了做出违宪决定的宗旨，法院在对性犯罪判处刑罚或治疗监护，同时对性犯罪者判处儿童、青少年相关机关的就业限制命令时，要考虑罪行轻重及再犯危险性，进行差别对待。同时，对以儿童、青少年为对象的性犯罪有举报义务的人及就业限制机构扩大为根据《高等教育法》规定的学校，市、道教育厅或教育支援厅直接设立、运营或委托运营的设施机构等，以减少这些机构中侵害儿童、青少年的性犯罪，禁止性犯罪者在高等教育机构就业，从而使儿童、青少年得到保护。[3]

为扩大限制就业机构的范围，《儿童青少年性保护法》再次进行了修改并于 2018 年 9 月 14 日生效。法律禁止以儿童、青少年为对象或以成人为对象的被判刑或治疗监护的犯罪者，在一定期限内运营幼儿园、青少年活动机构，经营企业，提供就业或提供劳务等。女性家庭部部长及有关中央行政机关的负责人应检查、确认性犯罪者是否在儿童、青少年相关机构就业或提供劳务等事项。地方自治团体的公共设施受托负责儿童、青少年放学后的活动，容易出现所属教师、职员直接面对青少年的情形。根据《地方教育自治法》第 32 条的规定，教育机构包括各地方自治团体的教育厅所设置的教育文化会馆、儿童文化会

---

[1] 국가법령정보센터 ,http://www.law.go.kr,2018.04.
[2] 2013 헌마 585 등 2016.3.31. 결정 등 .
[3] http://www.law.go.kr/lsSc.do?tabMenuId=tab18&p1=&subMenu=1&nwYn=1&section=&tabNo=&query=%EC%95%84%EB%8F%99%E3%86%8D%EC%B2%AD%EC%86%8C%EB%85%84%EC%9D%98%20%EC%84%B1%EB%B3%B4%ED%98%B8%EC%97%90%20%EA%B4%80%ED%95%9C%20%EB%B2%95%EB%A5%A0#undefined.

馆等，因其不属于就业限制的机构范围，所以容易产生"死角地带"。在此，对性犯罪者就业限制对象机关中追加《地方自治法》规定的公共设施及《地方教育自治法》第 32 条规定的机构，防止在以上机构发生侵害儿童、青少年的性犯罪。[1]

本章研究的《儿童青少年性保护法》是第 15452 号法律，共七章 67 条。第一章为总则，第二章是对以儿童、青少年为对象的性犯罪的处罚及程序特例，第三章为对此类犯罪的举报与援助，第四章为对儿童、青少年的教导保护，第五章为对获有罪判决的性犯罪者的个人信息公开与就业限制等规定，第六章为保护观察，第七章规定惩罚措施。

（二）与其他相关法律的关系

《儿童青少年性保护法》以儿童、青少年权益保护最优先为原则，也对相关利害关系人或家人的权利进行保护。同时，本法明确规定国家和地方自治团体的义务以及全体国民都应该对保护、教育儿童、青少年等尽最大努力[2]。《儿童青少年性保护法》与其他法律虽有部分规定重复，但在犯罪对象、犯罪类型、保护法益及法律制定目的等方面均有不同之处。

《儿童青少年性保护法》中的"儿童、青少年"指不满 19 周岁的人；该法规定了对以儿童、青少年为对象的性犯罪的处罚及特殊程序，对被害儿童、青少年的救济机制等，力求对儿童、青少年进行体系化的保护。

1. 与《刑法》的关系

刑法是规定犯罪与刑罚的基本法。韩国《刑法》第 32 章"强奸和强制猥亵的犯罪"中规定了性暴力犯罪的类型及其刑罚，包括强奸、强制猥亵、准强奸、准强制猥亵、对未成年人等的奸淫、利用业务上的影响力奸淫等。作为特别法的《儿童青少年性保护法》也规定了强奸、强制猥亵等犯罪，两部法律在犯罪类型规定上出现了一些重复。当一般法《刑法》与特别法《儿童青少年性保护法》的规定相冲突时，依据特别法优先原则，优先适用《儿童

---

[1] http://www.law.go.kr/lsSc.do?tabMenuId=tab18&p1=&subMenu=1&nwYn=1&section=&tabNo=&query=%EC%95%84%EB%8F%99%E3%86%8D%EC%B2%AD%EC%86%8C%EB%85%84%EC%9D%98%20%EC%84%B1%EB%B3%B4%ED%98%B8%EC%97%90%20%EA%B4%80%ED%95%9C%20%EB%B2%95%EB%A5%A0#undefined.

[2]《아동·청소년의성보호에관한법률》제 3、4、5 조.

青少年性保护法》。[1]

《刑法》第 10 条、第 11 条对心神障碍者、聋哑人的刑罚减免做出了相应规定：对于无法辨别事物或没有意思决定能力的人所实施的行为不予处罚；对于辨别事物的能力或意思决定能力低弱的人及聋哑人实施的行为减轻处罚。而根据《儿童青少年性保护法》第 19 条的规定，无论犯罪人是否处于饮酒或药物导致的心神障碍状态，只要实施了以儿童、青少年为对象的性犯罪，则不适用《刑法》第 10 条、第 11 条的相关减刑规定。可见《儿童青少年性保护法》对儿童、青少年的保护及惩罚力度更为严格。

2. 与其他相关法律的关系

（1）与《性暴力犯罪处罚法》的关系

韩国《性暴力犯罪处罚法》是对性暴力犯罪的处罚及相关程序的特殊规定，旨在保障性暴力犯罪被害人的人身安全，确立一种健康的社会秩序。

《性暴力犯罪处罚法》中的"性暴力犯罪"指韩国《刑法》分则第 22 章中规定的犯罪。主要规定了特殊强盗、强奸等罪，利用亲属关系强奸等罪，对障碍人强奸、强制猥亵等罪，对不满 13 岁的未成年人实施强奸、强制猥亵等罪，强奸等伤害、致伤的罪，强奸等杀人、致死的罪，利用职务上的影响力等的猥亵罪，在公众密集场所的猥亵罪，在大众使用的场所（公共场所）以性为目的的侵入行为罪，利用通信手段的淫乱行为罪，利用照相机等拍摄罪等性犯罪。

《性暴力犯罪处罚法》只在第 7 条中对强奸、强制猥亵不满 13 岁的未成年人等犯罪进行了相关规定。其中强奸不满 13 岁的未成年人的，处无期徒刑或十年以上的徒刑；对不满 13 岁的人实施《刑法》第 298 条（强制猥亵）规定的犯罪，处五年以上有期徒刑或三千万以上五千万以下的罚金；对不满 13 岁的人实施《刑法》第 299 条（准强奸、准强制猥亵）规定的犯罪的，参照前两项的规定处罚；利用诡计或影响力对不满 13 岁的人实施奸淫或猥亵的，依照前述三款的规定予以处罚。可见《性暴力犯罪处罚法》仅针对不满 13 岁的未成年人进行的特定性犯罪类型，且其保护对象也无年龄限制，只要遭受了性暴力犯罪，均可选择适用本法。

---

[1] 변종필, 「성범죄관련입법동향과형법의정향」, 강원법학제 33 권, 강원대학교비교법학연구소 2011, 423 면 ; 이승현, 「아동 · 청소년성범죄관련처벌규정의문제점과개선방안」, 형사정책제 21 권제 2 호, 한국형사정책학회, 2009, 38 면.

而《儿童青少年性保护法》对性侵害儿童、青少年的犯罪行为，预防及处罚措施等进行了更加全面的规定。其中关于信息公开及告知，被害儿童、青少年的律师选任则需要依据《性暴力犯罪处罚法》的相关规定执行。此外，《儿童青少年性保护法》对基于亲属关系的性犯罪没有明确的处罚规定，因此基于亲属关系的以儿童、青少年为对象实施性犯罪的人，则要依据《性暴力犯罪处罚法》第 5 条的规定加重处罚。

（2）与《儿童福利法》的关系

《儿童福利法》以保障儿童的健康出生、幸福平安成长等为目标，将儿童利益最大化原则以法律的形式明确，禁止因儿童或其父母的性别、年龄、宗教、社会地位、财产、残疾、出生地等因素而歧视儿童或予以差别对待。该法中的"儿童"指不满 18 岁的人。同时该法第 17 条也对教唆儿童实施或传播淫乱行为或能够引起儿童性羞耻心的性骚扰等行为进行了禁止性规定。[1]

二、以儿童、青少年为对象的性犯罪的基本内容

（一）以儿童、青少年为对象的性犯罪的含义、类型及处罚

1. 以儿童、青少年为对象的性犯罪的含义

在了解以儿童、青少年为对象的性犯罪的含义之前，有必要先界定儿童、青少年的年龄。在韩国，每部法律的立法目的与价值取向不同，不同的法律对儿童、青少年有不同的称呼，每个称呼所对应的年龄也不尽相同。本书以韩国《儿童青少年性保护法》为研究对象，故按照该法第 2 条的规定，本书所指"儿童、青少年"为不满 19 周岁的人，但不包括满 19 周岁当年已过 1 月 1 日的人。

以儿童、青少年为对象的性犯罪指《儿童、青少年性保护法》第 7 条至第 15 条、《性暴力犯罪处罚法》第 3 条至第 15 条、《刑法》第 297 条至第 305 条及第 339 条、第 342 条、《儿童福利法》第 17 条中规定的有关儿童、青少年的性犯罪。具体而言，《儿童青少年性保护法》中的性犯罪包括：强奸、强制猥亵儿童、青少年等，奸淫障碍儿童、青少年等，强奸等伤害或致人伤害，强奸等杀

---

〔1〕《아동복지법》제 17 조（금지행위）누구든지 다음 각 호의 어느 하나에 해당하는 행위를 하여서는 아니 된다 .1. 아동을 매매하는 행위 2. 아동에게 음란한 행위를 시키거나 이를 매개하는 행위 또는 아동에게 성적 수치심을 주는 성희롱 등의 성적 학대행위 .

人或致死，制作、发行儿童、青少年用淫秽物品，儿童、青少年买卖行为，购买儿童、青少年性的行为等，强迫儿童、青少年等、介绍营业行为。《性暴力犯罪处罚法》中的性犯罪包括：特殊强盗、强奸等罪及其未遂，利用亲属关系强奸等罪及未遂，对障碍人强奸、强制猥亵等罪及其未遂，对不满 13 岁的未成年人强奸、强制猥亵等罪及其未遂，强奸等伤害、致伤的罪及其未遂，强奸等杀人、致死的罪及其未遂，利用职务上的影响力等的猥亵罪，在公众密集场所的猥亵罪，在大众使用的场所（公共场所）以性为目的的侵入行为罪，利用通信手段的淫乱行为罪，利用照相机等的拍摄罪。《刑法》中的性犯罪包括：强奸罪及其未遂，类似强奸罪及其未遂，强制猥亵罪及其未遂，准强奸、准强制猥亵罪及其未遂，强奸等伤害、致伤罪，强奸等杀人、致死罪，奸淫未成年人等奸淫罪，利用职务影响力奸淫罪，奸淫、猥亵未成年人罪，强盗强奸罪及其未遂。《儿童福利法》中的性犯罪指实施指使或介绍儿童进行淫乱行为或对儿童的性羞耻心造成影响的性骚扰等性虐待行为时所成立的罪。

以儿童、青少年为对象的性暴力犯罪指《儿童青少年性保护法》除第 11 条至第 15 条[1]以外的强奸、强制猥亵等性犯罪。

2. 以儿童、青少年为对象的性犯罪的类型及处罚

（1）对儿童、青少年的强奸及强制猥亵

强奸和强制猥亵行为是具有代表性的利用强制力的性侵害行为。《儿童青少年性保护法》第 7 条对此做出了规定。①以暴力或胁迫等方式强奸儿童、青少年的，处无期徒刑或五年以上有期徒刑。②以暴力或胁迫等方式对儿童、青少年实施下列行为的，处五年以上有期徒刑：a. 将性器官插入口腔、肛门等身体内部（性器官除外）的行为；b. 将手指等身体的一部分（性器官除外）或道具插入性器官或肛门的行为。③对儿童、青少年实施《刑法》第 298 条规定的罪的，处两年以上有期徒刑或一千万元以上三千万元以下的罚金。④对儿童、青少年实施《刑法》第 299 条规定的罪的，依照上述第一至三款处罚。⑤利用诡计或影响力奸淫或猥亵儿童、青少年的，按照第一至三款的规定处罚。⑥对第一至五款的未遂犯，予以处罚。

---

[1] 指《儿童青少年性保护法》中的第 11 条至第 15 条，即：制作发行儿童、青少年用淫秽物品等，儿童、青少年买卖行为，购买儿童、青少年性的行为等，强迫儿童、青少年等，介绍营业行为。

（2）对障碍儿童、青少年的奸淫等

《儿童青少年性保护法》第 8 条对此做出规定：① 19 岁以上的人奸淫或让他人奸淫障碍儿童、青少年（根据《残障人福利法》第 2 条第 1 项的规定，障碍儿童、青少年指因身体上或精神上的障碍，辨别、决定的能力较弱的 13 岁以上的儿童、青少年 ）的，处三年以上有期徒刑。② 19 岁以上的人猥亵障碍儿童、青少年或者让障碍儿童、青少年被他人猥亵的，处十年以下有期徒刑或一千五百万韩元的罚金。

（3）强奸等伤害、致伤

《儿童青少年性保护法》第 9 条对此做出了规定：犯第 7 条规定的罪，伤害他人或致使他人受伤害的，处无期徒刑或七年以上有期徒刑。

（4）强奸等杀人、致死

《儿童青少年性保护法》第 10 条对此做出了规定：①犯第 7 条规定的罪，杀害他人的，处死刑或无期徒刑；②犯第 7 条规定的罪，致他人死亡的，处死刑、无期徒刑或十年以上有期徒刑。

（5）儿童、青少年用淫乱物品的制作、分发等

《儿童青少年性保护法》第 11 条对此做出了规定：①制作、进口或出口儿童、青少年用淫秽物品的人，处无期徒刑或五年以上有期徒刑。②以营利为目的，销售、租借、分发、提供儿童、青少年用淫秽物品或以营利为目的携带、搬运、公然展示或放映的人，处以十年以下有期徒刑。③分发、提供、公然展示或放映儿童、青少年用淫秽物品的人，处以七年以下有期徒刑或五千万韩元以下的罚金。④将儿童、青少年介绍给明知是儿童、青少年用淫秽物品的制作者的人，处三年以上有期徒刑。⑤明知是儿童、青少年用淫秽物品仍然持有的人，处一年以下有期徒刑或两千万韩元以下的罚金。⑥对第一款的未遂犯，予以处罚。

（6）儿童、青少年买卖行为

《儿童青少年性保护法》第 12 条对此做出了规定：①明知是购买儿童、青少年性的行为或制作儿童、青少年用淫乱物品的行为，买卖、向国外输送或将居住在国外的儿童、青少年移送到国内的，处无期徒刑或五年以上有期徒刑。②对第一款的未遂犯，予以处罚。

（7）购买儿童、青少年性的行为

《儿童青少年性保护法》第 13 条对此做出了规定：①购买儿童、青少年性

的行为的，处一年以上十年以下有期徒刑或两千万元以上五千万元以下的罚金。②为购买儿童、青少年的性，引诱或劝诱儿童、青少年出卖性的，处一年以下的徒刑或一千万元以下的罚金。

（8）对儿童、青少年的强迫行为

《儿童青少年性保护法》第14条对此做出了规定。①有下列各项行为之一的，处五年以上有期徒刑：a. 以暴行或胁迫的方式使儿童、青少年成为购买儿童、青少年性的行为的对象；b. 利用预付金或其他债务等方式使儿童、青少年陷入困境或利用层级或影响力使儿童、青少年成为购买儿童、青少年性的行为的对象；c. 利用因业务、雇佣或其他关系而形成的监督或保护地位使儿童、青少年成为购买儿童、青少年性的行为的对象；d. 以营业为目的，对儿童、青少年进行引诱或劝诱。②犯第一款第一至第三项罪的人，已经或要求付出全部或部分代价、承诺付出代价的，处七年以上有期徒刑。③为使儿童、青少年成为购买儿童、青少年性的行为的对象而进行引诱、劝诱对行为人处七年以下徒刑或五千万元以下的罚金。④对第一款、第二款的未遂犯，予以处罚。

（9）介绍营业行为

《儿童青少年性保护法》第15条对此做出了规定：①有下列各项行为之一的，处七年以上有期徒刑：a. 以为购买儿童、青少年性的行为提供场所为业；b. 以为购买儿童、青少年性的行为斡旋或在通信网络上提供斡旋信息为业；c. 明知是犯第1项或第2项的罪仍为其提供资金、土地或建筑物；d. 以营业为目的，在提供或斡旋购买儿童、青少年性的行为的场所雇用儿童、青少年。②有下列各项行为之一的，处七年以下徒刑或五千万元以下的罚金：a. 以营业为目的，引诱、劝诱或强迫儿童、青少年实施购买儿童、青少年性的行为；b. 为购买儿童、青少年性的行为提供场所；c. 为购买儿童、青少年性的行为斡旋或在通信网络上提供斡旋信息；d. 以营业为目的，承诺提供第2项或第3项行为。③引诱、劝诱或强迫儿童、青少年实施购买儿童、青少年性的行为，处五年以下徒刑或三千万元以下的罚金。

（二）韩国以儿童、青少年为对象的性犯罪的现状

1. 韩国影视剧所揭示的现状

韩国有很多反映社会问题的电影，且多以社会真实事件为背景，其中以《素媛》《熔炉》为代表的对儿童、青少年实施性犯罪的电影，一经播出便引起巨大反响，也推动了韩国法律的修改进程。

电影《素媛》是根据 2008 年 12 月 11 日发生在韩国安山市的一起性暴力事件改编而成，赵斗淳（罪犯）将在上学途中的小学一年级 8 岁女生娜英（化名）拖到厕所实施了极其残忍的性暴力犯罪，造成女生严重残疾。当时，检察机关考虑到犯罪残酷性等因素，请求对有数次犯罪前科的赵斗淳判处无期徒刑，但法院考虑到当时犯人醉酒后处于心神微弱状态以及年龄等因素（赵斗淳当时 65 岁），判处有期徒刑 12 年，附加佩戴电子追踪装置 7 年及公开个人信息 5 年。这样的判决结果引起轩然大波，韩国公众指责法院量刑太轻、过于仁慈，检察院也因为起诉时法律适用上的失误以及放弃抗诉引起广大韩国民众的不满。时任韩国总统李明博迫于舆论压力，很快修改了法律：2010 年，韩国国会将有期徒刑的上限 15 年（加重刑 25 年）改至 30 年（加重刑 50 年）；修改了针对强奸儿童、青少年犯罪的法案；佩戴电子追踪装置的时间最长延长至 30 年；规定因饮酒导致的心神虚弱状态下实行的性犯罪，不适用减刑。

赵斗淳已在 2020 年 12 月 12 日出狱。出狱前，赵斗淳在监狱中接受了 400 小时的心理治疗课程，但韩国民众对教育的效果甚为忧虑，警方最终决定再次对赵斗淳实行 150 小时的特别课程。[1]赵斗淳除佩戴电子追踪装置（电子脚链）外，还必须遵守不得在晚上 9 点至上午 6 点间外出活动、禁止靠近被害者（与被害者至少保持 200 米以上距离）、禁止过度饮酒（血液中酒精浓度不得达到 0.03%）、禁止出入教育机构等多种限制措施；[2]同时为预防其再次犯罪及缓解住所地民众的情绪，韩国还采取了一系列措施。如住所地警局采取一切可动员的人力及物力，对赵斗淳实施 24 小时密切监视。正常情况下，当法院对性犯罪实施者判决个人信息公开命令时，通常采取一名性犯罪者搭配一名警察的配置，每三个月确认一次是否有居住地变动或信息公开是否准确等，但对赵斗淳采取了 24 小时不间断监视政策，在距离其居住地 10 余米的位置专门设置了监视哨所。同时，在该地区的 5 个地方增设了 30 余台监控设备，并配备机动巡查队、

---

〔1〕 김서현,12 월 출소한 조두순, 현재까지 2 회 외출… "초기엔 불만 표출하기도," http://www.sisajournal.com/news/articleView.html?idxno=217659，2021.08.

〔2〕 오상도, 조두순 7 년간 야간외출 금지·음주 제한,https://www.segye.com/newsView/2020121515586 5?OutUrl=naver,2021.08.

警察机动队、保护儿童安全员等人力。[1]。

《熔炉》是根据韩国光州一所聋哑学校校长性侵残障儿童的真实事件改编的电影。韩国民众认识到整个社会对于残障儿童的重视程度不够，他们本就比其他正常发育的儿童更加脆弱、更加弱小，急需国家予以帮助与保护；残障儿童往往因为对性暴力的认知能力、防御能力低下或者存在语言障碍，极易成为性侵害的对象；韩国国会以此为契机，迅速起草了保护残障儿童的法律案，并以207票赞成、1票弃权压倒性通过《防止性侵害修正案》，又名"熔炉法"。光州聋哑学校性侵案件也因此重新启动调查。

可以说，这两部电影在某种程度上推动了韩国法律的修改，对于儿童、青少年性保护具有极其重要的意义。尽管上述两案在对性犯罪者的处罚上不尽完美，但促使韩国迅速认识到其在儿童、青少年性侵害问题立法上不足并尽快予以修改，也体现了韩国对性侵害儿童、青少年保护的重视。

2. 韩国以儿童、青少年为对象的性犯罪的数据统计

以韩国大检察厅发布的对性暴力犯罪案件的统计报告为例，可以发现韩国以儿童、青少年为对象的性犯罪的变化。

（1）性暴力犯罪的案件数量

根据韩国大检察厅对性暴力犯罪案件的统计分析报告，2007年以13岁以下儿童为对象的性暴力犯罪案件共有1270起；2008—2011年以13岁以下儿童为对象的性暴力犯罪案件数量在上升与下降间反复，2012年之后呈现不断增加的趋势。2017年以13—20岁的青少年为对象的性暴力犯罪案件有8079起，其中2008—2013年该数量一直增加，虽然2014年案件数量短暂下降，但从2017年开始再次增加；2007—2017十年间以13—20岁的青少年为对象的性暴力犯罪增加了大约78.9%。[2]

（2）性暴力犯罪的类型

以2017年为例，在以13岁以下儿童为对象的性暴力犯罪中，强制猥亵占比最高（76.9%），其次是强奸或奸淫儿童（14.6%）；在以13—20岁的青少年为对象的性暴力犯罪案件中，居首位的同样是强制猥亵犯罪（51.6%），而且在以

---

[1] 최종호, "재범 막겠다" …경찰, 조두순 24 시간 밀착감시 돌입, https://www.yna.co.kr/view/AKR20201212028900061?section=news&site=popup_newsflash, 2021.08.

[2] http://www.spo.go.kr/site/spo/crimeAnalysis.do#n, 访问时间：2019年3月15日。

青少年为对象的性暴力犯罪中利用照相机等拍摄装备的性犯罪也占相当大的比重（14.2%）。总体来说，以儿童、青少年为对象的性暴力犯罪中犯罪率最高的为强制猥亵，其次是强奸或奸淫、利用照相机等设备拍摄等犯罪[1]。

（3）性暴力犯罪人的年龄、性别及有无前科

以不满13岁的儿童为对象的性暴力犯罪人有97.6%为男性，女性只占2.4%。据统计，在对不满13岁的儿童实施性暴力犯罪的案件中，有53.4%的人有犯罪前科；其中有12.8%的人的前科为性暴力相关犯罪。在大检察院的统计数据中，对不满13岁的儿童实施的性暴力犯罪与对13—20岁的青少年实施的性暴力犯罪在同种犯罪再犯率上差别不大（不满13岁的占12.8%，13—20岁的占13.2%）[2]。

（4）被害儿童、青少年的性别与年龄

不满13岁的儿童被害人中女童占86.4%，男童占13.6%；13—20岁的被害男性占5.2%，两者相比可见，女性无论在儿童阶段，还是在青少年阶段，都是性暴力犯罪的主要受害者；而从男性来看，不满13岁的男童较13—20岁男性青少年受害比例大。[3]

从以上统计数据可以看出，韩国性暴力犯罪案件逐年递增，绝大部分被害人为女性，作案人九成以上为男性且过半数的罪犯有前科；未成年人缺乏自我保护的意识和能力，容易成为犯罪的目标。性侵害行为不仅会给被害人带来严重影响，也会给其家庭带来阴霾，被害人可能要遭受身体和精神的双重折磨，在性犯罪案件不断增多的情况下，急需结合性犯罪案件的特点寻求更加有效的防治举措。

（三）以儿童、青少年为对象的性犯罪的保安处分

针对以儿童、青少年为对象的性犯罪的处罚，除前述一般刑罚种类外，韩国法律还规定了特殊的刑罚措施，在性质上属于保安处分的范畴。

1. 保护观察命令

保护观察是一种不拘留犯罪者而是以履行或遵守一定的义务为条件，允许犯罪者自由地进行社会生活的特殊刑罚措施；保护观察官（国家公务员）直接

---

[1] http://www.spo.go.kr/site/spo/crimeAnalysis.do#n，访问时间：2019年3月15日。
[2] Ibid.
[3] Ibid.

或协助民间志愿服务者（犯罪预防委员）通过指导、监督等方式矫正犯罪者的品行，促进犯罪者健全地回归社会，防止再犯的刑事制度[1]。

以儿童、青少年为对象的性犯罪人被检察官认定具有较高的再犯可能性时，检察官应在犯罪人刑罚执行终了时，依据《保护观察法》的相关规定向法院申请保护观察命令。但是，检察官根据《关于特定犯罪者的保护观察及佩戴电子设备等相关法律》第 21 条第 2 款的规定，申请保护观察命令时不适用此规定。即检察官能充分证明实施性暴力犯罪的人（未区分年龄）有再犯可能性时，可以向法院申请保护观察令。

法院对提起公诉的以儿童、青少年为对象的性犯罪案件进行审理后，认定有必要适用保护观察命令时，可以要求检察官申请保护观察命令。法院认定以儿童、青少年为对象的性犯罪人可能被判处监禁刑以上的宣告刑，且有充分理由要求保护观察命令时，应判处 2 年以上 5 年以下的保护观察命令，与罪并罚。法院在下达保护观察命令前，可以要求被告的居住地或所属法院（包括分院）、管辖地的保护观察所（包括分所）所长提供犯罪动机、与被害人的关系、心理状态、再犯的危险性等与被告相关的必要调查事项。此时，保护观察所所长应立即进行调查，并以书面形式通知相关法院。

保护观察的期间，从接受保护观察的人（以下简称"保护观察对象"）的刑期结束之日起算；如果保护观察对象被假释，则保护观察期间从被假释之日起计算。保护观察对象在保护观察期间违反《保护观察法》第 32 条规定，再犯的危险性增大的情况下，法院可以根据保护观察所所长及检察官的申请根据《保护观察法》第 61 条第 3 款的规定，将保护观察期限延长 5 年。[2]

另外，法律还规定了保护观察对象需要在出狱前按照总统令的规定将出狱后的预计居住地、交友情况以及其他为方便实施保护观察而需要报告的事项提前递交教导所、少年教导所、拘留所、军队教导所或治疗监护机构的长官；保护观察对象在出狱后十日内以书面形式将居住地、职业等总统令规定的必须报告事项递交给保护观察官。

保护观察措施是一种更加亲和人权的预防性犯罪的有效举措，通过实施保

---

[1] http://www.cppb.go.kr/HP/TSPB13/tspb13_02/sub_02_03.jsp，访问时间：2019 年 2 月 20 日。
[2] 《아동·청소년의 성보호에 관한 법률》제 61、62 조.

护观察，对保护观察对象予以指导、教育及监督，使保护观察对象能够重新开展社会生活，更是一项造福社会的重要举措。

2. 听课命令或进修命令

听课命令是指被认定有罪或被认定有必要进行保护处分[1]的人，在一定时间内接受旨在改善犯罪性格的治疗和教育的制度。[2]进修命令是指被认定有罪的性暴力犯罪者在保护观察所或保护观察所指定的专门机关接受一定时间的性暴力治疗的制度。[3]

法院判决对儿童、青少年实施性犯罪的人有罪或告知简易命令时，应一并判决500小时以下的有利于预防再犯的听课命令或500小时以下的进修命令。但如果出现无法一并判决听课命令或进修命令的特殊情况，则不适用此规定。[4]法院判处刑罚缓期执行时，在缓刑执行期内执行听课命令或进修命令；法院判处罚金刑时，从判决宣告之日起六个月内执行听课命令或进修命令；法院判处徒刑以上实刑时，在刑罚执行期间内执行听课命令或进修命令。

听课命令或进修命令的主要内容为：异常行为的诊断与咨询；为树立健全性观念的教育学习；其他为防止再犯性犯罪的必要事项等。

3. 社会服务命令

社会服务命令是指不把被认定为有罪的人羁押在监狱等场所，而是命令其在一定期限内无偿从事对社会有益的劳动的制度。

法院判决对儿童和青少年实施性犯罪的人缓刑时，除听课命令以外，在缓期执行期间可以对其一并判处保护观察或社会服务任一处分。法院也可以指定社会服务对象的服务期限、服务领域和服务场所等事项。[5]

4. 亲权丧失宣告

亲权丧失宣告是指当发现父或母其中一方滥用亲权或存在其他显著恶行或存在不能行使亲权的重大事由时，法院可根据市、道知事、市长、郡守、区长或检察官的请求做出亲权丧失的宣告。[6]

---

[1] 保护处分是指对少年犯（韩国现行《刑法》将未满19周岁的人称为少年）的保安处分。
[2] http://www.cppb.go.kr/HP/TSPB13/tspb13_02/sub_02_07.jsp，访问时间：2018年12月12日。
[3] 《아동·청소년의 성보호에 관한 법률》제21조 제2항 본문 참조.
[4] 《아동·청소년의 성보호에 관한 법률》제21조 제2항 본문 참조.
[5] 《아동·청소년의 성보호에 관한 법률》제21조 제4항 본문 참조.
[6] 《아동복지법》제18조 제1항 참조.

检察官或儿童保护机构的负责人可以提起亲权丧失的请求。儿童保护专业机构、性暴力受害咨询所及性暴力受害者保护设施、青少年咨询福利中心及青少年休息处（收容所）等机构、设施或团体的负责人可以向检察官提出亲权丧失申请，接到亲权丧失申请的检察官须在接到申请之日起 30 日内向相关机关、设施或团体的负责人通报处理结果。机构、设施或团体的负责人对收到的处理结果有异议的，可以在收到处理结果之日起 30 日内直接向法院申请亲权丧失宣告[1]。

法院在对以儿童、青少年为对象的性犯罪事件的加害者进行亲权丧失宣判时，可以决定采取将被害儿童和青少年指定给其他亲权人、亲属或将被害儿童移交给可以给予其保护的机构、设施或团体等保护措施。但法院在决定采取保护措施时应充分尊重儿童和青少年的意愿。

5. 个人信息公开命令及告知命令

个人信息公开命令是指将对儿童、青少年实施性犯罪者的个人信息利用通信网络在一定期限内予以公开，只要经过必要的程序，任何人都可以通过网络阅览公开命令对象的公开信息的制度。个人信息告知命令是将以儿童、青少年为对象的性犯罪者的个人信息等在告知命令期间向告知命令对象所在地的居民告知而采取的一种措施，即使告知命令对象所在地的居民没有进行网上阅览，也可以了解告知命令对象的告知信息的制度。[2]

法院在对以儿童、青少年为对象进行性暴力犯罪的人或被认定具有再犯危险性的人做出判决的同时，在通信网络上公开其个人信息。另外，对公开对象中对儿童、青少年进行性暴力犯罪的人或被认定有再次犯罪危险性的人，法院必须在公开命令期间向公开对象居住地区的居民告知。

被判决公开信息的犯罪者或被认定具有再犯危险性的人（个人信息登记对象）应在判决生效之日起 30 日内，将个人信息提交给住所地警察局的负责人，被矫正机构或治疗监护机构收管时，将个人信息提交给矫正机构或治疗监护机构的负责人。需要提交的个人信息包括：姓名、年龄、户籍地及实际居住地（包括道路名称及建筑物编号）、身体信息（身高和体重）、照片、登记对象性犯

---

〔1〕《아동·청소년의 성보호에 관한 법률》제 21 조 제 4 항 참조．
〔2〕 대법원 2012.5.24 선고，2012 도 2763 판결 참조．

罪要旨（包括判决日期、罪名及宣告刑）、性犯罪前科（罪名及次数）、是否安装电子设备等。[1]管辖警察局的负责人或矫正机构等的负责人在收集个人信息时，应拍摄登记对象的正面、左侧、右侧上半身及全身彩色照片，以电子记录的形式予以保存。

根据刑罚的不同，需要公开个人信息的时间也不同。

被判决超过3年的徒刑或监禁刑的，公开个人信息10年；被判决3年以下的徒刑或监禁刑的，公开个人信息5年；被判决罚金刑的，公开个人信息2年。

虽然个人信息在判决生效时就公开，但适用公开命令的人被判实刑或治疗监护时，其刑罚或治疗监护的全部或部分执行结束后或免除执行义务时，才对个人信息予以公开。

个人信息公开命令和告知命令与追究犯罪责任的刑罚措施不同，它是有效预防以儿童、青少年为对象的性暴力犯罪和保护儿童、青少年免受性犯罪侵害的一种保安处分措施。

6. 佩戴位置追踪电子装置命令

位置追踪电子装置（以下简称"电子装置"）是指利用发送的电波进行追踪的原理，确认位置或探知移动路径的一种机械设备[2]。它主要是针对具有再犯危险性的暴力犯罪，通过佩戴电子装置来实时掌握犯罪人的位置。以2006年发生的龙山小学生性暴行杀人事件为契机，韩国国会通过了《针对特定性犯罪人的佩戴位置追踪电子装置相关法》并于2008年开始施行，自此电子监督制度正式进入韩国，为电子装置的适用提供了法律依据。目前，电子装置主要有三种：（1）便携式跟踪装置：由佩戴电子装置的人随身携带，确认佩戴者位置的一种装置；（2）在宅监督装置：安装在佩戴者的居住地以确认佩戴者位置的一种装置；（3）附着装置：附着在佩戴者身体上的一种装置，可向便携式跟踪装置和在宅监督装置发送电磁波确认佩戴者位置的装置。在首尔保护观察所位置追踪中央管制中心，观察员通过监控室内的监控平台对佩戴电子装置的人时刻追踪，掌握其所处位置；当佩戴者靠近幼儿园、学校等禁止区域时，电子装置便会发生强烈震动，监控平台也同时发出警报声，观察员便会联系佩戴者了解情况[3]。

---

〔1〕《아동·청소년의 성보호에 관한 법률》제49조 제3항 본문.
〔2〕《특정 범죄자에 대한 보호관찰 및 전자장치 부착 등에 관한 법률》제2조 제4호.
〔3〕 https://www.sedaily.com/NewsView/1VFEVN6ZUJ，访问时间：2018年12月20日。

韩国为了解决电子装置被破坏或违反禁止接近、禁止出入等事项问题，以及在佩戴者违反应遵守事项可能给周围人带来紧迫危险时，能够及时救助被害人，给人民创造安全的生活环境，2019 年 1 月，法务部与国土交通部联合签署了"构建智能城市安全网协定"（MOU）；根据该协定，将通过全国 207 个智能城市中心发送的录像视频实时掌握现场状况，在需要采取紧急措施时能够迅速救助被害人；这也解决了之前电子装置只能确认佩戴者位置而不能实时了解现场情况的问题，更加有利于救助被害人，同时给佩戴者以震慑；2019 年 2 月，该制度首先在首尔、光州和大田三个广域市试行[1]。

当然，并不是只要实施了性犯罪就要佩戴该电子装置；一般情况下，法院在接到检察官的"佩戴电子装置命令"申请时，才可以下达佩戴命令。2018 年 9 月 6 号，韩国法务部在"电子监督制度引进十周年"的大会上指出，该制度实施以前（指 2004—2008 年）性暴力犯罪的再犯率为 14.1%，自 2008 年开始实施该制度起，性暴力犯罪的再犯率下降为 1.86%。[2] 通过该数据可以看出，佩戴电子装置对于遏制性暴力犯罪的再犯有显著成效。

（四）预防以儿童、青少年为对象的性犯罪的其他举措

1. 就业限制制度

就业限制的对象是对以儿童、青少年为对象实施性犯罪或对成人实施性犯罪，被判处刑罚或治疗监护，其刑罚、治疗监护的全部或部分执行完毕，被宣告缓刑或被免除刑罚的人。就业限制期间自刑罚、治疗监护的全部或部分执行完毕，被宣告缓刑或被免除刑罚之日起不超过十年。

为了使被限制就业的人能够在限制期限结束后顺利回归社会，工作是必不可缺的一环。但性犯罪者具有再犯的危险性，因此有必要对其工作环境予以限制。韩国法律明确将学校、幼儿园、委托教育机构青少年活动设施、儿童福利设施、公共住宅管理处（保安）、医疗机构、练歌房等列入就业禁止名单。与儿童、青少年有关的机构负责人应确认正在就业或实际已经工作的人或想就业的人的性犯罪经历，此时应经就业者同意向相关机构负责人提出查询性犯罪经历的请求。

---

[1] https：//www.boannews.com/media/view.asp?idx=76557&kind=，访问时间：2018 年 12 月 20 日。

[2] http：//www.moj.go.kr/moj/140/subview.do?enc=Zm5jdDF8QEB8JTJGYmJzJTJGbW9qJTJGOTTMlMkY0ODYxODglMkZhcnRjbFZpZXcuZG8lM0Y%3D，첨부 참조．

2. 性冲动药物治疗

性冲动药物治疗是指通过非正常的方式抑制性冲动和性欲望的一种措施。通过对性倒错症[1]患者进行药物治疗和心理治疗来抑制其异常性冲动或性欲望，以使其性功能正常化或弱化的一种治疗方法。[2]实施性暴力犯罪的性倒错症患者，如果被认定有再次犯罪的危险，便会对其实施性冲动药物治疗。主要包括《儿童青少年性保护法》第7条至第10条规定的犯罪；《性暴力犯罪处罚法》第3条至第13条、第15条规定，以及第3条至第9条的未遂犯罪；《刑法》第297条至第305条、第339条、第340条规定的犯罪。

药物治疗从刑罚执行完毕、被免除、被假释、治疗监护执行终了或暂时中止、因委托治疗而获释等被释放前2个月开始执行。

药物治疗命令由检察官提起申请，保护观察官执行。在提起药物治疗申请前，首先必须对治疗命令的对象由精神健康医学科专家实施检测和诊断；只有对徒刑终结者或同意治疗的受刑者，可以任意在保护观察所进行请求前调查。之后，对于徒刑终结者或同意治疗的受刑者，检察官将向法院申请治疗命令，由法院做出最终宣判。[3]

2008年，韩国首次提出"性冲动药物治疗"法案。2010年因连续发生两起性暴力犯罪（杀人）案件，韩国国会迅速举行全体会议，通过了《性冲动药物治疗法》。2011年7月24日，《性冲动药物治疗法》正式生效。首例"化学阉割"于2012年5月25日实施，韩国一名朴姓强奸惯犯在庆尚北道一所监狱内被执行该项惩罚。尽管实施"性冲动药物治疗"不会以物理切割的方式除去人体的任何器官，也不会让男性终生丧失生殖功能，但这项惩戒措施依然引发了争议。

自2011年7月性冲动药物治疗制度实施以来，截至2018年11月30日，

---

[1] 성도착증환자"란소아성기호증（小児性嗜好症），성적가학증（性的加虐症）등성적성벽（性癖）이있는정신성적장애자로서금고이상의형에해당하는성폭력범죄를지은사람（「치료감호등에관한법률」제2조제1항제3호）및정신건강의학과전문의의감정에의하여성적이상습벽으로인하여자신의행위를스스로통제할수없다고판명된사람을말합니다（「성폭력범죄자의성충동약물치료에관한법률」제2조제1호）.

[2] 《성폭력범죄자의성충동약물치료에관한법률》제2조제3호.

[3] 박성훈，유진："성충동약물치료의성과및발전방안연구"，2018년발간등록번호11-1270000-001006-01.

检察官共申请了 53 例（检察官援引 22 例，被驳回 27 例，未决案件 4 例），其中有 27 例（进行中 19 例，治疗结束 8 例）已经实施药物治疗。截至 2019 年年底，执行药物治疗命令案件共 31 例，执行终了案件共 16 例，待执行案件 20 例。2014—2019 年，被宣告药物治疗命令的案件共 58 件，其中 39 件（69.2%）由治疗监护委员会做出决定，19 件（32.8%）由法院做出判决[1]。从上述数据可以看出，由治疗监护委员会做出性冲动药物治疗决定的案件数量比法院多。

三、对被害儿童、青少年的保护措施

（一）对性暴力犯罪中被害儿童、青少年的保护措施

1. 举报及对举报的保护

任何人在知道针对儿童、青少年的性犯罪的发生或事实时，都可以向侦查机关举报（《儿童青少年性保护法》第 34 条第 1 款）。此外，韩国法律还规定了负有举报义务的主体：（1）《幼儿教育法》中规定的"托儿所"；[2]（2）《初中等教育法》中规定的"学校"；（3）《医疗法》中规定的"医疗机构"；（4）《儿童福利法》中规定的"儿童福利设施机构"；（5）《障碍人福利法》中规定的"障碍人福利设施机构"；（6）《婴幼儿保育法》中规定的"幼儿园"；[3]（7）《关于学院的设立、运营及课外学习等的相关法》中规定的"学院及辅导班"；（8）《防止性买卖与被害者保护法》中规定的"为性买卖被害者而设的援助设施机构及性买卖被害咨询所"；（9）《单亲家庭援助法》中规定的"单亲家庭福利设施机构"；（10）《防止家庭暴力与被害者保护法》中规定的"家庭暴力咨询所及家庭暴力被害者保护设施机构"；（11）《防止性暴力及被害者保护法》中规定的"性暴力被害咨询所及性暴力被害者保护设施机构"；（12）《青少年活动振兴法》中规定的"青少年活动设施机构"；（13）《青少年福利援助法》中规定的"青少年咨询福利中心及青少年休息区（收容所）"；（14）《青少年保护法》中规定的"青少年保护及康复中心"。这些团体或机构的负责人及其从业者发现针对儿童、青少年的性犯罪的事实时，负有举报的义务。

---

[1] 법무부，"2020 범죄예방정책통계분석"，2020 년 발간등록번호 11-1270000-001091-10.

[2] 此处的"托儿所"指照顾和培养不满六岁的幼儿的教育机构。

[3] 此处的"幼儿园"指为不满学龄的儿童身心发展提供服务的教育机构。

　　具有举报义务的各机关、设施机构或团体的负责人及其从业者（指《儿童青少年性保护法》第34条第2款各项规定的机构），违反职务上的举报义务，即知道针对儿童和青少年进行性犯罪的犯罪事实，但未向侦查机关进行举报或虚假举报，将被处以原定刑罚基础上加重二分之一的刑罚。

　　韩国法律在对举报义务进行强制性规定的同时，对举报者予以保护。除其他法律规定的情况以外，任何人不得将可以明确举报者的个人资料或照片等身份信息登载在出版物或通过广播、网络进行公开。违反此规定，对将可以明确举报者身份的信息或资料登载在出版物或通过广播、网络进行公开的人，处以1年以下的徒刑或500万韩元以下罚金。

　　2. 调查及审判程序上的保护

　　考虑到被害儿童、青少年的特殊性，韩国法律在调查及审判程序上作了相应的变通。侦查机关、法院及诉讼参与人应慎重考虑涉案儿童、青少年的年龄、心理状态或有无后遗症等问题，并注意在调查及审理过程中，不得损害被害人的人格、名誉或侵犯其隐私。侦查机关和法院在对性犯罪的被害儿童、青少年进行调查或审理时，应营造一种被害人可以舒适陈述的环境，且应在必要的范围内尽量减少调查及审理次数。侦查机关和法院在对被害儿童、青少年进行调查或以证人身份进行询问时，如果检察官、被害人或其法定代理人担心影响调查或审判，可以提出申请让被害人信赖的人一同参与。另外，当检察官或法院对遭受性暴力犯罪的未满13岁的被害人、身体或精神有障碍导致沟通或表达意见有困难的被害儿童、青少年进行调查时，法院可依职权或依据检察官、被害人及其法定代理人、律师的申请，让陈述辅助人参与调查或询问证人的过程，辅助进行意思沟通。

　　以儿童、青少年为对象的性犯罪的被害人及其法定代理人为确保刑事程序上的权益免受侵害，可以聘请律师。当被害儿童、青少年没有聘请律师时，检察官可以指派一名国选律师（专职援助律师）帮助其维护权益。

　　被害儿童、青少年的陈述内容及调查过程，应当录像保存；如果被害儿童、青少年或其法定代理人不愿意录像，则不得录像。依程序拍摄的录像制品中保存的被害人陈述，若在法庭调查期间或公审当天，被害人或调查过程中被害人信赖的一同参与之人的陈述真实性得到认可时，可以作为证据使用。

　　为保护被害儿童、青少年的隐私，法院在审理以儿童、青少年为对象的性犯罪时，可以不公开审理；被害儿童、青少年或其家人以证人身份被传唤时，也可以以保护私生活为由申请非公开的证人调查。被害儿童、青少年以证人身份接受调查时，也可以根据检察官、被告或律师的建议通过视频录像等中介设备进行询问。

负责调查或审判以儿童、青少年为对象的性犯罪的公务员或曾经参与调查或审判的人不得将受害儿童、青少年的住址、姓名、年龄、学校、职业、容貌等可以明确儿童、青少年身份信息的资料或照片公开，也不得泄露相关信息。违反上述保密义务的人，将被处以七年以下的徒刑或五千万韩元以下的罚金，也可以一并判处监禁刑和罚金刑。

3. 新型被害人保护装置

2019 年，韩国利用最新移动通信技术，研发了新型被害人保护装置；原有"禁止接近被害人装置"只能在被害人居住地 100 米的范围内适用，当被害人在移动中或滞留在居住地以外的地方时，该装置在保护被害人方面仍存在一定的局限性；而新型被害者保护装置会在禁止接近命令的对象与被害人相距不到 1000 米时发出警报，管制中心和保护观察所接到警报提示后就可以提前采取措施阻止他们之间的接触，从而起到预防犯罪的目的。[1] 该新型被害人保护装置于 2020 年投入使用。

（二）对被害儿童、青少年的援助

1. 医疗费援助

为尽快恢复被害儿童、青少年的身心健康，被害人、其保护者、兄弟姐妹以及总统令规定的人认为有必要进行咨询与治疗时，可以要求《儿童青少年性保护法》第 46 条规定的咨询设施或《防止性暴力及被害人保护等相关法》第 27 条规定的性暴力专业医疗机构提供针对被害儿童、青少年的咨询或治疗项目；接到上述咨询与治疗要求的机构无正当理由不得拒绝。被害儿童、青少年可以在全国的性暴力专业医疗机构中接受应急治疗、外伤治疗等，且可以获得医疗费的援助。在结束身体检查及性暴力导致的外伤治疗后，被害儿童、青少年还可以到少儿精神科接受专业医生的精神诊断；如果未来仍有外伤相关的后续治

---

[1] https://www.lawtimes.co.kr/Legal-News/Legal-News-View?serial=146334，访问时间：2019 年 3 月 15 日。

疗，被害儿童、青少年可以持续地接受专业医生的治疗。

2. 心理评价及治疗援助

精神科诊疗将根据被害儿童、青少年的精神状态决定住院治疗还是心理治疗。孩子是父母的珍宝，孩子在痛苦中挣扎时，最难过之人莫过于父母；父母的状态也会影响孩子的状态，因此，被害儿童、青少年的父母也可以一起进行心理咨询治疗。

3. 被害人保护设施机构援助

性暴力犯罪的被害人可以在被害人保护设施机构中获得援助。主要包括：性暴力犯罪被害儿童、青少年与医院或相关设施之间的联系及委托；性暴力被害儿童、青少年因性暴力犯罪很难进行正常生活或因其他情况需要紧急保护时，可以暂时到医院或性暴力犯罪被害人保护设施寻求保护；帮助性暴力被害儿童、青少年恢复身体和精神上的稳定，并帮助他们回归社会；关于对加害者的民事、刑事诉讼以及损害赔偿请求等司法程序，大韩律师协会、大韩法律救助公团等相关机构予以协助和支援；除此之外，对性暴力受害儿童和青少年提供进行保护必要的支援。

四、《儿童青少年性保护法》的启示

（一）我国现行法中未成年人性保护的状况

1. 我国的性侵儿童问题

近年来，儿童性侵害问题不断出现，成为社会关注的焦点之一。根据《"女童保护" 2020 年性侵儿童案例报告》，2020 年媒体公开报道的性侵儿童（18 岁以下）案例 332 起，受害人数 845 人，最小受害者仅 1 岁。校园、培训机构是案件高发场地，网络性侵形势严峻。2013—2019 年，媒体每年公开报道的儿童被性侵的案例分别是 125 起、503 起、340 起、433 起、378 起、317 起、301 起（其中，2013—2017 年统计案例为 14 岁以下儿童，2018 年起为 18 岁以下儿童）。报告显示，在遭遇性侵害的受害人中女童占九成（受害人为女童的 308 起，占比 95.65%；受害人为男童的 14 起），小学和初中段受侵害比例高（中小学学龄段的案例占比 83.95%）；熟人作案超七成（熟人作案 231 起，占比 74.04%），校园、培训机构是高发地〔发生在校园、培训机构（包括宿舍等）的有 76 起，占比 25.25%；在施害人住所的有 66 起，占比 21.93%〕；城市地区曝光案件占比高（332 起性侵儿童案例中，有 265 起表明了城乡地域分布。在 265 起案例中，164 起发生在城市，占比 66.40%）。该调查报告充分显示出我国未成年人遭遇性侵害的严峻态势以及我国目前对打击与预防性侵害未成年人的力度较轻等问题，我们必须要对此充分重视并为解决该问题探求更多更积极的对策。[1]

2018 年，最高人民检察院在"依法惩治侵害未成年人犯罪，加强未成年人司法保护"的新闻发布会上通报，2017 年以来，全国检察机关共批准逮捕侵害未成年人犯罪者 4 万多人，起诉 6 万多人。"以猥亵儿童罪这一罪名为例，近五年来一直呈现上升态势。从各地统计来看，不少地方侵害未成年人犯罪案件呈现出上升态势，个别地方上升幅度较大，而且重大恶性案件时有发生，不少案件犯罪次数多、被害人多、时间跨度长。"在提起公诉的案件中，性侵害和伤害案件占较大比例。"其中校园暴力案件在未成年人侵害未成年人案件中的比例较高。而在成年人侵害未成年人犯罪中，强奸、猥亵儿童、强制猥亵、组织卖淫等性侵害案件比例较大，不少地方达 60% 多。"从全国整体情况看，侵害留守儿童犯罪的起诉人数占侵害未成年人犯罪的起诉总人数的 7.08%，在一些留守儿童集中的地方比例更高。部分地方的性侵害案件中，七成以上的被害人为 14 周岁以下儿童。"在侵害未成年人犯罪案件中，尤其是性侵害案件中，熟人作案的比例高于陌生人，有些地方甚至有 70% 到 80% 案件犯罪嫌疑人和被害人是邻居、亲戚、朋友、师生等关系。"[2]

未成年人是社会中的弱势群体，缺乏辨别和反抗的能力；保护儿童免受性侵害，任重道远。

2. 我国针对性侵未成年人的相关立法

在我国，保护未成年人性权利的法律规定分散在不同的法律法规和司法解释中，而其中涉及刑事犯罪的，则主要是《刑法》。我国现行《刑法》对打击针对儿童实施的性侵犯行为，保护儿童免遭来自性侵犯和非法色情活动的伤害做出了明确规定。《刑法》规定了强奸罪，强制猥亵、侮辱罪，猥亵儿童罪，组织

〔1〕 参见《"女童保护"2020 年性侵儿童案例报告：熟人作案超七成》，https://baijiahao.baidu.com/s?id=1693131234925975613&wfr=spider&for=pc，最后访问时间：2021 年 8 月 10 日。
〔2〕《最高检：侵害未成年人犯罪案件仍呈多发态势》，载最高人民检察院网站，http://www.spp.gov.cn/spp/zdgz/201805/t20180529_380082.shtml，最后访问时间：2019 年 2 月 17 日。

卖淫罪，强迫卖淫罪，引诱、容留、介绍卖淫罪，引诱幼女卖淫罪等一系列罪名，惩治针对儿童实施的性犯罪，为儿童创造安全的法制环境[1]。我国《未成年人保护法》第41条明令禁止对未成年人实施性侵犯。另外，《刑事诉讼法》也在打击针对儿童实施的性犯罪行为的同时，保障儿童的基本人权。2013年，最高人民法院、最高人民检察院以及公安部、司法部在经过慎重考量后，为进一步完善未成年人权利保障机制以及防止性侵害未成年人的行为，结合刑法等相关法律以及司法审判实践，最终颁布了《最高人民法院 最高人民检察院 公安部 司法部关于依法惩治性侵害未成年人犯罪的意见》（以下简称《意见》），《意见》对预防性侵未成年人有着积极的意义，并且能够为未成年人提供切实有效的法律保护，俨然成为法治文明的基本标杆。[2]为了更好地保护未成年人的权益，2016年10月31日，十二届全国人大常委会第二十四次会议开始审议《民法总则（草案）》二审稿，其中有一项重大修改：未成年人遭受性侵害的损害赔偿请求权的诉讼时效期间，自受害人年满18周岁之日起计算。这也意味着如果在儿童期间遭遇了性侵害，即便当时没有追究侵害方的责任，年满18周岁以后仍然可以要求侵害方予以民事赔偿。为了更好地保护未成年人的权益，2020年《刑法修正案（十一）》增设了负有照护职责人员性侵罪，对已满14周岁不满16周岁的未成年女性负有监护、收养、看护、教育、医疗等特殊职责的人员，与该未成年女性发生性关系的行为进行定罪处罚。2020年最高人民检察院等发布了《关于建立侵害未成年人案件强制报告制度的意见（试行）》，明确了强制报告的主体、责任及情形等；强制报告制度的探索对于加强未成年人保护，及时惩治违法犯罪具有重要意义；同年《未成年人保护法》也进行了修订，强制报告制度正式上升为国家层面的法律制度。2021年正式生效的《民法典》亦格外关注未成年人权益保护问题，其中第191条规定：未成年人遭受性侵害的损害赔偿请求权的诉讼时效期间自受害人年满18周岁之日起计算；这一规定从儿童利益最大化原则出发，为未成年人提供了更完善更合理的寻求法律帮助的机会。

鉴于我国近年性侵害未成年人案件增多，上海市和浙江省慈溪市率先进行了保护未成年人权益的立法探索。2016年1月，上海市人民检察院专门下发

---

〔1〕 张雪梅：《对儿童性侵犯的有关探讨》，载《妇女研究论丛》2005年第12期。
〔2〕 赵嬰：《性侵未成年人问题研究及域外经验借鉴》，载《法制与社会》2017年第9期。

《关于未成年人刑事检察部门办理成年人侵害未成年人犯罪案件的若干意见》，将成年人侵害未成年人犯罪案件全部纳入未检部门受案范围。探索性侵害未成年人案件的一站式调查取证机制，并构建性侵害案件未成年被害人一体化综合保护机制。[1]浙江省慈溪市于 2016 年 6 月出台的《性侵害未成年人犯罪人员信息公开实施办法》(以下简称《办法》)是我国关于性侵害犯罪人信息登记与公告的第一次立法尝试。根据该实施办法，符合 5 种情形的性侵害未成年人的犯罪人应在其刑满释放后或决定假释、缓刑之日起 30 日内，向检察院登记个人信息；负有未成年人保护、监管责任的相关单位或个人可申请查询信息；对该办法规定的严重性侵害未成年人或具有较高再犯风险的犯罪人员，由检察院通知法院、公安（分）局、司法局，通过门户网站对其个人信息进行公告或者通报村（社区）、学校等未成年人保护基层组织。[2]该办法对性侵害未成年人犯罪人员信息公开及例外条件、公开期限、公开内容、公开途径、公开程序等作了明确规定，旨在有效遏制性侵害案件多发势头，保障未成年人健康成长[3]。

与韩国相比，我国的未成年人性保护、性犯罪被害人保护措施等未成年人性权益保护法律体系构建还存在诸如缺少专门立法、预防措施不力、保护措施不足等问题。例如《刑法》设置不尽合理，把引诱幼女卖淫罪、引诱未成年人聚众淫乱罪等纳入社会管理秩序章节中，对未成年被害人人身权利的保护力度显然不够。2013 年最高人民法院、最高人民检察院、公安部、司法部印发的《意见》对现行刑法中关于性侵未成年人的相关规定做了有益补充，但规范的位阶不高，并未从体系上进行根本性改变;《意见》仅关注强奸、猥亵等直接性侵未成年人的犯罪行为，可能引发性侵未成年人的周边犯罪如传播淫秽物品罪等没有被纳入规制范围。[4]

（二）韩国《儿童青少年性保护法》对我国的启示

韩国对于打击与预防以儿童、青少年为对象的性犯罪极为重视，立法上多

---

〔1〕 樊荣庆、钟颖等:《论性侵害案件未成年被害人"一站式"保护体系构建——以上海实践探索为例》，载《青少年犯罪问题》2017 年第 2 期。

〔2〕 柳安然:《冲突与平衡：性侵害犯罪再犯预防机制研究》，载《犯罪与改造研究》2018 年第 7 期。

〔3〕 姚建龙、刘昊:《"梅根法案"的中国实践：争议与法理——以慈溪市〈性侵害未成年人犯罪人员信息公开实施办法〉为分析视角》，载《青少年犯罪问题》2017 年第 2 期。

〔4〕 "惩治与预防性侵害未成年人犯罪机制研究"课题组:《域外惩治与预防性侵害未成年人犯罪制度及其对我国的启示》，载《中国检察官》2016 年第 6 期。

次修订完善，对我国相关立法有一定启发。

1. 完善我国预防与打击性侵害未成年人相关立法

（1）保安处分制度

韩国针对性侵害未成年人的犯罪规定了保安处分制度，该制度是以将来的再犯危险性为根据的特殊刑事制裁，主要包括保护观察、社会服务命令、听课命令等。我国现行立法中并没有保安处分的相关规定，仅依靠刑罚措施来打击犯罪的效果甚微，也极易产生报复行为，给受害人及其家属与社会造成更加恶劣的后果。如果能在特定情况下针对性侵害未成年人的犯罪人进行矫治、教育与感化，将一些具有再犯危险性的人改造为积极向上的公民，将更符合法律规制的目的。

当然，在探讨保安处分是否适合我国的时候，应该首先立足我国基本国情，探讨在刑法中设立"保安处分"，使其作为一种刑罚的补充，弥补刑罚单一的不足，使我国的法律制度适用更加灵活高效。

（2）举报义务及奖励制度

韩国以儿童、青少年为对象的性犯罪举报奖金制度于2012年3月由女性家庭部首次实施；若出现引诱、劝诱、斡旋儿童、青少年进行嫖娼或性交易，对障碍儿童、青少年实施奸淫等犯罪，当被举报者受到起诉或缓期起诉处分时，举报者可获得70万韩元或100万韩元的奖金。举报可以通过直接到侦查机关报案、打电话（112）及在线（安全梦想网站或应用程序）方式进行，奖金支付申请可在填写申请书后，通过电子邮件或邮寄提交。以儿童、青少年为对象的性犯罪大多通过聊天软件等方式非常隐秘地进行，侦查机关有时很难发现，因此群众的举报非常重要。任何人只要知道有以儿童、青少年为对象的性犯罪发生，均可以进行举报并申请举报奖金。

另外，如前文所述，韩国《儿童青少年性保护法》第34条明确、详细地规定了在知道有针对儿童、青少年的性犯罪发生时必须举报的义务主体；若具有法定举报义务的主体违反举报义务，其要被处以300万韩元的罚金。

我国在打击对未成年人的性犯罪时，可以借鉴韩国的举报奖金制度。一方面，举报奖金制度可以激发大众揭发犯罪恶行的积极性；另一方面，举报奖金制度也可以帮助司法机关及时打击犯罪，解救受害儿童和青少年。打击针对儿童、青少年的性犯罪，需要全体公民的协助，这也是每个公民的义务。

（3）电子监督制度

良法是治国之重器，从公序良俗的道德层面来讲，作为礼仪之邦，我们在道德层面越是无法容忍性侵儿童的存在，就越应当让性侵儿童者背负道德的谴责、良心的痛斥；而从提高犯罪成本来说，无论是刑罚的附带责任还是道德谴责的舆论压力，都会让潜在犯罪者更加顾忌。[1] 例如，设立性犯罪人电子监督制度，引入位置追踪电子装置（电子脚链），通过追踪装置获取性犯罪人的行踪等信息，及时发现性犯罪人是否违反禁止性规定，并最大限度地预防犯罪的再次发生；尽管理论界还存在反对之声，但我们认为在儿童最大利益原则面前，理应限制性犯罪罪犯的部分隐私权，以达到震慑与预防犯罪之效。

（4）个人信息公开与就业限制制度

我国目前并无针对具有再次犯罪危险性的犯罪人的具体预防机制，而二次犯罪在性侵未成年人案件中仍属于高发的犯罪情形。我国对因性侵未成年人犯罪而服刑届满的人员，几乎没有管理机制，因此必须加强对有性犯罪前科的社会人员的监管力度。尽管我国部分地区也在开展就业限制与个人信息公开的试点工作，但是在我国当前司法实践中，对于性罪犯的社区矫治几乎处于空白状态，且大多需要借鉴域外的做法。[2] 对我国目前在上海市和浙江省慈溪市的实践探索，必须给予肯定的评价；同时，其存在规范位阶低、法律适用受限等问题。因此，我国应将性犯罪者个人信息公开与限制就业制度提到国家立法层面，将适用范围扩大到全国。公开性犯罪者的个人信息是贯彻未成年人最大利益保护原则的做法，也符合国际上打击性暴力犯罪的趋势；犯罪者个人信息公开制度，不仅可以对性犯罪者起到威慑作用，也会对未成年人预防性侵害提供一个良好的社会环境。

2. 完善对被害未成年人的救助体系

在韩国，对遭受性侵害的未成年被害人的保护是通过一系列特别法规定予以落实的。《儿童青少年性保护法》不仅从调查、审判程序上对被害儿童、青少年予以保护，同时为负责案件调查、审判的人或曾经担任调查、审判工作的人

---

[1] 黄磊：《公开性侵未成年人犯罪信息需有立法支撑》，载《民主与法制时报》2018 年 6 月 5 日，第 2 版。

[2] 上海市闵行区人民检察院课题组：《刑法从业禁止制度在性侵害未成年人案件中的适用》，载《山西省政法管理干部学院学报》2018 年第 2 期。

履行法定保密义务提供了依据。为了帮助与保护身心遭受折磨的被害儿童、青少年，韩国还规定被害儿童、青少年及其保护者、兄弟姐妹等可以请求到法定的性暴力专业医疗或咨询机构进行咨询或治疗；被害儿童、青少年可以在全国的性暴力专业医疗机构中接受应急治疗并可以根据具体情况获得医疗费的援助。

　　在我国落实心理咨询及医疗服务也是十分有必要的。未成年被害人因遭受性侵害而产生各种崩溃、绝望等精神刺激，继而可能会出现感知障碍、心理障碍等问题。因此，应建立一批专业的心理咨询机构或与已有心理咨询机构展开合作，从案件调查之初即进行帮助、疏导、安抚被害人的工作。对受害人进行应急或长期医疗提供便利。专业心理咨询师也可以参与案件的调查、审判，防止因调查或审判程序上的一些规定而给被害未成年人造成二次伤害。

第六章　法国追续金计征制度

一、追续权制度设立的必要性

追续权制度 1920 年产生于法国，是一项为平衡艺术品原件作者和艺术品市场经营者之间的利益而创设的著作权法律制度，这一权利使得艺术品原件作者可从自己作品的转售中提取一定比例的收益，即追续金。目前，包括大陆法系和英美法系在内的许多国家都确立了这一制度。

（一）追续权制度的争议

追续权制度自 1920 年在法国创设以来，理论界和艺术品市场围绕其合理性争议不断。围绕追续权制度，主要有以下争论。

第一，关于追续权制度是否与首次销售原则相冲突。反对追续权制度的学者认为，追续权制度与首次销售原则相冲突，作者在其作品的首次销售中就已经取得了利益，因此不能在其后的转售中再次获利。"首次销售原则"，也称"权利穷竭原则"或者"发行权一次用尽原则"，它的含义是著作权人享有发行权，即著作权人可以将其创作的作品以转移所有权的方式向公众提供其作品的原件或复印件，该作品的原件或者经过法律许可的复制件，在首次销售后或者赠予后，著作权人就丧失了对其作品或者复制件的控制权，无法再干预作品或者其复制件的流转。首次销售原则是为了平衡著作权人与物权人之间的利益关系而设立的法律准则。然而，肯定追续权制度的学者认为，追续权并未违背首次销售原则，因为首次销售原则存在的目的是防止著作权人限制物权人合法财产的自由流通，但是追续权实质上是在权利人和义务人之间形成的一种债权债务关系，著作权人享有的是获得追续金的债权，这并不会阻碍物权人自由行使其物权。

第二，关于追续权制度是否能维护著作权人的利益。反对该制度的学者认为，追续权制度并不能达到其预期的作用，追续权制度仅使一小部分知名艺术家获得了较大收益，而这种收益对于知名艺术家而言意义并不大，真正需要获取经济利益的是那些名气并不大的艺术家，但是追续权制度对他们所起的作用却比较有限，因此，追续权并不能达到其预期目标。况且，设置追续权后，艺术品交易商在进行艺术品原件的交易时，很有可能会将追续金在销售的过程中扣除，这可能会降低艺术品收藏家或者其他买家的购买欲望，最终阻碍艺术品原件的再次销售，进而不利于保障艺术家们的经济利益。这种反对意见主要是一种理论上的推理，事实上，追续权制度对于艺术家而言，是利大于弊的。追续权使得艺术品作者可以参与其作品再次销售利润的分配，这直接增加了艺术品作者的经济利益。从实践来看，欧洲艺术协会（TEFAF）在 2005 年对 47 个国家的 1259 个拍卖行的调查报告显示，在 2003 年，全球一共有 8423 位艺术家有资格获取追续金，[1]这些能获得追续金的拍卖中，欧洲大陆艺术品拍卖的平均成交价为 16549 欧元，英国为 78064 欧元，美国为 102043 欧元。[2]从上述数据就可以看出，能获得追续金的艺术家数量较多，并不是只有知名艺术家才可以获得追续金，不知名的艺术家同样可以获得追续金，追续权制度能够维护艺术家合法的经济利益。

　　第三，关于追续权制度对艺术品交易市场的影响，反对该制度的学者认为，追续权制度可能会对艺术品交易市场产生不利影响，因为实施追续权制度会给艺术品交易商设置较高的追续金缴纳义务，为了规避该义务，这些艺术品交易商可能会选择转移交易地点，从而获取更大利润。但是这种担心目前并未有明确的证据，根据法国知名艺术机构与雅昌艺术市场检测中心联合发布的第二十版全球艺术品市场年度报告，中国保持全球艺术品市场第一位置，成交额达到 51 亿美元，占全球总额 34.2%，然而和 2016 年相比，中国艺术品拍卖市场成交额仅增长 7%，英国成交额增长为 18%，英国的艺术品拍卖市场正逐步复苏，发展势头强劲。由此可见，追续权制度对于艺术品交易市场的影响较小。艺术品市场是依赖于艺术家的创作而存在的，艺术家的合法权益应该是放在第一位的，应当优先保护艺术家们的合法权益，在此基础上寻求艺术市场的进一步发展。

---

[1]　Kusinet al., *The Modern and Contemporary Art Market*, *The European Fine Art Foundation*, Helvoirt, the Netherlands, 2005, p.9-10.

[2]　Ibid., p.27.

（二）追续权制度的理论基础

第一，分配伦理理论。分配伦理理论认为创造者不过是参与利益分配的主体之一，法律赋予其的权利仅仅是通过分配利益以实现公平和效率的最大化。分配伦理理论要求知识产权制度能够找到一种既相对公平又兼具效率的资源配置方式。追续权的设立不是违背市场规律，而是市场规律的要求，其作为一种利益分配机制，目的在于缩小利益差距从而实现公平分配。艺术品作者不同于音乐作品或者文学作品的创作者，后两者可以通过许可复制发行获得经济利益，而艺术品作者的特殊之处在于，其作品具有不可重复性，如果被大量复制，那么其价值就会大大降低，因此艺术品作者并不能通过大量复制、发行其作品而获利。在现有的知识产权体系中，除了追续权，并没有其他的制度可以对艺术家做出补偿，因此，设置追续权对保障艺术家的合法经济利益是十分重要的。

第二，劳动财产理论。劳动财产理论认为产品创造者在自然产品中融入劳动使其改变原来的状态变成私有财产，任何人都不能质疑或否认产品创造者的劳动以及基于其劳动所获得的财产的正当性。艺术品原件在转售过程中的增值，从本质上来看归功于艺术家的劳动创作。艺术作品不同于普通的商品，它的价值在于审美价值而不是普通商品那样的使用价值，普通商品的买家看中的是商品的使用价值，而使用价值并不会在商品流转过程中发生变化，因此，普通商品的转让不需要提取追续金。

第三，功利主义理论。从功利主义理论的角度来看，知识产权制度是增加社会福利必要且最有效的手段。追续权使得艺术品作者可以从其作品的转售中获取一定比例的收益，因此可以刺激艺术家的创作激情，从长远来看，追续权制度有利于艺术品市场的发展。

第四，非常损失理论。非常损失规则是指不动产的价金在低于其价格的一半时，遭受"非常损失"的出售人有权请求撤销买卖，后来此项规则被推广到所有的交易中去。对于非常损失的认定，通常有客观说和主观说两种理论。主观说认为非常损失构成意思表示上的瑕疵，客观说认为非常损失并不是因为当事人之间意思表示的瑕疵，而是存在交易双方利益严重失衡的客观事实，即使当事人在订立契约时的确出于自由自愿的意思表示，但是由于利益严重失衡，违背了公平的交易原则，因此合同无效。实践中通常采用客观说的标准。非常损失规则是"合同自由"的例外和补充。艺术品原件在流转过程中随着原作者知名度的提升或者人们审美因素影响而大幅增值，与首次交易价格相比产生较大差距，这就满足了非常损失规则的客观认定要件，当事人应用非常损失规则可以解除合同，而追续权则是赋予原作者从转售价格中提取一定比例收益的权利，这二者具有相似性，都实现了公平正义，因此，用非常损失规则可以解释追续权制度的合理性。

综上所述，追续权制度的存在具有现实基础和理论基础，反对追续权制度的观点大多都缺乏依据，并不能成为追续权存在的障碍。追续权制度彰显了法律上的公平价值，具有法理基础，其存在具有合理性。

二、追续权制度中的基本概念

明确追续权制度中的基本概念是顺利实施追续权的前提，下文就追续权的主体、客体、保护期限以及适用的交易模式等概念进行讨论。

（一）追续权的适用主体

追续权的主体分为两方：一方是权利主体，另一方是义务主体。目前在设置了追续权的国家中，对于权利主体的争议较多，主要围绕着受遗赠人是否属于追续权的权利主体展开，而对于义务主体的观点则相对统一。

1.追续权的权利主体

根据《法国知识产权法典》的规定，艺术作品的创作者是追续权的主体，在作者死亡当年及其后七十年，除去任何受遗赠人及权利继受人，追续权由其继承人享有。[1]由此可见，追续权的主体不仅包括作者本人，还包括其继承人。但是受遗赠人被排除在享有追续权利的主体之外。[2]

追续权的性质决定了追续权的主体范围，虽然目前学界的主流观点都认同将追续权纳入著作权法的范畴，但关于追续权的性质仍然有分歧，主要有以下三种观点。

第一种观点认为追续权是一种著作人身权。该观点认为，追续权产生的最初目的是保护作者的利益，并且在设立了追续权的各国的立法实践中，普遍规

---

〔1〕《法国知识产权法典》，黄晖译，商务印书馆1999年版，第20页。
〔2〕Code de la propriété intellectuelle L.123–7, édition 2015 de Dalloz, pp.201–203.

定追续权不能被转让，不能被剥夺，也不能被抛弃，而且追续权只能由作者本人或其法定继承人享有，这是追续权的人身依附性特征的体现。和其他的著作财产权相比，追续权并未给艺术品的作者带来十分可观的经济利益，其更多的是对作者及其法定继承人的一种精神补偿。

第二种观点认为追续权是一种著作财产权。该观点认为，保障艺术品作者的经济利益是追续权设立的初衷和最重要的作用，设立追续权的目的在于消除艺术品在交易过程中存在的不公正的现象，通过赋予艺术品原作者分享艺术作品在转售中产生的收益的权利，平衡艺术家与艺术品商人之间在艺术作品多次转让的过程中产生的经济利益冲突。与精神利益不同的是，追续权实质上赋予艺术品作者的是一种财产性的期待利益，这种财产性利益是可以被转让和分割的，这也印证了追续权是一种著作财产权。

第三种观点认为追续权具有人身权与财产权的双重属性。该观点认为，追续权既具有精神属性又具备经济属性，是一种区别于著作人身权与著作财产权的新型权利，属于著作权法的下位法概念，不能将其简单地归于二者其一。首先，大部分设置了追续权的国家都规定追续权具有不可剥夺、不可放弃、不可转让的特征，这表明追续权的人身权属性。其次，追续权的运行基础就在于艺术作品在多次转让过程中产生的增值部分，这也是设立追续权制度的原因。而艺术作品的增值其主要原因就在于艺术家的天赋和劳动，虽然艺术作品价格上升的因素是复杂多样的，但艺术家的原始创造无疑才是最根本的[1]，这也体现了追续权与艺术品作者之间不可分割的人格利益关系。追续金的提取又是实现追续权的核心和关键步骤，更多体现的是对艺术品作者的经济利益的补偿，这又表明追续权的著作财产权属性。与单纯著作财产权和著作人身权最明显的不同是对于艺术作品的使用问题，追续权并未做出任何规定，因此，追续权是一种兼具著作人身权与著作财产权的双重特点的新型权利。

根据《法国知识产权法典》，追续权的相关条款被设置在"作者的财产权利"章节下，但同时规定了追续权只能由作者本人及其法定继承人享有，将受遗赠人排除出追续权的适用范围，并且规定追续权不可转让，这又体现了追续

---

[1] See Michelle Janevicius, "Droit de Suite and Conflicting Priorities: The Unlikely Case for Visual Artists' Resale Royalty Rights in the United States", *De Paul Journal of Art*, *Technology & Intellectual Property Law*, Vol.25, Iss.2, 2016, Article 5.

权的人身性质。很明显，法国采取的是双重性质的理论观点，这也是目前理论界广为采纳的观点。

2.追续权的义务主体

权利与义务是相对应的，明确了追续权的权利主体之后，就要确定与之对应的追续权的义务主体，即具体承担缴纳追续金义务的民事主体。明确追续权的义务主体也是保障追续权顺利实现的关键。根据《法国知识产权法典》，追续权的义务主体为出卖人，付款责任由介入到买卖交易中的专业人员承担，如果交易行为发生在两个专业人员之间，则缴纳追续金的义务由卖方承担。[1]

（二）追续权的适用客体

追续权的客体是指艺术作品的有形载体，例如承载艺术品的纸张、木材、塑料、画布、玻璃等。法国规定追续权适用于平面和立体作品，一般情况下应以原件的形式呈现。同时，法国艺术家集体组织与拍卖商就追续权适用的具体作品类型达成一致，双方约定，特定数量的作品复制件转售时，艺术家也可以收取追续金，如果复制件是根据艺术家的指示或者是受其监督完成，又或者是该艺术品的物质载体带有创作者的个人人格印记并区别于简单的复制件，也可以成为追续权的权利客体[2]。针对原件作品类型，法国规定文学和艺术作品不属于平面和立体艺术作品，虽然在1957年的《文学和艺术产权法》中规定追续权的适用范围包括文学和音乐作品原件，但是遭到拍卖商和多数法学教授的反对，之后法国拍卖协会出台了一份官方文件，正式确认追续权不适用于作家和作曲家的作品原稿。[3]世界知识产权组织与联合国教科文组织曾联合对追续权制度进行研究，在最后公布的报告中，两个组织都不赞成将追续权制度扩展运用于文学作品与音乐作品的手稿。这份报告指出，尽管手稿寄托了作者原始的感情，并有一定的历史价值，但就作品而言，手稿仅起到有形载体的作用，相较于其他复制件，手稿并不能更多地体现文学作品或音乐作品的本质价值。[4]

---

〔1〕 李明德、闫文军、黄晖、郃中林：《欧盟知识产权法》，法律出版社2010年版，第271—273页。

〔2〕 Civ.1re, 13 oct.1993.

〔3〕《Directive（CE）n° 2001/84 du 27 septembre 2001》（《欧洲议会和理事会关于艺术作品原作者追续权的2001/84/EC号指令》）Code de la propriété intellectuelle L.123-7, édition 2015 de Dalloz, pp.1419-1425.

〔4〕 See World Intellectual Property Organization and United Nations Educational, Scientific and Cultural Organization, Study on Guiding Principles Concerning the Operation of "Droit de Suite", at 23-24, 1985.

总的来说，法国追续权的客体主要包括两个方面：一是艺术家本人创作的平面及立体作品，二是由艺术家本人或者在其指导下完成的有数量限制的作品。[1]这种概括式的归纳方式与列举式的方式相比可以给予司法机关更大限度的自由裁量权，在一定程度上扩大了追续权的客体范围，有利于司法机关从更广的角度保障艺术品作者的权利。但是这种概括式归纳方式的弊病也很明显，对于追续权客体的规定不那么明确具体，因此在适用过程中可能由于对规定的理解不同而产生权利纠纷。

（三）追续权的保护期限

《法国知识产权法典》规定了追续权可以被家庭成员继承，因此将追续权的保护期限定为作者死亡的当年及其后的七十年，这一保护期限恰好与法国著作权法对一般著作财产权的保护期限相吻合。[2]

在理论界，对于追续权的保护期限一直存在争议，主要分为两个派别：一派主张无限保护理论，另一派主张有限保护理论。无限保护理论是指，追续权的行使不应受到一定期限的限制，而有限保护理论则认为追续权的保护期限应受到限制，超过一定期限后，则不能再行使追续权。在追续权的保护期限上，法国采纳的是有限保护理论。本书认为有限保护理论较为合理。首先，从已经设置追续权的国家的立法实践来看，采取有限保护理论的国家都对追续权设定了一个较长的行使期限，这符合艺术品需要在较长的时期内才能产生巨大增值的规律，从而能在较长的一段时间内保障艺术品作者及其继承人的利益，体现了设立追续权的最初目的；其次，任何权利都应受到限制，追续权也不例外，给追续权设置一个合理的期限，超过这个期限即不再提取追续金，可以减轻艺术品商人的负担，平衡艺术品作者与艺术品交易商之间的利益矛盾，促进艺术品的流通，降低对艺术品交易市场的负面影响，也有利于激发艺术家的创作热情。

（四）征收追续金适用的交易模式

征收追续金适用的交易模式指的是在何种交易中才可以适用追续权，提取追续金。根据已经设置追续权的国家的立法实践，目前主要有两种模式：第一

---

[1] Code de la propriété L.122-8, édition 2015 de Dalloz, pp.189-190.
[2] 张耕、施鹏鹏：《法国著作权法的最新重大改革及评论》，载《比较法研究》2008 年第 2 期。

种，在任何交易场合都可以适用追续权；第二种，仅在公开的交易场合才可以适用追续权。《法国知识产权法典》跟随欧盟追续权指令的要求，仅在公开销售的场合规定提取追续金。[1]

追续权针对的是艺术作品原件的转售活动，适用于所有有艺术品市场专业人员以买方、卖方或中间人身份介入的买卖交易，即仅限于艺术品市场上发生的公开销售活动，这种公开销售既包括在拍卖行中进行的公开拍卖，也包括在展览会、画廊或者通过媒体广告的形式完成的交易。[2]在这类公开交易活动中，一般都有艺术品市场的专业中介作为出卖人或者购买人参与，这就意味着，只有在这种公开的艺术品市场上的转售活动，艺术品作者才可以行使追续权，获取一定比例的收益。与此相对应的是，在私人场合发生的非专业性质的艺术品原件的转售，不属于可以适用追续权的范围。这是因为私人之间的转售活动是不公开的，也没有专业人员的参与，权利人往往无从确定是否发生了艺术品原件的再次销售，以及销售的具体金额。若规定私人之间的交易活动也可以提取追续金，那么一方面有引发私人调查行为的风险，可能会侵犯个人隐私权；另一方面，私人之间的交易活动也更容易规避审查。如规定追续权同样适用于私人之间的交易行为，除了会造成审查成本的上升之外，对于实现追续权的立法目的并无帮助，反而可能损害法律的尊严，因此，追续权的适用范围仅包括有专业人员参与的公开交易。

三、法国追续金征收的具体规则

（一）追续金的计量基础

追续金的计量基础是指在提取追续金时以何种数额为基础来计算，从各国的立法实践来看，虽然对追续权的行使并无转售次数的限制，但是在追续金的计量基础上存在较大差异，一般有两种计量模式：一种是总额提取法，即以艺

---

[1] Code de la propriété L.122-8，édition 2015 de Dalloz，pp.189-190.

[2] See World Intellectual Property Organization and United Nations Educational, Scientific and Cultural Organization, "Study on Guiding Principles Concerning the Operation of 'Droit de Suite'" at 28（1985），available at http://unesdoc.unesco.org/images/0006/000660/066003eb.pdf.（last visited Aug.8，2018）.

术品原件再次销售的总价格为基点，计算追续权的权利金；另一种是转售额提取法，即以艺术品再次销售时增值的数额为基点，计算追续权的权利金。根据1920 年的《法国追续权法》，不管作品在转售过程中是否发生增值，追续权权利金的计量基础都为作品原件再次销售的销售总额。[1]

1. 总额提取法的理论基础

在追续金的计量基础这个问题上，理论界争论颇多。支持转售额提取法的人认为，艺术品作者的天赋和劳动是艺术品在转售过程中增值的核心因素，也是追续权的理论基础，正如一些学者所言，"艺术作品的增值应主要归功于艺术家的天赋和汗水，尽管最终导致艺术品价格上升的还有其他因素，但是艺术家的原始创造无疑才是最根本的"[2]。因此，对于艺术品转售后所产生的增值利益，艺术家理应得到相应的补偿份额。[3] 如果实行总额提取法，即使在转售过程中艺术作品的价格有所下跌，艺术品作者也可以适用追续权的规定，从转售总额中提取一定比例的收益，这有违公平原则，而且背离了追续权的理论基础，即追续权制度目的在于保证艺术品作者有权参与分享艺术品在多次转售过程中产生的巨大的增值利益。

支持总额提取法的人认为，从追续权的正当性基础角度来看，追续权可以看作基于作品使用而产生的权利，这里的使用并不是指对艺术作品内容的使用，而是对艺术作品原件的使用，即可以将艺术品中间商的交易行为看作是对艺术品原件的使用，艺术品的作者有权因为中间商的这种使用行为而取得一定的经济补偿，无论艺术品中间商在转售过程中是否获得增值利益，都应当向艺术品作者支付报酬。正是基于此，追续金的计量基础应为作品原件的转售总额。

此外，在 1920 年《法国追续权法》的报告人阿贝尔·费里（Abel-Ferry）看来，"追续权并非是一项施舍，而是一项彻底的财产权，追续权法案并不是向投机行为索取潜在利益，而是从事一项涉及艺术产权的立法，无论艺术作品发

---

[1] See Loi du 20 mai 1920 FRAPPANT D'UN DROIT AU PROFIT DES ARTISTES LES VENTES PUBLIQUES D'OBJET D'ART.art.2.

[2] See Michelle Janevicius, "Droit de Suite and Conflicting Priorities: The Unlikely Case for Visual Artists' Resale Royalty Rights in the United States", *De Paul Journal of Art*, *Technology & Intellectual Property Law*, Vol.25, Iss.2, 2016, Article 5.

[3] See Lewis Paul, "The Resale Royalty and Australian Visual Artists: Painting the Full Picture", *Media & Arts Law Review* 8, 2003, pp.306-310.

生增值，还是贬值，这一法案都将适用"〔1〕。另一位报告人莱昂·贝哈尔（Léon Béjar）也指出，根据 1793 年的《文学与艺术财产法》，艺术家已经享有著作权，但相较于作家，艺术家只能依著作权获得少量的收入。而追续权是一项艺术家之前不曾享有的新型著作权。追续权这一概念借用了不动产物权中的追续权用语，这一表述是正确、正当的。可以看出，在艺术品领域引入追续权概念的学者实质上意在作品增值额的基础上构建追续权，但这种理念下的追续权立法是不完整的，并在实施层面存在缺陷，因此，尽管艺术品增值是追续权立法的重要原因，但追续权法采用的是另一套理论：艺术家在已经售出的艺术作品中存在一项财产权，一项创作者权。〔2〕因此，艺术品作者有权从作品使用即艺术品原件的转售的总收入中提取一定比例的收益，这表现为从作品原件的转售总价中按比例提取追续权利金。

2. 总额提取法的实践优势

总额提取法的最大优势就在于操作方便，不需要知道艺术作品此前的转售价格，无论艺术品原件在转售过程中是否出现价值上升的情况，艺术家都可以从转售的总价格中提取一定比例的收益。很显然总额提取法的可操作性更强，计算方式更加简洁明了，各国的立法以及实践证明，一个简便易行的实施模式能更好地促进追续权在实际生活中的应用，从而更好地保障艺术家的权利。

相对而言，增值额提取法在实践中不易操作。根据增值额提取法的定义，需以作品原件转售的增值额为基础提取一定比例的权利金，那么首先要解决的便是如何界定增值。对于增值额的界定在理论上又可以细分为两种方法：一种是没有预先设定提取标准的增值额提取法，即只有当艺术品原件在流转过程中价值上升的情况下，艺术品作者才能从价值增长的部分提取一定比例的收益；第二种是预先设定了标准的增值额提取法，即预先设定某个金额作为标准，只有作品原件在转售过程中的增值额超过此标准，艺术家才可以从此项增值额中提取一定比例的收益。但实际上，根据这两种增值额提取法，即使艺术品原件

---

〔1〕　Journal official, Chamber des éputes, Documents parlementaires, Annexe 3423, Session de 1914, Séance du 23 Janvier 1914.

〔2〕　Journal official, Chamber des éputes, Documents parlementaires, 3, Annexe 6794, Session de 1919, Séance du 2 September 1919.

在流转过程中并未发生增值的情况，艺术家们仍然可以根据这两种计算方式获得追续金。

在采取没有预先设定金额标准的增值额提取法时，如果艺术家将自己的作品以 10000 元的价格转卖给 A 后，A 又将该艺术品原件以 15000 元的价格转售给 B，此时以增值的 5000 元为标准提取追续金，B 之后又以 5000 元的价格将作品原件转售给 C，那么在这次交易中，艺术品原件的价值并未上升，追续金的计量基础实际为 0，D 又以 9000 元的价格从 C 手中取得艺术品原件，本次交易的增值额为 4000 元，则以此为基础计算追续金，但与作品的第一次出售相比，作品实际上不仅并未产生增值，反而降低了价值。

而在采取预先设定一定标准的金额的增值额提取法时，也会发生类似的情况。例如将转售增值额标准设定为 5000 元，艺术家将自己的作品原件以 10000 元的价格出售给 A，A 又将作品原件以 20000 元的价格转售给 B，这种情况下，追续金的提取金额即为 5000 元，之后 B 又以 3000 元的价格将作品的原件转售给 C，在此次交易中没有发生作品的增值，C 又将艺术品原件以 9000 元的价格转卖给 D，这种情况下追续金的提取基础为 1000 元，但是同作品原件的首次销售相比，该艺术品的价值并未发生增加。正如法国学者利利亚纳·皮埃尔登－福赛特（Liliane de Pierredon-Fawcett）所言，这种方法既不能体现买家购买艺术品的价格增长数额，也不能体现作品的实际增值情况。[1] 由此可见，增值额提取存在很大的缺陷，并且采取增值额提取法的国家普遍未考虑通货膨胀对作品价格所产生的影响，无论从理论还是实践的角度来看，增值额提取法都有无法解决的问题。

增值额提取法在实践操作中也存在很大问题，即由谁来承担增值的举证证明责任。根据以往的实践经验，采取增值额提取法的国家大多规定由作者承担对增值额的证明责任，也有部分国家规定由相关交易主体承担举证责任。艺术品交易市场的一大特征是私密性，买卖双方的身份信息通常是保密的，具体的交易金额也不容易为外界所知，而增值额提取法要求知悉艺术品前后的交易金额，如果由艺术品作者承担这一责任，未免有些强人所难；若由交易的相关主

---

[1] See Liliane de Pierredon-Fawcett, Le droit de suite en propriété littéraire et artistique-étude de droit compare Thése; Université Paris-Sud（Paris 11）, 1984, p.319.

体承担责任，也会产生新的问题，交易双方都是追续金提取的利益相关人，会存在双方为规避缴纳追续金而联合制造虚假交易金额的可能性，更不利于对艺术品交易市场的监管。

综上所述，相对于增值额提取法在理论和实践上存在的种种不足，总额提取法在计算追续金时具有更为合理的理论依据，在实践中的可操作性也更强，计算更加简便，不需要追踪艺术品原件的前后转售价格即可计算追续金，因此，总额提取法更有优势。

（二）追续金的提取比例和提取限额

1. 追续金的提取比例

追续金的提取比例是指在确定追续金的计量基础之后，以何种比例来计算追续金。计提比例主要有两种模式，第一种是固定提取比例，提取追续金的比例不会因为追续金提取基础的变化而变化，追续金的提取比例是固定的。第二种是滑动提取比例，提取比例会因为追续金提取基础的变化而变化。滑动提取比例又分为两种，即边际递增的计提比例和边际递减的计提比例。追续金的提取比例，在法国历经了几个发展阶段。根据 1920 年的《法国追续权法》，法国采取边际递增的滑动计提比例，作品原件转售价格中，1000 法郎至 10000 法郎（不含）部分的提取比例为 1%，10000 法郎至 20000 法郎（不含）部分的提取比例为 1.5%，20000 法郎至 50000 法郎（不含）部分的提取比例为 2%，超过 50000 法郎的部分提取比例为 3%。[1] 1957 年，法国对追续权法进行了修订，将之前阶梯式的征收比例修改为固定的征收比例，当作品的原件转售价格超过 100 法郎时，艺术家有权获得占作品原件转售价格总额 3% 的追续金。2001 年，欧盟出台了《欧盟追续权指令》，跟随欧盟的脚步，法国也修改了追续金的计算方式，改回阶梯式的计算方法，但使用边际递减滑动的计提比例，规定艺术品原件销售价格 50000 欧元（不含）以下的提取比例为 4%，50000 欧元至 200000 欧元（不含）的提取比例为 3%，200000 欧元至 350000 欧元（不含）为 1%，350000 欧元至 500000 欧元（不含）的提取比例为 0.5%，500000 欧元以上为 0.25%，这一计算比例一直沿用至今。

---

[1] See Loi du 20 mai 1920 FRAPPANT D'UN DROIT AU PROFIT DES ARTISTES LES VENTES PUBLIQUES D'OBJET D'ART.art.2.

（1）固定计提比例

固定计提比例和滑动计提比例相比，计算方式更加明确固定，减少了在应用过程中的不确定性，有利于树立法律的权威性和统一性，并且在操作上更为切实可行。固定计提比例可以保证不同主体在计量上的一致性，一个恰当的比例可以平衡追续权相关主体的利益关系，更容易获得追续权利人和义务人的支持，因此，为了减少对艺术品交易市场的影响，法国在最初设计追续金计提比例时采取了固定计提比例。法国在 1957 年确定的 3% 的固定计提比例，结合法国当时的计量基础和提取基准，并且全面调查了艺术品作者与交易商的意见，是根据当时的具体情况做出的合理决定。

（2）滑动计提比例

相对于固定计提比例，滑动计提比例明显存在不足。首先，通过滑动计提比例提取追续金，很难平衡追续权的各个主体之间的利益关系，例如，就边际递增的追续金提取方式来说，艺术品的原件售出价格越高，追续金的提取比例也越高，这就意味着追续金的缴纳义务人需要支付高比例的追续金，这对追续金的缴纳义务人来说并不公平；而如果使用边际递减的提取方式，艺术品原件的转售价格越高，追续金的提取比例越低，这对那些知名度高、作品价格高的艺术家来说并不公平。其次，根据《法国知识产权法典》的规定，艺术作品的创作者是追续权的主体，在作者死亡的当年及其后七十年，除去任何受遗赠人及权利继受人，追续权由其继承人享有，[1] 所以处于这个保护期之内的是近现代的艺术品。在收集、销售近现代艺术品方面，与法国或者说是整个欧盟竞争的是美国纽约和瑞士。美国没有联邦一级的追续权保护，瑞士也没有追续权保护。因此，很多艺术品市场的经营者担心，如果征收过高的权利金，有可能促使很多近现代艺术品离开欧洲市场，进入美国和瑞士。因此，法国追随欧盟《追续权指令》设计了一个阶梯式下滑的权利金比例。但是客观来讲，自第二次世界大战以来，世界艺术市场中心已从欧洲转移至北美，并且随着东亚艺术市场的发展，欧洲在世界艺术市场中的份额进一步受到限制，这一现象有经济、社会、文化等多个方面原因，而追续金的计提比例对于该现象的缓解所起到的作用十分微弱。最后，由于滑动计提比例采取的是分段式计算追续金方式，在实际应

---

[1]《法国知识产权法典（法律部分）》，黄晖译，商务印书馆 1999 年版，第 20 页。

用中非常复杂，已经设立追续权的国家在立法和实践中的经验也表明，如果追续权制度设计得过于复杂，那么其实施难度也更大，此时反而会动摇追续权制度存在的意义。因此，为保障追续权的顺利实施，必须简化追续权的实施步骤，这也是追续权立法的未来趋势。但是，滑动计提比例也有其科学的一面，一方面，滑动计提比例可以保证艺术品作者在能获得追续金的前提下不给缴纳追续金的义务主体造成过高的支付负担；另一方面，采用滑动计提比例，能够使追续金缴纳的义务方更好地控制艺术品交易的风险。

2. 追续金的提取限额

追续金的提取限额指的是追续金在哪个额度范围内提取，主要包括追续金提取的下限和上限两个方面。为追续金的提取设置一个额度，可以有效避免追续权制度适用的扩大化，限制追续权的适用范围，更好地兼顾艺术家的利益和艺术品市场的发展。

（1）追续金提取的下限

追续金的提取下限指的是提取追续金的销售金额的最低限度，即设定一个金额作为标准，超过这个金额的转售价格即能提取追续金，若低于这个价格，则无法提取追续金。在最初颁布的追续权法令中并没有规定提取追续金的金额下限。最初规定追续金计量门槛的是 1957 年法国的《文学艺术作品法》，该法中规定了追续金只适用于售价在 10000 法郎以上的交易。在《欧洲议会和理事会关于艺术作品原作作者追续权的 2001/84/CE 号指令》［Directive（CE）n° 2001/84 du 27 septembre 2001］颁布后，根据该指令，欧盟各成员国的追续金的计量门槛不得超过 3000 欧元，因此，法国规定了 750 欧元的追续金门槛。

如果不限制能够提取追续金的艺术品交易价格，那么无论是什么价格的艺术品都可以提取追续金，一方面是无法实现立法目的，对一些成交额较低的艺术品提取追续金对于艺术家来说意义并不大，另一方面也增加了追续权的实施成本，这样一来，追续权在很多情况下会无法实现，反而有损法律的尊严，因此设定追续金的提取门槛是十分必要的。

（2）追续金提取的上限

在法国设立追续权的初始和发展阶段都没有规定追续金的最高额，《欧洲议会和理事会关于艺术作品原作作者追续权的 2001/84/CE 号指令》首次规定了追续金的上限，即 12500 欧元。法国根据追续权指令的要求，当艺术品转手交易额超过 2000000 欧元时，提取收益额确定为 12500 欧元。

就追续权的立法实践来看，除了欧盟各成员国之外，多数国家并未对追续金规定上限。法国跟随欧盟的脚步，对追续金设定了 12500 欧元的计量上限，这意味着在法国境内，单笔追续金最高不超过 12500 欧元。法国及欧盟之所以设定追续金的上限，其主要原因在于防止艺术市场转移至其他国家，以及意图赢得英国的支持。[1]

然而，设置追续金的上限对于艺术家而言是不公平的，这意味着艺术家及其后人只能在一定范围内获得艺术品所产生的收益。正如弗雷德里克（Frédéric）教授所称，设置追续金上限有违获酬权的财产性逻辑。[2]事实上，从著作权法的设权现状来看，无论是著作财产权，抑或邻接权，都不存在对报酬数额进行限制的先例。再者，从艺术品交易的税费上看，大型的拍卖行如苏富比和佳士得，即便其在计算艺术品交易佣金中采取类似《欧盟追续权指令》的滑动计提比例，但其在交易佣金上亦未设置上限，[3]在艺术品增值税以及消费税上更是如此，至今尚未有设置税收上限之规定。若仅为防止艺术品市场转移而设置追续金上限是不必要的，相较于艺术品市场上的税率、交易佣金，追续金的数额并不算高，其对艺术品市场的转移难以产生决定性的影响，不应当以此为由剥夺艺术家获得相应报酬的权利。设置追续金的计量上限会影响追续权制度目的的实现，一旦设立了上限，将会影响艺术家及其后人对其作品产生的收益的分享范围，当作品价格暴涨时，创作它的艺术家却最多只能获得一定数额的报酬。

（三）追续金征收的途径

根据 1920 年法国《追续权制度实施细则》，追续权人可以通过两条途径主张追续权，即特定程序与一般程序。在特定程序中，追续权人需在转售发生后 24 小时内向拍卖商提出支付追续金的申请，极少有追续权人在实践中依据特定

---

〔1〕 See Pollaud-Dulian Frédéric, Droit d'Auteur, Economica, 2e edition, 2014.

〔2〕 Ibid.

〔3〕 Buyer's Premium Chart（RATES AS OF 13 NOVEMBER, 2016）, available at http//www.sothebys. com/content/dam/sothebys/PDFs/buyerspremium/Buyer_premium_chart_2013_new.pdf（last visited Dec.18, 2018）.

程序主张追续权。在一般程序中，追续权人必须在法国政府公报进行作品登记公告，并向法国艺术部门提交一份该作品登记声明的复制件，[1]目的在于建立艺术作品的登记制度，但该登记制度在实践中并未真正实施。

在实践中，法国追续金的征收并未通过以上两种复杂的方式进行。事实上，法国的追续金最初是由两个艺术家集体组织负责征收，分别是艺术家著作权征收协会和艺术财产同盟组织。自 1934 年开始，法国的追续金由艺术财产同盟组织单独征收。艺术家著作权征收组织代表艺术家征收了 13 年的追续金，其间共获得 2414100 法郎的追续金。[2]艺术财产联盟在 20 世纪 40 年代时每年已可征收到超过 1000000 法郎的追续金，其仅在 1943 年就获得了 2096428 法郎的追续金。[3]两个艺术家集体组织为法国追续权制度的成功实施提供了有力的制度保障。

法国在 1957 年之后继续适用 1920 年的《追续权制度实施细则》，但法律并未强迫艺术家必须选择由艺术家的集体组织来收取追续金，而是赋予艺术家自由选择的权利，艺术家既可以独立行使权利，又可以通过集体管理组织行使权利。这一阶段，法国追续金的收取与管理主要由两大集体管理组织负责，即艺术产权和设计模型协会（Société de la Propriété Artistique et des Dessins et Modèles，SPADEM）以及法国艺术家权利协会（Société des Auteurs dans les Arts graphiques et plastiques，ADAGP）。其中，前者是在法国艺术财产同盟与其他三家艺术家组织基础上设立的。

法国艺术家在加入艺术产权和设计模型协会与法国艺术家权利协会后，其收取追续金的权利就转移给了其所加入的艺术家集体管理组织。艺术品交易商可以将追续金交给艺术家集体管理组织或者直接交给艺术家本人或其继承人。如果将追续金交给了艺术家集体管理组织，那么集体管理组织扣除必要的管理费用后，再将剩余的追续金交付艺术家本人或其继承人；如果将追续金直接交给艺术家本人或其继承人，艺术家或其继承人则要在艺术品原件被转售后的三日内向艺术品交易商提交索要追续金的申请。

虽然法律并未强迫艺术家加入集体管理组织，但大部分艺术家还是会选择加入集体管理组织，通过集体管理组织实现追续权。法国拍卖商联盟与艺术产

---

[1] See Décret du 17 décembre 1920, Pris pour l'application de Loi du 20 mai 1920, Art 3.

[2] See J.L.DUCHEMIN, LE DROIT DE SUITE DES ARTISTES, Sirey, 1948, p.112.

[3] Ibid., pp.113-114.

权和设计模型协会还曾就追续金的申报达成协议。[1]艺术家集体管理组织会对拍卖行的销售目录进行监督，以获取即将拍卖的艺术品信息，还可以获取拍卖商的拍卖纪录，因为拍卖商必须对每一笔拍卖进行登记。当然，这些拍卖记录也向艺术家及其继承人公开。[2]

1995年，艺术产权和设计模型协会组织因无法负担运营成本而宣告破产。[3]在宣告破产之时，艺术产权和设计模型协会共拥有3500名成员，其竞争对手法国艺术家权利协会拥有2860名成员。[4]之后，原艺术产权和设计模型协会成员加入法国艺术家权利协会，艺术产权和设计模型协会的数据与资料都存放至法国国家档案馆，由此，法国艺术家权利协会成为法国唯一管理追续权的艺术家集体管理组织，其下属部门马蒂斯遗产继承和毕加索遗产继承分别专项负责马蒂斯[5]和毕加索[6]这两位艺术家追续权的管理工作。法国艺术家权利协会与法国拍卖行业协会就艺术品公开拍卖的追续权提成费达成了协议。按照协议约定，法国艺术家权利协会应告知拍卖协会其社团内全部新近的艺术家及其作品，相关专业中介人员有义务及时向追续权权利方提供必要的交易信息。目前，该组织代表超过10万名艺术家在法国主张追续权。[7]

通过委托著作权集体管理组织主张追续权的方式有利于统一管理、统一维护艺术家的权利，提高了实现追续权的效率，使追续权在实践中更加具有可操作性，更好地将法律赋予的权利转变为现实权利。[8]并且，艺术家集体管理组织也为追续金的跨国收取提供了有力的保障，艺术品作者个人的力量比较弱小，

---

〔1〕 See Robert Plaisant, The French Law on Proceeds Right: Analysis and Critique in Legal Protection for the Artist IV, IV-21IV-25（M.Nimmer ed.1971）.

〔2〕 Id.at IV-24 and 25.

〔3〕 See Jennifer Pfeffer, The Costs and Legal Impracticalities Facing Implementation of the European Union's Droit de Suite Directive in the United Kingdom, 24 *Nw. J. Int'l L. & Bus*.533, 558（2004）.

〔4〕 http://next.liberation.fr/culture/1995/12/06/la-spadem-depose-son-bilan_153048，最后访问日期：2018年10月20日。

〔5〕 亨利·马蒂斯（Henri Matisse, 1869—1954），法国著名画家，野兽派的创始人及主要代表人物，同时也是一位雕塑家和版画家。马蒂斯与毕加索、杜尚一起为20世纪初的造型艺术带来巨大变革。

〔6〕 巴勃罗·毕加索（Pablo Picasso, 1881—1973），西班牙著名画家、雕塑家、版画家、陶艺家、舞台设计师及作家，与乔治·布拉克同为立体主义的创始人，是20世纪现代艺术的主要代表人物之一，遗作逾两万件。

〔7〕 See Missions & Rights Administered, ADAGP, http://www.adagp.fr/ENG/static_index.php，最后访问日期：2018年10月20日。

〔8〕 卢纯昕：《追续权的争议焦点和立法动议》，载《河北法学》2014年第8期。

在面对艺术品的跨国交易时行使追续权的成本较大，而通过委托著作权集体管理组织在海外主张追续权则大大减轻了艺术家本人的负担，更好地维护了艺术家的权利，也为艺术品走向国际市场开辟了一条广阔的道路。

（四）追续金征收的制度保障

1. 知情权与信息获取权

在征收追续金之前，还要解决权利人如何获取交易时间、转售价格、义务人等信息的问题，解决这些问题是顺利收取追续金的基础和前提。因此，法国在 2006 年修改的追续权制度中增加了作者的知情权和信息获取权。作者可以要求介入转售的专业人员提供出售所得的所有信息和出卖人的相关信息，根据《法国知识产权法典》第 L.122-8 条第 4 款之规定，"艺术品市场专业人员有义务及时向作者或追续权收取及分配协会提交为清算自转售之日起三年内的追续权应付款项所必需的所有信息"[1]。就整个追续权制度而言，知情权与信息获取权是相当重要的条款。如果没有该条款规定的强制性义务，转售交易的卖方极有可能通过保密协议的方式或以商业秘密为由拒绝向权利人或相关实施机构提供准确的交易信息，那么追续权也将因无法得以实施而沦为虚设。[2]

2. 艺术市场信息登记制度

为了更好地保障追续权的有效实施，对艺术品进行实名登记是相当有必要的。针对艺术品市场普遍存在的"造假、售假、拍假"等突出问题，需要对艺术品实名记录进行完善，利用数据库管理艺术品市场的各种信息，力争使市场中流通的艺术品，全部拥有自己的身份信息，从而实现已登记作品的唯一性、真实性，来源的合法性。1920 年《法国追续权法》便规定："艺术家可以通过登记机关的公报获知艺术品交易的信息"[3]，"各种已登记的艺术品交易情况，会在公报中显示，供艺术家查询。在交易成功后，中间商需如实进行实名登记，并有义务主动向艺术家提供交易资料"[4]。之后，艺术品经销商必须依法记录艺术品原件销售的必要信息，并告知作者艺术品原件购买者的姓名、住址等详细信

---

〔1〕　Code de la propriété L.122-8， édition 2015 de Dalloz，pp.189-190

〔2〕　Schricker/Katzenberger，Urheberrecht.2.A. § 26 Rdnr.43，Muenchen 1999.

〔3〕　See Mara Gumbo，Comment，Accepting Droit de Suite as an Equal and Fair Measure Under Intellectual Property Law and Contemplation of its Implementation in the United States Post Passage of the EU Directive，30 *Hastings Comm. & Ent L. J.*357，375（2008）.

〔4〕　Ibid.，p.357.

息，以保障追续权权利人的知情权。

信息获取权和艺术市场登记制度有力地保障了追续权权利主体的知情权，一定程度上解决了信息不对称的问题，从法律层面对艺术品交易市场进行了规制，有利于追续权制度的顺利实施。

四、法国追续金征收制度的启示

（一）我国引入追续权的必要性

我国现行《著作权法》并没有追续权的相关规定，但我国 2020 年《著作权法修正案（草案）》中提出了追续权的概念，我国确立追续权的正当性和必要性已经不容否定。

第一，艺术市场的蓬勃发展为追续权的确立提供了现实基础。艺术品原件的流转是追续权实现的基础，因此，一个繁荣稳定的艺术品交易市场是设置追续权的前提条件，如果没有艺术品的转售，追续权就成了无源之水、无本之木。根据雅昌艺术市场监测中心公布的数据，近年来中国艺术品市场的成交量在不断攀升，而这背后也存在艺术家低价出售艺术品和艺术品商人攫取巨额利润的矛盾。我国正面临法国当初面临的困境，而这个困境也成为我国确立追续权制度的现实基础。

第二，确立追续权有利于保护艺术家的合法权益。随着中国艺术品拍卖市场的蓬勃发展，当代艺术家也持续崛起。业内人士认为，艺术品投资十分有前景，越来越多的人选择投资年轻艺术家的作品，因为目前他们的作品价格较低，升值空间大，这基本符合艺术品的增值规律。任何艺术家的知识与经验的积累都需要一个漫长的过程，高水平的艺术品无不凝结了艺术家的诚实劳动以及真挚情感，其潜在价值在进入艺术品交易市场的初期并不能被很好地发掘，等到其价值被普遍认同时，艺术品作者已不能分享其增值部分，这显然是极不公平的，确立追续权有利于缓解这种不公平。

第三，确立追续权可以使我国的艺术品市场与海外接轨，更有利于保护我国艺术家的海外利益，有利于国际艺术交流与竞争。1971 年，《伯尔尼公约》在其巴黎文本第 14 条第 3 款中规定了"追续权"条款，但该条款对于成员国来说只是选择性条款，各成员国可以自行决定是否规定追续权。同时，该条款规定了追续权条款在各成员国适用中的互惠原则以及对等原则,即所有成员国,只有在自己国家承认并实施追续权保护的基础上,才能对其作品在海外进行交易时行使追续权,并且当外国艺术家的作品在本国交易时也承认外国艺术家的追续权利,[1]并给予同样的保护。我国目前并未设立追续权,因此,即使我国艺术家创作的艺术作品在规定了追续权的国家进行交易,我国艺术家也无法依据追续权获得追续金,这严重损害了我国艺术家的海外利益。郭寿康教授曾指出,我们的绘画、书法等美术作品随着改革开放的发展,大量出售给国外,如果我国著作权法上没有追续权的规定,即使我国作者创作的艺术作品价格飞涨,也只能眼睁睁看着国外艺术商大发其财而不能按照该国法求偿,这显然对我国的艺术作品作者大为不利。[2]这种情况不利于国内优秀艺术家的发展,因为我国的艺术家并不能像国外同行那样获得追续权的同等保护,国内的艺术家们就失去了到国际艺术品市场进行交流和发展的热情,没有展示自己作品的动力,也不愿关注国际市场的动态。同样,在我国艺术品市场进行交易的外国艺术家也无法在我国获得追续权的保护,因此一些艺术家并不愿意将其艺术作品拿到中国进行交易。这在一定程度上阻碍了我国艺术品市场走向国际,不利于我国艺术家参与国际艺术交流和竞争,也会给我国艺术品交易市场的进步与繁荣带来负面影响。

第四,设立追续权有利于促进文化繁荣,激励更多的艺术家投身于艺术创作之中。归根结底,创作是整个艺术品交易市场的核心,艺术家创造艺术品的努力是激发艺术品市场活力最重要的动力,而追续权的存在保障了艺术家从其作品中分享收益的权利。追续权可以视为对艺术家的一种补偿,在自己的作品升值后获取一部分收益,这是对其努力创作的一种补偿。追续金制度改善了艺术家与艺术品拍卖商之间利益分配不平衡的现象,对促进艺术家继续创作有明显的激励作用。

(二)我国追续权的具体制度设计

1. 立法模式

追续权的立法模式与追续权的性质息息相关,我国在设计追续权的立法模

─────────────

[1]《保护文学和艺术作品伯尔尼公约(1971年巴黎文本)指南》,刘波林译,中国人民大学出版社2002年版,第72—73页。
[2] 郭寿康:《谈美术作品的追续权》,载《美术》1991年第3期。

式时，首先应该确定追续权的性质。如前所述，目前学术界对于追续权的性质主要有三种理论：著作人身权说、著作财产权说以及著作人身权与财产权混合说。法国将追续权定位为一项著作财产权，将追续权纳入本国著作权立法体系中，在著作权体系之内建立追续权制度，适用国民待遇原则。[1] 根据国民待遇原则，对国内外的艺术家给予一视同仁的保护，无论外国艺术家母国是否有追续权制度，也就是说，即使外国艺术家的母国并未设立追续权制度，该外国艺术家也可以在法国行使追续权。

我国应将追续权纳入著作权法体系，且适用互惠原则。追续权在立法目的和权利体系上都与著作权存在差异，并不能将其归为著作财产权或者著作人身权，它更像是艺术家依法享有的债权，是艺术家基于作品的再次销售而获得报酬的法定权利。追续权的立法目的是平衡艺术品经销商和艺术创作者之间的利益。大多数设置了追续权的国家还规定，不得预先放弃追续权，以防止艺术创作者损害艺术品经销商的利益，保护艺术创作者的合法权益。追续权仅在表面上具有与作品的著作财产权或著作人身权相似的属性，但其不是独立使用作品的权利，在追续权制度中，艺术品作者无权许可或者禁止艺术品原件的转售，仅可以从其作品原件在流转过程中增值的部分受益，所以其实质上是一项报酬请求权，并不具有财产权或人身权的本质特征。因此，追续权并不属于著作权的一项权利，但考虑到追续权与作品之间又具有一定的联系，仍应将追续权纳入著作权法的法律框架内，但应单独列出，而不将其归入著作权权利，并依据《伯尔尼公约》采用互惠原则。我国 2020 年《著作权法修正案（草案）》的第一稿，将追续权归入著作权中，立法机关在征求意见后，修改了此体例安排，在草案的第二稿和第三稿均将追续权单独列明，与著作权并列设置，这说明我国学术界、实务界也比较认可追续权的独立地位。

2. 追续权的权利主体范围

如前所述，追续权的主体包括权利主体和义务主体两个方面，在已设立追续权的各个国家中，对于追续权主体的规定不尽相同，我国在确立追续权主体时，应当从追续权制度的设计初衷以及权利义务的性质入手，明确权利主体和义务主体的具体内容。

---

[1] 戴钦功：《著作追续权制度探析及立法动议》，载《河北法学》1997 年第 2 期。

（1）权利主体

根据我国 2020 年《著作权法修正案（草案）》，追续权的权利主体为作者或者其继承人、受遗赠人，作者及其继承人作为追续权的主体，在目前确立追续权的各国已基本达成共识，但是对于受遗赠人是否可以作为权利人仍存在不同的规定。在这个问题上，法国明确将受遗赠人排除出权利人的范围。我国应该从追续权制度的两方面内涵入手以确定追续权的权利人：一方面是对追续权权利人进行直接补偿，即艺术品作者可以从其作品原件在流转过程中产生的增值部分提取一定比例的金额作为补偿。另一方面是对权利人进行安慰性的间接补偿，即在作者已经去世的情况下，艺术品在转售过程中价值不断提升，为了告慰作者给予作者以外的人以补偿。[1] 依据直接补偿的原理，艺术品原作者是毋庸置疑的权利主体；依据间接补偿的原理，作者的继承人以及受遗赠人也应被纳入追续权的权利主体范围。基于追续权的财产权性质，当作者在世期间并未获得追续权的利益也没有合法的继承人时，作者可将其转移给受遗赠人，这体现了追续权安慰性补偿的内涵，也满足了作者的可期待利益。

此外，2020 年《著作权法修正案（草案）》中对法人作者作了规定，那么，是否应当将法人作者纳入追续权权利人的主体范围之内呢？本书认为，不应将法人作者纳入追续权权利人的主体范围，原因在于：第一，追续权制度起源于法国，法国属于大陆法系的国家，法国以及其他大陆法系国家均未将法人作者纳入追续权的权利主体范围之内。第二，即使是在英美法系国家，也并未明确法人的追续权权利主体地位。[2] 我国确立追续权制度之初，具体实施模式还处于探索之中，应当借鉴已经确立追续权制度国家的立法经验，待该制度在我国进一步完善之后再创新。因此，目前我国追续权的权利主体不应包括法人作者。

另一个关于追续权权利主体的争议是债权人是否能够享有追续权。这个问题在已经设立追续权制度的国家鲜有涉及，但此问题是十分有必要厘清的。如前所述，根据艺术品创作以及升值的规律，艺术品大都需要较长的时间才能被世人认可，很多艺术家在世时，其作品价值都比较低，因此不得不举债度日，甚至一生都穷困潦倒。这样就会出现两种情况：第一种情况是作者在离世前将

---

〔1〕 参见刘辉：《追续权的几个理论问题研究》，载《西部法学评论》2011 年第 3 期。

〔2〕《保护文学和艺术作品伯尔尼公约（1971 年巴黎文本）指南》，刘波林译，中国人民大学出版社 2002 年版，第 72—73 页。

债权人指定为自己的受遗赠人，那么根据前述讨论，债权人可以获得追续权利金；第二种情况是作者并未将债权人指定为受遗赠人，如果不将债权人列为追续权利人，那么债权人的利益往往无法得到保障，有违公平原则。因此可以将债权人纳入追续权权利人的主体范围，但是应当对其权利做出限制，将其可获得的追续金限制在其债权数额内。

综上所述，我国应当将追续权权利主体设定为艺术品的原作者及其继承人和受遗赠人，法人作者不应当被纳入权利人的范围，作者的债权人可以在债权额内享有和行使追续权。

（2）义务主体

2020年《著作权法修正案（草案）》并未明确规定追续权的义务主体。根据法国的经验，应将出售人确定为追续权的义务主体。随着我国艺术品市场的不断壮大，大批外国艺术品交易商涌入我国，其在作品售出后即会离开中国，在这种情况下，即使符合追续权的要件，作者也很难维护自己的合法权益，缺乏有效的途径向出售者主张追续金。即使出售人是中国公民，其也可能隐匿身份，通过委托中间人进行交易，艺术品创作者也很难得到出售者的有效身份信息，更谈不上主张自己的权利。因此，我国在设立追续权时可以规定由买受人和中间商承担连带责任，但此种连带责任是不真正连带责任，如果是由买受人或者中间商先行支付了追续金，那么其后可以向出让人追偿，最后仍由艺术品原件的出让人承担追续金的支付义务。

3. 追续权的客体范围

追续权的客体范围在不同的国家有不同的规定，在追续权产生之初，其客体是艺术品（主要是美术作品）的原件，后来客体的范围不断扩大。我国在确定追续权的客体范围时应当考虑追续权的立法目的、客体的属性等因素。第一，追续权的客体应为艺术作品原件。这反映了追续权的立法目的，即保障艺术品原作者对其创作的艺术作品在流转过程中产生的增值部分能参与分享收益的权利。此权利基于艺术品原件的唯一性，艺术品作者只有通过艺术品的原件才能获取利益，如果艺术品原件能够被大批量复制，则会破坏追续权存在的权利基础。第二，追续权的客体应当具有特殊性。追续权的客体不是主要依靠复制品的发行获得收入的作品，而是主要依靠艺术品原件流转取得收入的作品。例如，文字作品、音乐作品主要靠作者的对外复制许可获取收益，而美术作品创作者一般只能通过出售作品原件来获取收益，如果美术作品创作者可以通过许可他人复制自己的作品从而获取收益的话，追续权就没有存在的必要了。所以追续权的客体只能为艺术品的原件，并且这种艺术作品是不能被大量复制的。

根据 2020 年《著作权法修正案（草案）》第三稿，追续权的客体范围为"美术、摄影作品的原件或者文字、音乐作品的手稿"。这一规定是受《伯尔尼公约》第 14 条第 3 款的影响，即"对于作家和作曲家的艺术原著和原稿，作者或作者死后由国家法律授权人或机构，享有从作者第一次转让作品之后对作品的每次销售中分取盈利的不可剥夺的权利"。然而，作为公约成员国的法国，从 1920 年设立追续权开始，中间经历过两次重大的修法活动，都未将"作家和作曲家的手稿"列入追续权的客体范围，这主要因为法国在设立追续权制度之初，立法者的本意在于使艺术家享有基于其作品的可能的增值收益，以此来补偿艺术家们在籍籍无名不被人认知时所创作的作品出售后获得的微薄价值。[1]文学、音乐等作品，即使是在作者并无名气时所创作的，其也可以在日后作者成名之时重新定价发行，这足以弥补作者的损失，还可能给作者带去较大的利益。但是美术作品的原件和手稿具有独有性和稀缺性，因此美术作品作者不同于作家和作曲家，他们没有其他的获取收益的方式，只能通过对其手稿原件的转让来获取一部分收益。

因此，将追续权中的权利客体限定为"美术艺术作品的原件"更符合追续权的立法目的和初衷。

4. 追续权的行使

追续权设立的最终目的是提取追续金，保障艺术家的合法权益，在明确了追续权的立法模式、主体和客体等基本问题之后，就要进入追续金的具体计量阶段，主要包括追续金的计提基础、追续金的计提比例、追续权的征收主体、追续权适用的交易模式、信息获取权的规定以及艺术品市场信息登记制度六个部分。

（1）追续金的计提基础

法国追续金的提取采用的是总额提取法。根据已经设立了追续权的国家的立法和实践经验，增值额提取法虽然更为公正，但是在实际运行过程中已被证

---

〔1〕 Paris，28 janv.1991：D.1992.Somm.17，obs.Colombet；RIDA oct.1991，p.141.

明极难发挥作用，我国宜采用预设标准的总额提取法来计算追续金。采用预设标准的总额提取法主要有以下优势：第一，总额提取法方便快捷，可操作性强，更容易计算追续金，能最大限度保障追续权的有效行使。第二，预设标准的总额提取法可以将价格过低的艺术品排除出追续权的适用范围，提高追续权的运行效率。给提取追续金的艺术品价格预设一个最低标准，应当听取艺术家和艺术品交易商两方面的意见，同时借鉴法国的规定即 750 欧元，确定一个适合我国艺术品市场行情的最低标准。

（2）追续金的提取比例

如前文所述，追续金的提取比例有两种，一种为固定计提比例，另一种为滑动计提比例。法国采取的是边际递减的滑动计提比例，我国宜采用固定计提比例来提取追续金。无论是边际递增的滑动计提比例还是边际递减的滑动计提比例，都存在种种不足，不仅难以实现艺术家与艺术品交易商之间的利益平衡，并且在适用过程中也比较复杂。各国的实践已然证明，一个制度，设计得越复杂，实施的难度就越大，就越不容易产生应有的社会效果。我国《著作权法修正案（草案）》三稿均未对追续金的计提比例做出规定，对于追续权的实施目前还处于摸索阶段，追续权制度应当设计得越简单易行越好，因此，我国可以确定一个计提比例，观察追续权运行的具体效果，之后再进行相应的调整。为了尽量减小对我国艺术品交易市场的影响，可以先设立一个比较小的固定计提比例，例如 3%，在考察艺术品交易市场的反应后再进行调整。

（3）追续权的征收主体

在明确该征收多少追续金后，又产生一个问题，即由谁来征收追续金。在法国，追续金是由艺术家集体管理组织征收的，我国《著作权法修正案（草案）》也明确规定，艺术家的追续权由著作权集体管理组织行使。[1]从法国的立法实践来看，通过艺术家集体管理组织征收追续金，有效地降低了追续金的征收成本，提高了追续金的运行效率，我国可以参考这种模式。目前，我国也建立了许多著作权集体管理组织，例如中国摄影著作权协会、中国文字著作权协会、中国音像著作权集体管理协会、中国音乐著作权协会等，但是我国目前还

---

[1] 参见 2020 年《著作权法修正案（草案）》第三稿第 62 条："著作权和相关权权利人依据本法第十二条、第十七条、第三十六条和第三十九条享有的获酬权，应当通过相应的著作权集体管理组织行使。"其中第十二条为规定追续权制度的条款。

没有类似法国的那种著作权集体管理组织，因此，为了更好地实现追续权，维护艺术家们的合法权益，我国在未来应建立与艺术作品相关的著作权集体管理组织，由该组织负责艺术品交易基本信息的登记，然后基于此信息进行追续金的收取和发放工作。

（4）追续权适用的交易模式

我国追续权适用的交易模式应限定于公开的拍卖，如前文所述，私人艺术品交易信息较难取得，并且有侵犯隐私权的风险，会增大追续权的适用难度，当一项规定在实践中难以执行时，其实效性就会大打折扣，从长远来看，其似乎也没有存在的必要。因此，我国应将追续权适用的交易模式限定于公开的拍卖市场。

（5）设立信息获取权

设立信息获取权是法国追续权立法的一项重大变革。在设立此项制度之前，追续权的行使障碍重重，艺术家们由于无法获知艺术品交易的具体信息而不知该向谁主张追续金，信息获取权制度的确立使得追续权的行使更加具有可操作性。我国在这方面可以借鉴法国的制度，在设立追续权的同时，设立信息获取权以及相应的救济措施，以保障追续权制度的顺利实施。

（6）设立艺术市场信息登记制度

设立艺术市场信息登记制度，有利于建立运行有效的追续权行使体系。该制度要求作者在艺术品首次销售后即到著作权集体管理组织进行备案登记，由著作权集体管理组织对该艺术品的后续转售进行管理，登记内容不仅包括创作者的个人信息，还应包括艺术品的买卖合同以及销售价格等基本信息。该组织会对艺术品的转售信息进行追踪，一旦作品被转卖，著作权集体管理组织会及时通知权利人，并且征收追续金。我国设立相应的艺术品市场信息登记制度，有利于追续权权利人及时获取信息，从而保障追续权的有效行使。

第七章 基于区块链技术的数字货币交易法律规制

一、概 述

区块链作为比特币等加密数字货币的底层技术，其本质是一个以去中心化为主要特征的分布式共享数据库，每个参与者均可检查公开账簿，但任何一个参与者都不能单独对其进行控制。该数据库由一串使用密码学方法产生的数据区块有序链接而成，区块中包含一定时间内产生的无法被篡改的数据记录信息。[1] 由于区块链网络中没有中介机构，公共账簿的数据存在于每一个节点之上，而每一节点又通过区块链技术连接起来，且该数据库和整个系统在公开透明的状态下运行，故区块链具有去中心化、无须信任积累及集体维护保证可靠性等显著特征。

本章所探讨之数字货币，系狭义概念的数字货币，即指不依托任何实物，基于区块链技术，使用密码算法创建、分发和维持的电子货币，是价值的一种数据表现形式，又称"加密货币"或"加密数字货币"，现阶段以比特币（Bitcoin）、莱特币（Litecoin）、以太币（Ether）等为典型代表。

区块链并不等同于比特币，其只是数字货币的技术基础，每一种数字货币都有自己独立的区块链，即意味着其拥有自己独立的公共账簿和运行协议。比特币可以说是区块链应用技术最有影响力的应用，但比特币不是区块链应用的全部，也不可将两个概念混为一谈。

（一）区块链的基本理论

1. 区块链的渊源

2008 年 11 月 1 日，一位化名为中本聪（Satoshi Nakamoto）的计算机程序

---

[1] 长铗、韩峰等:《区块链：从数字货币到信用社会》，中信出版社 2016 年版。

员，在"metzdowd.com"网站的密码学邮件列表中发表了一篇学术文章，《比特币白皮书：一种点对点的电子现金系统》（Bitcoin：A Peer-to-Peer Electronic Cash System）。[1]中本聪在这篇文章中详细描述了如何创建一套无须基于交易双方信任的去中心化的电子现金交易系统。这一技术的本质是，避开权威第三方的认证使交易方之间直接建立真实可信的交易合作关系，其交易的实现是通过点对点（P2P）数据传输技术、非对称加密技术、分布式存储等技术提供支持。2009 年 1 月，中本聪在位于芬兰赫尔辛基的一个小型服务器上，亲手创建了区块链上的第一个区块，并因此得到了第一笔 50 枚比特币的奖励，"创世区块"就此诞生。作为区块链上序号为 0 的第一个比特币区块，它拥有唯一的 ID 识别号。在这之后产生的每一个区块都有两个 ID 识别号，一个是该区块本身的识别号，另一个是其前序区块的识别号。之后的区块通过序号形成前后关系，与最初的"创世区块"相连形成了链，标志着中本聪设想的比特币区块链就此诞生。人类通过互联网的传输控制协议 / 因特网互联协议（TCP/IP Protocol Suite）使信息在全球范围内得以高速便捷地传播。然而，金钱却远不能达到同等水平的交易与传播。造成这一状况的主要原因是传统的金融体系不可避免地依赖"第三方"机构（传统银行），这些传统的中心化金融结构是很难让金钱像其他信息那样免费高速地流动。针对这一问题，中本聪创造性地提出建立一个全新的网络应用体系，并推动这一设想成为现实。区块链世界的交易去除第三方中介机构的参与，通过集体协作和系统公开透明保证可信度，交易双方省去建立信任关系的繁杂手续与时间，实现了价值的高速流动。

2. 区块链的基本原理

（1）区块链的工作方式

区块链的一般工作方式为：每当全网任一节点的交易方创建一笔新的交易时，就会对全网进行广播；这笔交易会通过 P2P 网络传播，每个节点运用特定算法进行确认，从而获得新建区块的权利，并争取得到比特币的奖励，这一过程也被称为"挖矿"；运算最快算力最强的节点会将该时间范围内被确认的交易记录归集形成数据区块，也就意味着该节点找到了一个难度足够的工作量证明；找到之后它就会向全网进行广播；当一个节点新生成区块时，它会向全网

---

[1]　原文参见 https://bitcoin.org/bitcoin.pdf，最后访问时间：2019 年 11 月 20 日。

广播该区块记录的所有盖时间戳的交易，并接受所有节点对其有效性进行核对；只有经其他节点确认，该区块中所包含的所有数据记录确实有效且之前并未出现过，其余节点才会认可该区块的有效性；经规定次数（例如，比特币需6次）确认后，交易会被确认（不可追溯、不可逆转）；其余所有节点认可接纳该区块，而表示接纳的方式是将该数据块附在已有的区块链链条末尾，从而延长该链条；至此交易达成（图7–1）。

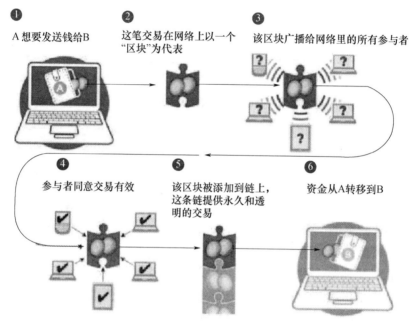

图 7–1　区块链工作示意[1]

（2）区块链的主要特点

第一，去中心化。去中心化（Decentralized）是相对于"中心化"而言的新型网络内容生产过程，指整个网络不依赖于中心化的管理机构或硬件，不需要第三方中介机构信任背书，全网节点之间的权利和义务都是均等的。当前传统数据库都是私密的，且其中心化程度很高，若攻击其中心节点会导致整个数据库的瘫痪。而区块链网络则没有该隐忧，整个系统因为去中心化的特点而依靠

---

〔1〕　袁煜明、蒋佳霖：《区块链与数字货币：原理、特征和构想》，载《兴业证券研究报告》2016年2月1日。

所有节点共同维护，任一节点的损坏或灭失都不会影响整个网络的运行。

第二，可靠性高。区块链是基于点对点传输和共识机制形成的数据库。首先，区块链系统的数据库信息对全网节点都是透明的，数据更新也是全网同步。开放的程序、共同认可的协议和高参与度共同保证了透明度，并以此提高区块链的安全性。其次，区块链的内在系统运行要求其具有信息不可被篡改的特征，一个新的区块一旦经过验证被添加进链条内，就无法篡改，相关记录永久储存。时间戳保存了全网已执行过的交易数据，并可以提供查找和核对历史交易信息的功能。任何人想要在区块链上伪造交易，都不仅要伪造当前区块的信息，还要伪造整个链条之上所有区块的交易记录，并且需要在新的区块被添加进入链条之前完成上述所有操作，否则伪造的记录会即刻被区块链网络自动舍弃。区块链正是以此机制保证数据的稳定性和安全性。并且，一个区块链系统中，参与的节点越多，算力就会越强，该系统中信息的可靠性就会越高。

第三，去信任化。去信任（Trustless）是指在区块链的交易中，参与方无须互相信任即可完成各节点之间的数据交换。区块链技术的应用直接减少甚至完全消除了交易过程中第三方中介存在的必要，使得原本没有合作机会的陌生人之间可以以匿名的形式放心地进行交易。区块链通过技术的手段来建立信用，运用共识机制与加密算法提供支持，依靠整个系统运作的透明性和公开性进行集体维护，把对某一个人或某一机构的信任变成对一个体系的信任，保证任何篡改和干预都无法破坏数据和记录。简而言之，整个网络的信任不依赖于某一中心或某个节点，而完全基于通用协议和共识机制，具有安全性和可靠性。

3. 区块链的应用现状

区块链的技术发展虽从比特币起步却早已超越了这一范畴。由美国区块链科学研究所创始人梅兰妮·斯万（Melanie Swan）所著的《区块链——新经济蓝图及导读》一书概括了区块链技术现有的应用领域以及三个层次的发展走向，分别是以数字货币为代表的区块链 1.0，以智能合约为代表的区块链 2.0，以及超越金融等传统领域，延伸至内涵更为丰富的法律、医疗、政府服务等领域进行深度推广和运用的区块链 3.0。[1]

---

〔1〕〔美〕梅兰妮·斯万：《区块链——新经济的蓝图及导读》，龚鸣等译，新星出版社 2018 年版，第175 页。

（1）区块链 1.0：在数字货币交易领域的应用

数字货币被视为一种电子支付手段，它根据预先建立的协议（规则）在没有任何外部管理的情况下对交易进行核算。所有使用数字货币的交易都具有透明度，不仅对监管机构透明，也对系统中的所有参与者透明。数字货币操作的协议（规则）就基于区块链技术。[1] 前文已提到，中本聪构建区块链的动机就是改变传统金融体系中对中心化管理机构、第三方中介机构的依赖。因此，区块链 1.0 首先是通过数字货币的交易和流动形成全新的数字支付系统，其去中心化、去信任化的货币交易模式保证了交易安全，公开性和自治性的特征有效降低了交易成本。这一应用的推广不仅颠覆了传统金融体系的运行，也使得全球货币统一成为可能，使用数字货币不必依赖各国货币的国家信用背书，大大加快了价值在数据世界的流转，实现了所有资源的去中心化式的贸易。虽然数字货币目前仍然是区块链技术最成功的应用，但是其也面临亟待解决的难题，包括全球范围内的监控混乱、价格起伏较大、过度浪费资源等。

（2）区块链 2.0：超数字货币领域的应用

区块链 2.0 是区块链在数字货币之外，可编程金融领域的其他类型应用。区块链 1.0 就是区块链世界的 TCP/IP 协议，它只是最底层的运用，数字货币交易的蒸蒸日上推动了区块链在金融行业更多业务上的应用。其中最有代表性的就是智能合约，智能合约的内容从数字货币的交易延伸到其他各种协议。智能合约由代码定义，由代码执行，完全不需要担心违约的情况。这不仅是对金融行业的革新，而且会深度影响社会中的其他社会性契约，重塑合同法。目前，可编程金融已经在股票、私募股权等领域有初步的应用，华尔街银行想要通过打造区块链行业标准，提高银行结算支付的效率，降低跨境支付的成本，交易所积极尝试用区块链实现股权登记、转让等功能。[2]

（3）区块链 3.0：超数字货币、金融市场领域的应用

区块链 3.0 是指超越货币、金融市场领域的具体应用，涵盖了日常生活和工作所涉及的各个领域。3.0 本质上是利用了区块链去信任化之后无须提供信息证明的特点，广泛运用于社会治理等领域，省去了借助第三方中介或管理机构

---

〔1〕 Правовое регулирование оборота криптовалюты: зарубежный опыт/Шайдуллина Венера Камилевна//Общество: политика, экономика, право.2018.1–3с.

〔2〕 龚鸣：《英国对区块链技术的态度》，载《金融博览》2006 年第 3 期。

的信用这一环节，直接实现以数据为载体的信息流动，促进社会各领域资源的有效配置和价值交换。常见应用领域如数字资产证明、在线图片版权保护、在线公证服务等。除了底层的数字货币，在法律、科学、医疗、政府服务等领域，区块链都可以利用其自身的技术优势，使分布式的思想渗透于各行各业，提高社会资源的流转效率，增加人类社会的福祉。

（二）数字货币的基本理论

如果不了解数字货币的经济性质，就不可能建立有效的数字货币监管。[1]货币载体伴随着世界文明史的发展而不断发展。只有对数字货币的含义有了明确的理解，才能更透彻地分析数字货币对于推动金融行业发展的重要价值，才能从整个国际社会的宏观视角，反观数字货币对金融体系和行业稳定的冲击，以及对其立法规制的必要性。

历史从未能阻挡新技术带来的变革，从新石器时代以物换物的自然货币，到青铜时代出现的全国统一的金属货币，到造纸术和印刷术蓬勃发展由此诞生的纸币，再到互联网技术催生的电子货币，货币的发展即基于技术的力量。文明的进步为货币的发展提供了最强大的推动力。数字货币的诞生无疑是货币在信息时代向更加虚拟化便捷化方向发展的必然结果，是网络经济发展的重要表现。目前，金融、法律、计算机等多个领域的学者都在对数字货币进行研究，尚无统一、精准的定义，故本文在此主要对其含义作归纳解释。

1. 数字货币的含义

数字货币（Digital Currency）是一种电子形式的替代货币。"数字"就表明，数字货币最主要的特征是对货币进行了数字化处理。而这一数字化处理则是依托密码学和计算机技术，经过数字化加密等一系列复杂的程序才能完成。数字货币的起源可以追溯到20世纪90年代，电子黄金即为其最早的表现形式之一。广义的数字货币包括法定货币的电子化（电子货币或电子现金）、互联网公司发行的虚拟货币（如Q币）、非法定加密数字货币和各国正在积极研究的法定加密数字货币。而狭义的数字货币则专指以区块链为技术支撑，基于互联网进行流转的电子货币或交换媒介，实现交易的即时性和无国界的所有权转让，典型代

---

〔1〕 Криптовалюта как новое экономико-правовое явление/ШайдуллинаВ.К.//Вестник университета.2018.137–142 c.

表有比特币、莱特币、元宝币等。

数字货币的核心特征主要体现在以下三个方面：第一，由于来自于某些开放的算法，数字货币没有发行主体，因此没有任何人或机构能控制它的发行。第二，由于算法解的数量确定，所以数字货币的总量固定，这从根本上消除了虚拟货币滥发导致通货膨胀的可能。第三，由于交易过程需要网络中的各个节点的认可，因此数字货币的交易过程足够安全。[1]

2. 数字货币的相关概念

（1）虚拟货币

虚拟货币也称网络虚拟货币，非真实货币，是以一定的发行机构为发行主体的，以通用信息技术为支撑，以互联网为主要流通与支付平台的一种货币价值的数字表现形式。广义的虚拟货币包括以下提到的电子货币和数字货币。狭义的虚拟货币仅指由互联网企业（非央行和其他信用机构）发行，仅在该企业经营范围内使用的虚拟货币，包括网络游戏公司发行的游戏币、门户网站的积分或网络社区的专用币（如 Q 币）。虚拟货币最大的特点就是不能双向流通，消费者可以基于对某一互联网虚拟货币发行企业的信任，使用现实中的货币进行兑换，并用于购买网络服务，却不能用该企业的虚拟货币兑换法定货币。这样的模式也决定了虚拟货币无法拥有货币的全部功能，只能作为特定价值的交换载体。

（2）电子货币

电子货币本质上是指法定货币的电子化，是一种表示现金的加密序列数，其并非一种独立的货币。电子货币作为广义虚拟货币的一种，同样以计算机技术和通信技术为手段，没有实际的物理形态，可以通过电子通信的方式实现流通与支付的功能，为持有者的金融信用。电子货币的载体随着互联网的发展逐渐多样化，从最初由银行发行的银行卡（包括信用卡、储蓄卡等），到储值卡（购物卡、公交卡等），再到第三方支付平台（微信支付、支付宝等）。电子货币的流转是资金信息以电子数据流形式的传递，本质上传递的是法定货币的价值。

综上，数字货币作为广义虚拟货币的一种，具有虚拟性和流通性，是一定价值的数字表现形式。区别于狭义的虚拟货币和电子货币，数字货币没有发行

---

[1] 朱阁:《数字货币的概念辨析与问题争议》，载《价值工程》2015 年第 11 期。

主体，它是根据密码学原理人为进行特定的算法程序生成的，任何区块链网络内的节点都可以参与其中，具有匿名性。目前，社会各界所关注与探讨的数字货币，无论是比特币，还是各国央行探索的数字货币，其核心都指向狭义的数字货币，即加密货币。这种货币利用其本身的技术特点实现了不可追踪、不可冻结、不可未经许可而占有。狭义的数字货币包括非法定数字货币和法定数字货币。法定数字货币是中心化的，是由各国央行担保、授权发行的加密数字货币，虽不同于电子货币这种法定货币电子化的直接表现形式，但同样是具有法定货币效力的主权货币。

3. 数字货币交易现状

截至 2021 年 7 月 6 日，全球数字货币市场共有币种近万种，总市值共计1466656826096 美元，基本涵盖全球主要国家和地区。表 7-1 为目前最有影响力的数字货币的相关统计数据：

表 7-1　流通市值排名全球前五的数字货币[1]

序号	名称	流通市值（万美元）	价格（美元）	成交额（24 小时）（万美元）	流通数量
1	比特币（Bitcoin）	653777765424	34916.79	25643364917	18749112 BTC
2	瑞波币（XRP）	31238181381	0.6775	2187946835	46146927647 XRP
3	以太币（Ether）	272961495225	2298.66	19687953774	116579692 ETH
4	比特币现金（Bitcoin Cash）	9804675918	511.64	1458371927	18781994 BCH
5	柚子币（EOS）	3798932230	3.89	745746052	954941555 EOS

绝大多数数字货币的体量都很小，目前的数字货币市场仍以比特币为主，但以太币等也占据了一定的市场份额。

截至 2021 年 7 月，全球数字货币市场单日总交易额约 712 亿元人民币，仅为 2018 年年初巅峰期的 1/6。全球数字货币市场在经历了火热涨势之后，正渐

---

[1] Top 100 Cryptocurrencies by Market Capitalization，at https://coinmarketcap.com/,July 6, 2021.

渐走向降温冷却。

数字货币的币值通常波动剧烈。比特币等数字货币是参与者通过特定的程序"挖矿"而得,但随着"挖矿"的人越来越多,比特币越来越难以获得,因此价格不断攀升。而且由于比特币缺乏实用性,更多的投资者加入进来只是为了投机和炒作,也导致比特币价格的剧烈波动。以最早最主要的加密数字货币比特币为例,图 7-2 为 2021 年上半年全球加密货币价格波动情况。由于大量投机者的加入和炒作导致的价格波动,使其支付功能的可靠性大大降低。

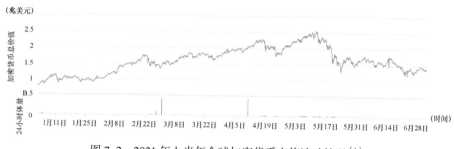

图 7-2　2021 年上半年全球加密货币市值波动情况[1]

此外,数字货币交易平台的运营状况堪忧。数字货币交易平台是为人们提供数字货币买卖交易的平台,通过维护服务赚取手续费用。数字货币的高交易量吸引越来越多的投资者加入进来。目前,全球有一万余家数字货币交易平台,但近九成的利润集中在排名前二十的数字货币交易平台手中,剩下一成的利润由其余交易平台获得。然而由于数字货币本身币值的波动较大,而且大部分集中于投机买卖,许多中小型交易平台都由于收益过少、运营维护成本过高而倒闭。除此之外,由于缺乏监管约束,许多平台被质疑存在自营操盘的内幕问题。数字货币由于其底层技术具有高安全性和去中心化的特点而获得大众对其技术和架构的信心,然而非技术的安全问题却成为数字货币向前发展的阻碍。

综上所述,我们无法给数字货币下一个准确的定义,但数字货币是依托现有的电子货币和虚拟货币体系发展而来的,并非空中楼阁。比特币等现阶段主流数字货币的圈层参与者,其主要目的是通过抬升数字货币的价值从而赚取差价。由于监管和立法的缺失,广大投资者在数字货币交易市场承担着巨大的风险。而数字货币由于其匿名性和高流通性的特点容易被非法利用,这也为金融

〔1〕 Globle Charts Total Market Capitalization, at https://coinmarketcap.com/charts/, July 6, 2021.

诈骗、洗钱犯罪和非法集资等提供了新的平台。必须加强对数字货币的监管，才能更好地维护消费者的合法权益，打击违法犯罪，惩治乱象，控制风险，维护国家金融秩序和民众财富安全。

二、数字货币的性质与法律认定

研究数字货币交易法律规制问题的前提是理解数字货币的法律属性，而研究数字货币的法律属性就不得不先明确货币的货币属性。数字货币本质上是从电子货币和虚拟货币发展而来的特殊的货币形态，是数字经济时代的产物。作为一个新生的概念，数字货币的"币"到底是否可以被定义为真正意义上的货币？其是否真正具有法律属性？如何在法律框架内对其定性？以下将对这些问题进行重点讨论和分析。

（一）数字货币的货币属性

货币具体体现了财富的物质存在。因为货币的使用价值代表商品的价值，因此货币是物质财富的一般代表，是社会财富的一般集成，是一般劳动的直接化身。[1] 马克思在《政治经济学批判》的第二章中论述了货币的五项主要职能，包括价值尺度、流通手段、贮藏手段、支付手段和世界货币。从经济学角度而言，数字货币之所以被定义为"货币"是由于它具有一定的货币特征和职能。

首先，货币基本职能就是价值尺度，执行价值尺度职能的货币是观念中的货币，这一职能是指货币充当表现和衡量商品所包含价值的大小的社会尺度。数字货币在现实生活中的特定范围内可以被人们当作一种价值尺度。单个的商品可以通过数字货币来表现其交换价值。在数字货币交易市场中，数字货币执行货币价值尺度的职能，充当一般等价物（一般劳动时间的直接化身）的角色，可以根据法定货币与数字货币兑换的实时汇率制定定价标准。但是，当前数字货币所面临的价格波动过大、使用人群仍在少数的现状使其不具有货币作为价值尺度所需要的稳定性和普遍性。所以，数字货币目前还不具有完整意义上的价值尺度职能。

其次，货币还具有流通手段的职能。商品是经济运行之中转瞬即逝的要

---

〔1〕 史青竹:《马克思〈政治经济学批判〉研究读本》，中央编译出版社 2017 年版，第 133 页。

素，而货币却在交换中不断流动。作为流通手段的货币总是表现为购买手段。在货币发展史上，从物物交换到电子货币出现，正是人类对货币交换越来越高的需求促进了货币载体的不断变化。早在 2010 年，美国程序员拉兹洛·哈耶兹（Laszlo Hanyecz）就用一万个比特币购买了两个比萨，这被视为人类用比特币进行的首笔交易。目前，数字货币在部分国家已经实现了流通手段的基本职能，在瑞士、美国和日本的部分地区，大众可以使用数字货币在自动售货机购物，也可以完成股票、房产等交易。

再次，货币还可以作为贮藏手段。货币在静止状态就可以发挥贮藏职能，其促使社会财富得以积累和保存。目前可以较好发挥贮藏手段职能的数字货币主要是比特币。贮藏手段要求货币具有安全性和随时间保值的能力。比特币的创造者为了将比特币描述为一种贮藏手段，提供了使用比特币作为积累手段的两个基本规则：比特币总数（2100 万枚）的数量限制和整个系统的透明度，不允许攻击者改变区块链。[1]

最后，货币还具有世界货币的职能。这一职能要求某一特定的货币受到国际社会的普遍认可，在全球范围内可以充当商品的一般等价物。基于区块链技术进行交易的数字货币诞生于互联网，其使用一般不受地域限制，一定程度上符合世界货币职能的外观。但是，现代货币的价值来源于政府的信用背书，而数字货币的信用来源于其本身架构的信用体系，没有权威机构为其信用背书。

从确定数字货币法律制度的角度来看，首先需要考虑确认其货币价值的可能性问题。这些价值构成了货币法律关系的主要对象，与其他类型的财产相比，数字货币具有更高的价值和流动性，即能够在保持其名义价值的同时相对快速地转变为法定货币。[2] 综上分析，数字货币目前具有部分货币的特征，但是由于其自身特殊的信用来源，波动过大的价格，以及使用范围有限等弊端使其不能完全发挥货币的职能。当前，数字货币只能说具有成为真正意义上的货币的潜质。

（二）数字货币的法律属性

俄罗斯联邦政府立法与比较法研究所副主任伊利亚·伊里奇·库切罗夫

---

[1] Правовые подходы к легитимации криптовалют//Юридическая наука и практика: Вестник Нижегородской академии МВД России.2018.183–190с.

[2] Криптовалюта и Актуальные проблемы объектов гражданских прав/Петровский Никита Максимовичи др.//Теология.Философия.Право.2018.№ 1（157）.18–26с.

（Кучеров Илья Ильич）认为，从法律角度对数字货币进行分类有充分的先决条件。数字货币在用户中最受欢迎的功能是其能够作为支付手段，这决定了其货币本质，它在很多方面表现出与电子货币的某种相似性。数字货币实际上代表了一种新形式的电子现金。从何角度定义数字货币作为民事权利的客体，是对相关社会关系进行立法规制的关键。数字货币法律制度最重要的一个方面是它作为民事权利客体的资格，这不仅关系到相关交易是否具有普遍的合法效力，而且涉及在整个法律体系中设立数字货币的监管载体。[1]

目前，我国关于数字货币法律性质的研究较少，而有关虚拟货币的法律研究较多，其广泛涉及民商法、金融法等领域，随着研究的不断深入，也逐渐涉及国际法。中国法学理论界关于包括数字货币在内的虚拟货币究竟是何种性质的财产一直存在争议，关于其"作为何种法律关系的客体"，代表性的观点有以下三种。

1. 物权说

物权作为对物的直接支配并排斥他人干涉的权利，具有排他性和独立性。物权说认为，虚拟货币是网络虚拟财产的一种，是特殊的物，适用现有法律对物权的有关规定。持反对观点的认为，以虚拟货币为代表的虚拟财产不具有有体性，不属于物权的客体，对其保护适用侵权和违约的救济方法，而非赋予权利人物权。

物权的客体是否一定要具备有形的特征在不同法系中存在不同的认定。在英美法系中，由于对物与财产的概念未进行严格的划分，财产既可以是有体物也可以是无体物。而在大陆法系国家中，则存在两种不同的立法观点。一种以德国、日本民法为代表，将物权的权利客体限定为有体物。如《德国民法典》第90条规定："本法所称的物为有体物。"另一种以法国民法为代表，将物分为有体物和无体物，认为二者均可作为物权的权利客体。而在我国，关于物权有体性的研究也观点不一，梁慧星教授认为，物，须可为权利客体，须为有体，须为人力所能支配，须有确定的界限和范围，须独立为一体。[2]杨立新教授认为，物的概念的扩张是社会经济和科技发展的产物，是一个不断变动的过程，

---

〔1〕 Правовые подходы к легитимации криптовалют//Юридическая наука и практика: Вестник Нижегородской академии МВД России.2018.183-190с.

〔2〕 参见梁慧星:《民法总论》,法律出版社2001年版,第148—149页。

只要不危及物权体系和物的体系的基本理念，对其中的个别部分的修补都在允许的范围之内。所以，只要具有法律上的排他支配或管理的可能性及独立的经济性，就可以被认定为法律上的"物"。[1]传统物权理论认为，物权的客体应当以有形的特征为基本要求，但随着社会的不断发展，作为物权客体的物的概念本身也在不断扩张，物的范围也就不限制在有体有形的范围之内。显然，物权说的观点即是建立在这一种观点之上的。

根据我国《民法典》规定，民事主体的财产权利受法律平等保护。民事主体依法享有物权、债权、知识产权、股权和其他投资性权利等。民事主体享有法律规定的其他民事权利和利益；其中，法律对数据、网络虚拟财产的保护有规定的，依照其规定。[2]这一规定反映了时代背景下，我国民法的进步与发展。将数据和网络虚拟财产归入物的范畴，丰富了物权客体的内容，尽管目前就这一概念的具体认定，《民法典》尚未予以进一步说明，但不容置疑的是对网络虚拟财产的保护已纳入我国民法的立法框架之内。

从权利客体与主体之间的辩证关系来看，数字货币作为一种虚拟财产，是信息时代产生的物的特殊形式，其与一般物权客体有相通的属性。数字货币以代码形式存在于网络世界之中，其相对独立、特定且具有排他性，同时具有物的财产价值。《物权法》第2条规定：物权是指权利人依法对特定的物享有直接支配和排他的权利。由此可见，物权是一种绝对权，物权的权利人在法律规定的范围内对其财产享有完全的占有、处分、使用、收益的权利。以区块链技术为基础的数字货币如何保障物权的排他性呢？简单来说，数字货币背后有一串代码，谁拥有了这串代码，谁就拥有这枚数字货币的所有权。以比特币为例，由于其采用非对称加密的算法，每个参与者都有自己的数字钱包、公钥和私钥。数字钱包是一个地址，是支付交易的凭证，包含所有的交易记录与信息。公钥是公开的，私钥经加密仅持有人可知，公钥由私钥计算而得，数字钱包地址由公钥计算而得，该过程单向不可逆。公钥负责加密和验证，私钥负责数字签名和解密。私钥绝对保密，仅持有人可知，只有持有人可以对自己的数字货币进行占有、处分、使用、收益及其他排他性的支配管理。因此，可以认为该比特

---

[1] 杨立新、王中合：《论网络虚拟财产的物权属性及其基本规则》，载《国家检察官学院学报》2004年第6期。

[2] 《中华人民共和国民法典》第127条。

币的持有者对自己的比特币形成了一种有效支配的状态。

2013 年，中国人民银行等五部委联合发布了《关于防范比特币风险的通知》，对比特币的性质及监管方式进行了明确和规定。该通知将比特币的性质定义为一种特定的虚拟商品，否定其货币的法律属性，明确比特币不能且不应作为货币在市场上流通使用[1]。该通知界定的比特币的性质为虚拟商品。虚拟商品即为网络虚拟财产的一种，使其具有未来被明确认定为数据和网络虚拟财产的可能，进而获得法律保护的空间。

2. 债权说

债权说的观点是从网络运营商与用户之间的服务合同关系出发，认为网络虚拟财产的本质是一种债权性权利，是网络用户向网络运营商主张债权的凭证，只有当网络虚拟财产使用了从运营商处购买的商品或服务时，债权关系才结束。这种学说主要研究狭义的虚拟货币，指在网络游戏领域中网络游戏运营平台提供给消费者的虚拟货币或者是社区网站的虚拟货币或积分等。网络虚拟财产权利人在行使权利时必须得到网络运营商的技术配合，受到服务器状态的限制，即网络虚拟财产权利人不管是基于自己的网络游戏劳动获取的网络虚拟财产，还是基于与网络运营商或者其他网络用户之间的网络虚拟财产买卖合同而获取的网络虚拟财产，其在行使相关网络虚拟财产权利时必须通过与网络服务合同和软件授权使用合同的配合方能实现。网络虚拟财产在行使方式上的特殊性使得其无法脱离债权的类型归属，不能上升为支配性的物权。[2]

将这种学说放到数字货币的角度考量，最先要解决的就是数字货币可否用来支付商品或服务。答案当然是肯定的，无论数字货币被看作是物品或是货币，它都可以用来交换商品或服务，从这个角度来看，数字货币交易更类似于"以物易物"。

债权说的重点不在于虚拟财产本身，而在于其背后所反映的服务关系。这一学说更偏向于虚拟财产的表面现象而非虚拟财产的最终归属问题。通常认为，物权用于调整商品的归属关系，而债权调整流转关系。在网络游戏等其他狭义虚拟货币的应用领域中，通常存在一个特定的网络服务提供者，运营网站和提供服务，消费者在网站注册并成为其用户，之后在该网站享受服务并支付相应对价，从而确实和服务商之间形成了一种债权债务法律关系。从这个角度来说，也符合债权的定义，即债的关系中一方当事人要求他方当事人一定为或不为一定行为的权利。但具体到数字货币领域，这一观点就似乎难以站稳脚跟了。首先，数字货币的用户是任何使用互联网的用户，在去中心化的区块链网络之中，不存在特定单一的网络服务提供商，每一笔交易并非发生在"服务商—用户"这样一个关系之中，而是在"用户—用户"的关系之中。既然从表面来看区块链和数字货币的交易市场上没有特定的网络服务提供者，那么维护区块链的参与者是否可以被视为运营商呢？这一问题我们可以从区块链的参与者角度逐一分析。作为主要参与者的各个用户，每个节点都是区块链网络中的"自中心"，数字货币采用的是点对点非对称加密的方式进行交易，所以，每一个用户都在参与全网的记录和运营。众所周知，数字货币市场除了交易双方，最为活跃的就是"矿工"了。"挖矿"是赚取比特币的方式，通过算出确认每笔交易的唯一的解获取酬劳，谁找到了"解"，找到了这个工作量证明，谁就是挖到矿的"矿工"，同时这笔交易也会被确认完成。"挖矿"的用户同样也只是这一个复杂数字货币交易流程中的一个参与者而不是服务提供者。

债权是一种特定主体之间的请求权，债权人能否实现期待利益，取决于债务人是否按照约定履行义务。而在数字货币的网络世界，加密算法保证了执行的确定性，且由于市场不存在特定的网络服务运营商，所以债权请求权缺乏可指向的网络服务运营商或其他中心化管理机构，也就因此缺乏相对权存在的基础，故很难将其认定为债权法律关系。此外，债权通常不会公示为第三人所知，而数字货币的每笔交易都会上传到所有用户端，记录在公共账簿之中。综上所述，本书认为债权说更适合狭义的虚拟货币交易，而不能将数字货币的属性认定为是一种债权。

3. 知识产权说

对"虚拟财产"的性质，有学者认为，网络游戏玩家通过练级或购买获得的"头盔""战甲"等武器装备，是玩家花时间、金钱、精力获得的，应该算劳动所得，属于私有财产的范围。这种财产既有价值，也有使用价值，可以进行转让。从内容来看，它是一种智力成果，接近于知识产权。[1]也有观点指出，虚拟财产更多的是具备"智慧作品"的特征和属性，因此将虚拟财产认定为有别于传统知识产权理论的一种新型的，具有部分"物权"属性的"特殊作品"应当是较为妥当的。[2]

这一学说的主要观点是，网络虚拟财产在形态上属于无形财产，是一种智力成果，应当按照保护著作权的方法对网络虚拟财产进行法律保护。《世界版权公约》第1条规定，缔约各国承允对文学、科学、艺术作品包括文字、音乐、戏剧和电影作品，以及绘画、雕刻和雕塑的作者及其他版权所有者的权利，提供充分有效的保护。按照这一观点，数字货币可被视为上述规定中作品的一种。而对于作品的具体种类，数字货币可以被归入我国《著作权法》第三条列举的作品种类中的计算机软件。但是其作为一种智力成果，归属于谁？

在网络游戏领域，网络游戏包括其中的虚拟财产都是由网络游戏的开发商开发而来，其著作权归属于网络游戏的开发商，而玩家获取虚拟财产的方式是购买或赢得游戏胜利，对于这些虚拟财产，玩家享有著作权中的使用权。按照这一思路分析数字货币的著作权归属会有两种可能。一是数字货币的著作权归属于区块链创始人"中本聪"及其他开发人员。以比特币为例，区块链各节点的用户通过交易或"挖矿"得到比特币。比特币本质上是依赖于区块链程序的数字权益证明，属于计算机软件的一种，可以作为著作权法的保护对象。著作权的权利内容通常由人身权和财产权两部分组成，财产权包括信息网络传播权、出租权和复制权等权利，并没有具体的使用权。此外，著作权虽然有许可使用的情形，但一般具有专属性，被许可人不可擅自将自己的权利许可给他人使用。这显然不符合数字货币交易的情形。二是数字货币的著作权归属于每一节点的数字货币交易的参与者。以比特币为例，获取比特币的主要方式有"挖矿"和交易，"挖矿"生成比特币，"矿工"在"挖矿"的过程中付出了无差别的人类劳动，投入了时间成本和物质成本，获得了独一无二的创造性的智力成果，具有专有性（排他性）、无形性，属于知识产权保护的客体。然而比特币是一串代

---

[1]《虚拟财产面对现实考量》，载中国法院网，https://www.chinacourt.org/article/detail/2004/02/id/104262.shtml，最后访问日期：2018年3月30日。
[2]刘玥:《网络法律热点问题研究》，知识产权出版社2008年版，第149页。

码序列，在区块链网络中，任何人都可以当"矿工"进行"挖矿"，"挖矿"的实质是在争取特定时间内的记账权，区块链网络仍然是数字货币交易运行的基础平台，一个"矿工"成功得到比特币只能说明他比其他人更快速准确地得到了这道复杂数学题的解，得到了工作量证明。但并不能说"矿工"因此获得了这枚比特币的著作权，这并不符合著作权所要求的独创性。独创性要求劳动成果还要具有一定程度的"智力创造性"，即能够体现佐证独特的智力判断与选择，展示作者个性并达到一定创作高度要求。[1] 比特币作为完成加密运算数据处理的报酬，任何人都可以参与"挖矿"，并运行同样的程序获得每笔交易特定的唯一的解，因此不符合独创性。所以这一观点也只在表面上符合早期英美法知识产权理论中"额头流汗"的标准，但由于缺乏独创性而难以认定"矿工"或用户拥有数字货币的著作权。

此外，知识产权还要求地域性和时间性，而数字货币的交易依存于互联网空间，没有特定的地域限制，更无法规定明确的保护期限。区块链匿名性和去中心化的特征决定了维持其运行只需要用户之间交易，只要互联网存在，只要区块链网络不断运行，比特币的权利就不会轻易消失。

通过以上分析不难看出，数字货币具备物权、债权和知识产权的一些特征和外观，但是结合数字货币的本质和交易特点，本书更认同物权说的理论，物权说也更符合我国相关的立法背景与态度。网络虚拟财产的属性是虚拟的物，是互联网时代下物的特殊形态。只有对数字货币的法律属性正确定性，才能更好地改善司法实务界适用无措的窘境。

（三）司法裁判中对数字货币法律性质的认定窘境

从司法实践角度来看，我国目前已有的涉及数字货币的案例主要涉及刑事和民事判决。这些判决大多援引五部委或七部委所发关于比特币的相关文件，但是所得结论却常常截然相反。

数字货币因其未经国家法律认可，故而不能成为刑法上的货币，仍应被看作是虚拟财产。在此情况下，以数字货币为犯罪对象的犯罪，不应构成刑法上的货币犯罪。[2] 从目前已有的刑事判决来看，大多对数字货币的态度非常谨慎。

---

〔1〕 王迁:《知识产权法教程》，中国人民大学出版社 2016 版，第 32 页。
〔2〕 王冠:《基于区块链技术 ICO 行为之刑法规制》，《东方法学》2019 年第 3 期。

有关数字货币的刑事裁判从惩罚犯罪的角度出发，通常将犯罪行为纳入侵犯财产罪的范围，更倾向于保护数字货币持有者的财产。比特币的私钥仅为其持有者本人所知，是证明持有人对该比特币所有权的唯一凭证。私钥本质上也是一串代码，是价值的数字表现形式，具有可复制性，容易成为犯罪分子的盗取对象。对于盗窃数字货币的行为，虽然也存在否定比特币财产属性的判决，但在"货币说"和"财产说"之间，由于比特币在我国没有成为法定货币的可能，所以对其数字财产属性的认可逐渐成为主流。然而，目前在司法裁判中呈现两种不同的认定：一种裁判观点将比特币视为刑法意义上的财产，另一种观点将比特币视为数据。按照第一种观点，盗窃比特币被视为侵犯他人财产，应属盗窃罪，以台州市中级人民法院关于武宏恩盗窃罪一案为例。二审刑事裁定书指出，被害人金某付出对价后得到比特币，不仅是一种特定的虚拟商品，也是被害人在现实生活中实际享有的财产，应当受刑法保护；被告人武宏恩通过互联网窃取被害人金某的比特币后，再将其售出所得款共计人民币 20 余万元转到了其个人的银行账户，其行为已构成盗窃罪。[1]该案例中，法院肯定了比特币的虚拟商品属性和财产价值及持有人受法律保护的权利。据此，比特币作为一种数字货币，被认定属于我国《刑法》第 92 条所保护的公民私人所有财产的范畴，对其给予刑法保护。第二种观点将比特币视为数据，窃取他人账户中的比特币被视为非法获取计算机信息系统数据。以金湖县人民法院审理的陈某非法获取计算机信息系统数据、非法控制计算机信息系统罪一案为例。被告人陈某通过非法网站破解被害人账号密码，盗取被害人个人账户中的 1.64 个比特币并转入自己的虚拟货币账户之中。被告人陈某侵入他人计算机信息系统，非法获取计算机系统中的储存数据，其行为已构成非法获取计算机信息系统数据罪。[2]在此案中，法院将比特币的法律属性认定为"计算机信息系统数据"，否定了比特币作为数字财产其本身的财产价值。

---

[1]　浙江省台州市中级人民法院刑事裁定书（2016）浙 10 刑终 1043 号；浙江省天台县人民法院刑事判决书（2016）浙 1023 刑初 384 号。武宏恩盗窃案，北大法宝，http://pkulaw.cn/case_es/pfnl_1970324845849483.html?match=Exact，最后访问日期：2019 年 4 月 30 日。

[2]　江苏省淮安市金湖县人民法院（2015）金刑初字第 00090 号刑事判决书。陈某非法获取计算机信息系统数据案，北大法宝，http://www.pkulaw.cn/case/pfnl_a25051f3312b07f372eb2f9ed2fc4a13e916c9071f4206c7bdfb.html?keywords=%E9%87%91%E6%B9%96%E5%8E%BF%20%E6%AF%94%E7%89%B9%E5%B8%81&match=Exact&tiao=1，最后访问日期：2019 年 4 月 30 日。

以上两种不同的裁判观点反映出司法在监管态度上的差异，导致法律适用的不同，裁判结果大相径庭。本书更认同第一种观点。首先，如果要对数字货币进行刑法保护，就要先明确数字货币在民法上属于何种权利类型。据前文的分析，数字货币属于网络虚拟财产，是物的一种。其次，虽然包括比特币在内的数字货币本身确实是一串代码，是数据的价值表现，但不可否认的是，比特币本身有其现实意义上的价值，这一点使其区别于其他一般意义上的数据。张明楷教授认为，财产犯罪对象的财物应当符合以下几个特征：具备管理可能性、具备转移可能性、具有价值性，不能以能否拿到现实世界中为标准区分对象是否属于财物。[1]数字货币因为其本身的虚拟性和无形性易被质疑是否属于刑法的保护对象，但根据上述理论，其符合刑法所保护的财物的特征，数字货币由持有者本人支配和管理，可以在区块链网络的不同账户中进行转移，可以与法定货币兑换或交易，具有价值性，所以，数字货币应当被认定为刑法所保护的公民私人所有财产。最后，从处罚角度来说，无论是定盗窃罪还是非法获取计算机信息系统数据、非法控制计算机信息系统罪都会使犯罪者受到刑事处罚。但两种罪名相比较，非法获取计算机信息系统数据罪中情节特别严重的，处三年以上七年以下有期徒刑；而盗窃罪中数额特别巨大的最高刑为无期徒刑，显然盗窃罪的刑罚更重。如果这样的差异继续存在，对被告人可能是不公平的。伴随区块链技术向更多社会领域渗透，数字货币相关的刑事犯罪也会多样化，对数字货币如何在刑法上定性，如何适用刑罚都是理论界与实务界必须解决的问题。

而在民事纠纷中，判决的争议主要集中在，在数字货币不是法定货币的前提下，其交易是否因此不受法律保护。在高昌建与刘成宾不当得利纠纷一案中，法院认为"比特币在我国不受法律保护，对于比特币这种不合法的物，其交易亦不受法律保护，原告通过比特币交易平台误将自己的比特币汇入被告账户，但该种交易行为在我国不受法律保护，其行为所造成的后果属风险自担"[2]。而

[1] 张明楷：《非法获取虚拟财产的行为性质》，载《法学》2015年第3期。
[2] 山东省商河县人民法院民事判决书（2015）商民初字第1531号判决书。高昌建与刘成宾不当得利纠纷案，北大法宝，http://www.pkulaw.cn/case/pfnl_a25051f3312b07f3dbb1faff54da281e413d15a5cc9b5793bdfb.html?keywords=%E9%AB%98%E6%98%8C%E5%BB%BA%E8%AF%89%E5%88%98%E6%88%90%E5%AE%BE&match=Exact&tiao=1，最后访问日期：2019年4月30日。

在王奇诉浙江普臻网络科技有限公司委托理财合同纠纷案中，法院认为"王奇与普臻公司签订的《委托投资理财合同书》，系双方当事人真实意思表示，且未违反法律禁止规定"[1]。就数字货币性质来说，判决直接将比特币定义为"不合法的物"显然是不够稳妥的。前文所提到过的五部委文件已将比特币定义为一种特定的虚拟商品，《民法典》也将网络虚拟财产明确为民事权利客体。

上述判决都没有直接肯定数字货币的财产属性。2018 年 10 月，深圳国际仲裁院公布了一起关于虚拟货币的仲裁案例，在此案例中仲裁院明确表示，在国内比特币具有财产属性，受到法律保护。[2]该案中，原告委托被告对其数字货币财产进行理财，后因股权转让问题双方发生纠纷，被告拒绝归还原告相应的数字货币资产，故双方向仲裁院提起仲裁。原告向仲裁院申请由被告赔偿 20.13 个比特币、50 个比特币现金与 12.66 个比特币钻石，共计 49 万美元，约合人民币 340 万元。被告辩称虚拟货币在我国不是法定货币，而且在国内也无法流通，所以数字货币无法归还当事人。而仲裁院表示，没有任何法律或法规明确禁止各方持有比特币或进行私人交易。本案中的合同规定了在两个自然人之间归还比特币的义务，并且不属于 2017 年禁令内容。仲裁院认为比特币不是法定货币，但并不妨碍其作为财产而受到法律保护。比特币具有财产属性，能够为人力所支配和控制，具有经济价值，能够给原告带来经济方面的利益。最终仲裁院命令被告归还原告资产，并支付 10 万元罚款。

结合现有司法实践不难看出，司法对监管态度理解的差异，造成不同层级、不同地区法院做出大相径庭的裁判。数字货币作为网络虚拟财产的一种，能够为人力所支配和控制，能够给当事人带来经济方面的利益，应当得到法律的保护。有关数字货币的交易应适用《民法典》合同编、侵权责任编的规定以保护当事人的合法权益。而在刑法领域，则应当对相关罪名的构成要件进行审慎解读，明确具体定罪量刑标准，实现罪责刑相适应。

---

[1] 杭州市滨江区人民法院民事判决书（2016）浙 0108 民初 4612 号判决书。王奇诉浙江普臻网络科技有限公司委托理财合同纠纷案，北大法宝，http://www.pkulaw.cn/case/pfnl_a25051f3312b07f3f5001d0b839eb0c890b96edb77b3021cbdfb.html?keywords=%E7%8E%8B%E5%A5%87%E8%AF%89%E6%B5%99%E6%B1%9F%E6%99%AE%E8%87%BB%E7%BD%91%E7%BB%9C&match=Exact，最后访问日期：2019 年 4 月 30 日。

[2] 张维：《深圳仲裁填补司法判例空白：确认比特币具财产属性受法律保护》，载《法制日报》2018 年 11 月 5 日，第 9 版。

司法裁判与行政监管均属于法律制度框架，是现代社会治理机制的重要组成部分。希望可以通过司法裁判反思监管的不足，从司法的维度阐释行政监管的立场及效果，并为监管路径改进的探索提供有效指引。

三、白俄罗斯数字货币交易立法分析

白俄罗斯共和国总统卢卡申科于 2017 年 12 月 21 日签署了《关于发展数字经济》第 8 号法令（Декрет № 8《О развитии цифровой экономики》，以下简称"第 8 号法令"），[1]该法令已于 2018 年 3 月 28 日正式生效。[2]第 8 号法令为白俄罗斯信息技术产业的发展创造了前所未有的条件，并为该国在 21 世纪的数字经济领域的发展从法律规制层面增加了显著的竞争优势。白俄罗斯也因此成为世界上第一个通过立法明确将加密数字货币和智能合同合法化，并且利用综合性法律框架来监管区块链行业的国家。白俄罗斯的目标是成为一个全球 IT 中心，希望通过一系列激励措施，营造安全的商业环境，吸引数字货币公司投资。比特币纽约中心的创始人尼克·斯潘诺斯（Nick Spanos）盛赞白俄罗斯将会成为"新瑞士"，成为区块链领域未来的领导者。第 8 号法令的公布将促进白俄罗斯数字经济的腾飞，越来越多的白俄罗斯人会了解区块链技术、加密数字货币和智能合约，越早掌握相关知识就会越早获得技术发展领域和应用领域的领先地位。[3]

白俄罗斯第 8 号法令将数字货币描述成一个更抽象的概念，即数字令牌，也译作通证。首先需要明确一个概念，什么是通证？

通证（Token）在国内的很多文章中被翻译为代币。在美国韦氏词典中，通证的含义包括：（1）类似于特定团体按照特定条款发放的铸币；（2）类似于法定政府以外的某一个人或机构以钱币形式发行的铸币；（3）加密数字货币的单位……[4]通证的原意是令牌，在以太网成为局域网的普遍协议之前，IBM 曾经

[1] Национальный центр правовой информации Республики Беларусь: Декрета № 8 《О развитии цифровой экономики》: http://www.pravo.by/novosti/novosti-pravo-by/2017/december/26958/.
[2] 笔者已将该法令全文翻译，译文详见附录。
[3] 《Эксперты: Беларусь может стать мировым литером блокчейна》https://sputnik.by/technology/20171123/1032122814/belarus-mozhet-stat-mirovym-liderom-blockcheyna.html.
[4] merriam-webster, https://www.merriam-webster.com/dictionary/token，lastvisted on April 16,2019.

推过一个局域网协议，叫作令牌环网（Token Ring Network）。网络中的每一个节点轮流传递一个令牌，只有拿到令牌的节点才能通信。在加密数字货币领域，通证就是一种权益证明，代表数字网络世界某项虚拟或现实资产的所有权或使用权，是一种具有流通性的数字权益证明。而加密数字货币，准确地来说是通证在区块链网络中的一类应用。白俄罗斯第 8 号法令将数字货币定义为通证，是更符合其本质与法律性质的。通证的每一次交易可以视为基于数字化的所有权让渡。而通证的交易记录也存在于区块链的公共账簿中，任何节点都可以对权益所有者确权。

（一）第 8 号法令的立法突破与局限

1. 第 8 号法令的立法突破

（1）推行优惠税收政策，鼓励个人参与数字货币业务。2015 年 9 月 22 日，白俄罗斯共和国总统签署了第 12 号法令，该特殊法令的颁布意味着白俄罗斯高新科技园区（HTP）的创建由此开始。

高新科技园区是白俄罗斯一个实行特殊的税收和法律制度的经济特区，类似于美国的硅谷。据其网站介绍，该园区共有 192 家为全球 67 个国家的客户开发软件产品和提供 IT 服务的公司，其中 35% 为外商投资企业。[1]

第 12 号法令规定，特殊法律制度开始生效的日期为 2015 年 9 月 22 日，有效期为 15 年。而随后出台的第 8 号法令将该期限延长至 2049 年 1 月 1 日。这就意味着高新科技园区所享受的特殊法律保护和税收优惠政策也将延期。与韩国等几个主要的比特币市场不同的是，白俄罗斯政府不会对交易加密数字货币和出售数字令牌征税。与数字通证的挖掘、创建、收购和销售相关的活动将在 2023 年之前保持免税。该法令赋予高新科技园区内的法人和个体企业家使用通证（包括加密货币）进行经营的权利。其他人可以通过高新科技园区的居民在白俄罗斯境内使用通证。

第 8 号法令使加密数字货币和智能合约合法化。但并不意味着创建、放置、存储、转让、交换通证以及加密交易和加密平台的活动不受任何限制。该法案优先保护散户投资者，个人进行的挖掘、获取、转让通证等活动被认为不属于企业经营活动，通证也不需要申报。

---

[1] Парк высоких технологий：http：//www.park.by/?lng=ru，12 Мая，2018.

（2）设立加密数字货币交易运营商资本准备金门槛，强调规范数字货币法令的特殊性。第 8 号法令提供了在高新科技园区允许的业务范围内使用各类非传统货币的机会，也为加密平台和加密数字货币交易运营商提供了机会。新的法案在通证的发行者和持有者之间建立了直接的法律关系。为了防止欺诈，还为新加入的数字货币交易运营企业设定了资本准备金的门槛。法令规定上述运营商运营的资产条件，即加密平台运营商必须保证在白俄罗斯共和国银行账户上的存款不少于 100 万白俄罗斯卢布，加密数字货币交易商账户上的存款应不少于 20 万白俄罗斯卢布。通过对加密数字货币交易商设置准入制度，确保其对数字货币市场的风险有基础的认知，并在资金方面具有相对的风险抵御能力。

除此之外，第 8 号法令所规范的业务不受传统金融领域法规的规范限制：涉及外汇和银行业务的法律法规不适用于加密数字货币业务，也就是说，此类业务不需要获取特殊补充许可性文件。"挖矿"、加密平台运营商和加密数字货币交易商的业务，以及其他与使用通证有关的业务不属于银行业务。规范外汇的法律法规对经营通证业务的白俄罗斯共和国的自然人和法人（银行和非银行金融机构除外）以及对经营通证业务的高新科技园区入驻企业，都不具有效力。有关证券的法律法规，证券职业与交易所活动许可的要求同样不涉及高新科技园区入驻企业的通证相关业务。

（3）降低高新科技园区入驻企业破产时被追究替代责任的风险。根据第 8 号法令第 3.6 条，高新科技园区入驻企业在破产的情况下，其财产所有者、创始人（股东）、实际控制人或能够以其他方式确定的负责人均不承担替代责任，上述主体的行为导致企业破产并且其被追究刑事责任的情况除外。这一规定能够真正为高新科技园区内数字经济项目发展提供宽松的环境。

（4）引入域外法律概念规范数字经济贸易。第一，可转换贷款合同。根据第 8 号法令第 5.1 条，高新科技园区居民有权在其之间和（或）与第三方订立可转换贷款合同。

根据可转换贷款合同的约定，出借人将资金转让给借款人，借款人应在合同规定的情况发生时，包括取决于借款人和（或）出借人的意愿的情形下，或者在借款人或第三人履行合同规定的行为后，将借款人注册资本中的股份（全部或部分）转让给出借人。或者将该笔可转换贷款的资金转增注册资本，并将以借款人为发行人的股票或借款人注册资本中的股份（全部或部分）转让给出借人。

可转换贷款合同起源于英国，其集债权性、股权性、转换性这三种属性于一身。转换性的存在使债权人能够通过行使转换权，从普通债权人的身份转换为股东身份，从而实现其追求的转换价值，对其而言，可转换贷款合同具有"下可保底，上不封顶"的优越性。债权人和债务人签订可转债合同之后就建立起了债权债务关系，双方将受到可转换贷款合同的约束，债权人具有到期要求债务人履行还本付息等义务的权利。此外，该合同还具有区别于普通债权的特殊性即股权性。当发生合同协议规定的情况时，或者合同当事人达成合意时，债权人可通过行使转换权将债权转换为以债务人为发行人的股票或者债务人注册资本中的股份。转换之后，债权人成为债务人公司的股东，并享有股东权利。同时，债权人行使转换权后，先前的债权债务关系就归于消灭。在同一个可转换贷款合同中，债权性与股权性不可能同时存在，可转换贷款合同中债权的股权性是一种潜在的性质，如果没有行使转换权，此种股权性就不会存在，而在行使转换权后，潜在的股权性才得以现实化，相反，现实的债权性归于消灭。[1]

白俄罗斯以法律的形式明确"债转股"这一形式的合法性被视为该法令的一大突破。白俄罗斯共和党律师协会会员娜塔莉亚·维克托罗夫娜（Наталья Викторовна）评价该法令的规定可以有效弥补早期投资者的风险，使得数字货币行业企业可运用一切可利用条件为先前投资者创造收益。[2]债转股可以大幅降低企业的财务负担，对数字货币企业走出困境起到很大的作用。与此同时，对于债转股相关的参与者来说这实际上也是一个投资时机，数字货币企业发展稳定后，将会带来巨大的投资回报。

第二，竞业禁止协议。根据第 8 号法令第 5.6 款，高新科技园区入驻企业将与域外的企业一样，跟员工签订竞业禁止协议与保密协议，高新科技园区员工离职以后，这些协议在一段时间内还继续生效（但不超过一年）。这是竞业禁止协议首次被明确写入白俄罗斯的法律条文之中。

---

[1] 时建中:《可转换公司债券法论》，法律出版社 2000 年版，第 18 页。

[2] Договор конвертируемого займа, что это такое?, http://www.rka.by/blogs/dogovor-konvertiruemogo-zayma-chto-eto-takoe.

　　根据该协议，员工不得在协议约定的期限内与高新科技园区内其他有竞争关系的第三方订立劳动合同和（或）民事合同。在不具备成立法人条件的情况下，不得擅自从事企业竞争活动。不得成为与本公司有竞争关系的公司发起人或股东，不得担任其领导，不得成为其集体管理机构的成员。

　　同时，如果高新科技园区入驻企业与其员工之间签订上述协议，高新科技园区入驻企业应向员工发放遵守上述义务的薪水，其数额应不少于该员工上班时最后一年月均收入的三分之一，解除劳动关系后该薪水按每月标准支付，高新科技园区入驻企业与其员工解除劳动关系后，该责任有效期不应超过一年。

　　上述协议应包括该义务所在领域界限、具体经营范围以及协议违约责任。竞业禁止协议是为了保护公司的商业秘密而对劳动者的合法权利进行限制，使其无法利用自己擅长的技能开展正常的生产生活。根据协议，劳动者履行在约定的职业领域之外从业的义务，用人单位提供合理的经济补偿。第8号法令对这一协议的明确，体现出国家对高新技术和数字货币产业的支持，对商业秘密的尊重。同时，根据行业特点，明确规定竞业禁止协议的有效期不得超过一年也体现出对劳动者合法权益的保护。如果禁止期间太长，超过了保护用人单位合法利益的必要限度，势必侵害劳动者的正当劳动权。

　　第三，不可撤销委托书。第8号法令使高新科技园区入驻企业有权在第8号法令制定的业务框架内发放有效期超过3年的不可撤销委托书。相比而言，根据一般规则，高新科技园区入驻企业只能发放有效期不超过3年的委托书。不可撤销的委托书指是除委托书中规定的情况外，不可以在其失效前取消。

　　第8号法令以立法形式明确"不可撤销委托"的效力。当事人在一般委托合同中约定任意解除权限制条款，并未违反法律禁止性规定，是合法有效的；但在不可撤销委托关系中则排除任意解除权的适用，该协议对双方当事人具有法律约束力，当事人不得再随意解除合同。这对园区入驻企业审慎从事交易行为，建立良好的商务信用环境起到警示和推动作用。

　　第四，智能合约合法化。新法令使智能合约合法化。第8号法令第5.3款明确智能合约是运营在区块链登记簿、其他分布式信息系统的原代码，旨在交易或其他具有法律意义的指令能自动进行和（或）履行，通过智能合约从而执行和（或）交易。使用智能合约进行交易的人被视为已正确地知悉其条款，包括程序代码所表达的条款，因此，高新科技园区内的企业有机会以各类非传统的形式签订合同，即不限于传统的纸质方式。

但由于技术发展迅猛而法律制定相对滞后，区块链技术的智能合约的形式及其内容尚且没有细则，其构成生效合同的要件有哪些，是否符合司法拟采信证据的真实性、合法性、有效性，仍处于学术探究阶段。此外，在普通合同中一般会约定兜底条款，而在智能合约下，则缺乏谈判与调整的空间。一旦发生安全漏洞，难以确认责任主体。区块链是一个去中心化的自治组织，没有明确的项目所有人或控制人，一旦造成损失则无法追偿。俄罗斯伊尔库茨克州立大学学者卡尔达诺夫（Андрей ВикторовичКардонов）在其《智能合约的运用领域与实践中的风险》（Сферы применения смарт-контрактов и риски при работе с ними）一文中指出智能合约存在着不容小觑的风险：开发过程中一旦存在错误则不可逆转；存在被黑客攻击的技术漏洞；如果秘钥的关键部分丢失，则永远无法恢复；法律领域缺乏对其纠纷解决的具体法规；市场没有对相关风险的保险制度，发生智能合约风险事件时，所有不利财务后果均由其参与者自行承担；智能合约的未来难以估计，其受科学技术发展的限制。[1]因此，无论是白俄罗斯还是世界其他国家，还需进一步探索智能合约的法律规范。

总体而言，《关于发展数字经济》法令明确加密数字货币交易的合法性，并为其提供了基础的法律监管框架。其以法律的手段保护数字货币交易，并以此营造安全可靠的高新技术发展环境，有利于保护市场参与者的合法权益，促使投资者树立正确的数字货币投资观念。相比其他国家更为严苛的监管措施，白俄罗斯的立法监管目的不局限于防范洗钱风险，其更倾向于保护消费者与保障网络安全，促进数字货币行业的发展。

2.《关于发展数字经济》法令的立法局限

首先，对数字货币的定性尚待明确。第 8 号法令将加密数字货币理解为一种充当通用交换媒介的数字令牌，一种可流通的加密数字权益证明。数字，即它的存在形式是一串代码；权益证明，即它是一种凭证，代表特定的权利和内在价值。区块链技术下的通证作为数字权益证明，每一次交易可以视为一次基于数字化的所有权让渡。这其实是一种非常模糊的表达。数字货币在法律层面

---

〔1〕 Сферы применения смарт-контрактов и риски при работе с ними/Кардонов Андрей Викторович.2018. № 1.44–47 с .

被视为一种货币还是一种虚拟财产抑或是其他，数字货币交易中的权利义务关系如何确定？从长远的监管角度来说，如果不解决这些问题，监管势必面临极大的困难。

其次，对数字货币交易平台资质的审核缺失。第 8 号法令中提出了对加密数字货币交易平台运营商的行业准入设置，即运营商应当在管理机构备案并提供一定具体数额的资产证明。然而对数字货币交易服务的平台的管理，仅依靠备案和财力证明是远远不够的。备案只是平台在互联网中合法存在的前提之一，特定部门还应对这些平台的成立资质做出详细规定并对其人员、技术、资金等开展业务的条件进行审核。此外，对于数字货币市场的消费者而言，交易平台是否具备相关资质也会直接影响消费者的投资判断。如若不加强数字货币交易平台的资质审核，则可能引起数字货币交易市场一定程度的混乱。

最后，由技术风险引发法律风险。第 8 号法令为了给数字货币交易营造宽松的发展环境，明确表示数字货币交易不受现有银行、金融等法律调整和规范。第 8 号法令只是确立了数字货币交易的基本规则，但难以起到预防及管控的作用，再加上法律固有的滞后性，如涉嫌犯罪，只能使用现有对此类犯罪界定不清的刑法规范进行认定。法律制度的变迁离不开技术的发展，如果技术风险不能用法律的手段进行防范，那将破坏数字货币市场秩序乃至整个国家的金融市场秩序，打击投资者的参与热情和对市场的信心，与立法的初衷背道而驰。

除了数字货币，第 8 号法令还明确将智能合约合法化。但目前智能合约只具备技术上的含义，在法律上如何具体规范，需要进一步立法予以说明。由于智能合约全部由代码组成，其实质更偏重于法律框架内合同的执行或履约方式。黑客利用技术漏洞盗取数字货币资产，并未参与智能合约，也无从追踪；相关平台和技术开发者更未直接成为合同相对方，无权利义务。此时智能合约背景下的数字货币资产失窃该如何求偿与救济，因智能合约产生的纠纷是否有对应的纠纷解决机制，如何对智能合同的合同相对方进行现实世界的确认，这些问题法律目前还没有明确规定。

遗憾的是，由于法令刚刚通过不久，尚且没有可以用来研究的实践案例，我们只能从数字货币交易市场的发展现状与法律条文中所蕴含的立法思想进行分析与研究。通过对第 8 号法令的分析，可以肯定的是，白俄罗斯的第 8 号法令为世界提供了一个区块链治理与数字货币发展及规制的新方案。不可否认的是，立法的不完善给监管带来难题，只有及时有效地立法，明确具体的法律规则，才能做到既发挥技术优势，营造良好的高新科技园区数字经济的发展环境，同时保证投资人的合法权益不被侵害。如果法律规范仅停留在现阶段，将可能出现因立法不足而导致监管混乱的现象。

（二）白俄罗斯《关于发展数字经济》第 8 号法令与俄罗斯联邦《数字金融资产法》比较

2018 年第一季度，白俄罗斯和俄罗斯相继着手制定规范区块链行业的法案。白俄罗斯由此成为世界上第一个将智能合约合法化的国家，成为最适合发展 IT 业务的司法管辖区之一。第 8 号法令的立法思想中蕴含着对区块链积极包容的态度，明确了关键技术的法律概念，并在高新科技园区内给予法人实体相关领域的经营权利，同时赋予自然人参与的权利。而俄罗斯联邦《数字金融资产法（草案）》则更关注对数字金融市场准入的限制和对数字金融资产交易的监管，对数字金融资产运营商的认证和登记规定了较为严格的手续。俄罗斯学者纳塔利亚·尤里耶夫娜·阿扎连科（Азаренко Наталья Юрьевна）在分析数字经济产业的重要性时指出，数字经济是最近 30—50 年信息社会发展的产物，与实体经济和货币体系不同，数字经济具有虚拟性、产业增长率高、消费者和生产者可直接互动的特点。数字经济发展面临诸多挑战和威胁，包括数字世界中的用户个人信息安全难以保护、数字经济犯罪率逐年增长、信息技术的科学研究能力不足等。这些是新时代背景下各国政府都必须面对和解决的问题。[1]

俄罗斯国家杜马网站 2018 年 3 月 20 日公布了《数字金融资产法》（Законопроекта РФ «О цифровых финансовых активах»）[2]，旨在对数字货币和首次代币发行[3]进行监管。其中规定了数字金融资产在创建、发行、存储及流通过程中产生的关系，以及智能合约下各方的权利和需要履行的义务。此外，该草案还对数字货币和"挖矿"进行了明确定义，同时将"挖矿"行为合

---

〔1〕 Новые криптовалюты в мировой экономике/А.Н.Заленюк и др.//Российский внешний вестник.2017. № 8.65–79 с .

〔2〕 Государственная Дума Федерального Собрания Российской Федерации: Законопроекта РФ «О цифровых финансовых активах» http：//sozd.parlament.gov.ru/bill/419059-7.

〔3〕 首次代币发行（Initial Coin Offering）源自股票市场首次公开募股的概念，指在区块链项目中首次代币发售，通过募集比特币等数字货币进行融资的方式。

法化。

莫斯科大学法学教授埃琳娜·列昂尼多夫娜·西多连科（Элина Леонидовна Сидоренко）认为，立法者需要认识到，加密数字货币不再是幻影，而是一种客观的经济和法律现象，需要为其发展创造最佳的法律条件。[1]俄罗斯是白俄罗斯的邻国，两个国家在相同的时间起草制定规范数字金融发展的法律，但在具体法律概念、法律框架等方面都有显著的差别。

1. 数字金融交易参与主体

白俄罗斯第 8 号法令规定，只有位于高新科技园区的法人实体有权在白俄罗斯境内外自主创建和配发通证。其他法人实体可以通过与位于高新科技园区内提供相关服务的法人实体签订合同参与数字金融领域的通证业务。

俄罗斯联邦《数字金融资产法》则将参与主体的范围扩大至全国，任何以吸引资金为目的的法人或者个体经营者都可以启动自己的首次代币发行项目。

2. 发放通证程序

根据白俄罗斯第 8 号法令，为确定必要的信息框架，发放通证必须制定创建和配发通证的投资方案，获取外部审计报告和法律合规性审查。

俄罗斯联邦《数字金融资产法》则对发放通证的程序进行了更为详细的规定，包括确定发售通证所有必须提前公开的信息和投资备忘录。该发放通证程序要求针对每个首次代币发行，通证发行人都必须提供一份投资备忘录，其中包含发行人和通证相关的所有信息，保存数字交易登记规则以及其他文件，这些信息必须在发布通证之前 3 个工作日内发布，并且明确规定订立合同的形式包括以转让和支付通证为内容的智能合约。

3. "挖矿" 行为性质认定

根据白俄罗斯第 8 号法令的规定，自然人可以进行独立"挖矿"、取得和出让通证的行为，该行为不属于商业活动，且必须是自然人独立进行的行为，禁止通过订立劳动合同或其他民事法律合同来吸引其他自然人参与。

而俄罗斯联邦《数字金融资产法》则确认"挖矿"是合法有效的经营行为，是一种旨在创造加密货币的企业活动，以加密货币的形式获得补偿。此外，该

---

[1] Криминологические риски оборота криптовалюты/Сидоренко Элина Леонидовна//Экономика. Налоги.Право.2017. № 6.147–154 с .

法对投资者施加了限制，不合格投资人可以在一个通证发行项目内购买不超过 5 万卢布的通证。与此同时，不合格投资人还被禁止开户设立数字钱包用以存放其名下的通证。

4. 数字钱包

俄罗斯联邦《数字金融资产法》还对数字钱包进行了独创性的法律定义，并规定其身份核实手续。

数字钱包是一种软件和硬件工具，允许存储数字记录的信息并提供访问权限。数字钱包向经过身份核实手续的从事数字金融资产交易的运营商开放，包括使用加密数字货币或者通证交易，通过为其设立专用的账户实现相关业务的收账转账功能。

关于数字钱包的身份核实，自然人的核实信息包括姓氏、名字、父称（除法律另有规定或民族习惯另有约定）、国籍、出生日期、身份证信息、迁移证信息、确认外国公民或无国籍人享有在俄罗斯联邦居住或暂住权利的文件、纳税人识别号（如有）。在俄罗斯联邦注册的法人实体核实信息包括法人名称、组织法律形式、纳税识别号或外国组织代码。在国外注册的法人实体的核实信息包括主要国家登记号、所在地址、注册号码、注册地和法律实体在国外的注册地址。

5. 加密数字货币运营商条件限制

根据白俄罗斯第 8 号法令，加密数字货币的运营商可以是位于高新科技园区的法人，且从事相关业务，其必须保证在白俄罗斯共和国银行账户上的存款不少于 100 万白俄罗斯卢布，对于加密货币交易商而言，其账户上的存款应不少于 20 万白俄罗斯卢布。

而俄罗斯联邦《数字金融资产法》规定，从事数字金融资产交易的运营商，作为提供以下服务的法人实体，需要根据证券交易所许可证或交易系统许可证，在商品市场和（或）金融市场通过有组织的交易服务，开展中介活动、开展经纪活动、开展外汇交易商的活动、开展证券管理活动。同时，加密货币交易必须符合俄罗斯联邦法律，并且执行 1996 年 4 月 22 日第 39-FZ 号《证券市场法》中关于活动类型的规定，以及 2011 年 11 月 21 日联邦法律第 325 号 -FZ《贸易组织法》的有关规定。

白、俄两国采取截然不同的市场准入门槛设置。白俄罗斯要求有明确的资金保障证明，而俄罗斯更重视行政许可的效力。此外，白俄罗斯的第8号法令相对独立于现有的法律体系，而俄罗斯则重视与现行法律法规的衔接，试图在保持现有法律体系的基础上对数字货币运营商进行管理和约束。

6. 与其他资产交换的权利

根据白俄罗斯第8号法令的规定，通证只能与白俄罗斯卢布、外币、电子货币、通证及加密数字货币进行交换。

而俄罗斯联邦《数字金融资产法》规定，俄罗斯公民有权用加密货币交换其他数字资产和法定货币。数字金融资产的持有人有权与其他类型的数字金融资产进行交易，包括通过数字金融资产交换卢布和外币等。但俄罗斯公民只能通过证券市场的专业人士购买和出售加密货币。数字金融资产在俄罗斯境内不是合法支付手段，不可以用其支付工资、缴纳税款、支付贷款等。即便如此，俄罗斯联邦《数字金融资产法》法案规定的意义在于，明确了通证可以与其他商品交换。

7. 数字货币的法律性质

第8号法令将加密数字货币理解为一种作为通用交换媒介的数字令牌，一种可流通的加密数字权益证明。这一定义相对模糊，而俄罗斯的《数字金融资产法》则将数字货币直接定义为一种数字金融资产。这一性质认定除了基于其法律概念背后的经济属性之外，也基于俄罗斯的司法实践。由于法律具有天然的滞后性，当立法落后于市场变化时，司法实践的态度就显得尤为重要。

莫斯科大区联邦仲裁法院在其2018年3月5日的裁决中拒绝了当事人要求将数字货币纳入公民债务人的破产财产的诉讼请求。法院认为："由于俄罗斯联邦目前的立法没有界定加密数字货币的概念，对其处理没有明确规定，数字货币的法律地位没有确定，与数字货币交易有关的法律关系也不可以与现有其他法律关系进行类比。由于立法中没有'数字货币'的概念，因此不能模糊地确定它所属的类别是财产、资产、信息或其他。因此，该诉讼请求不被支持。"[1]

同样是确认破产人财产，俄罗斯联邦沃洛格达地区的仲裁法院在审理个体

---

[1] Решение Арбитражного суда города Москвы от 5 марта 2018 г .http: //kad.arbitr.ru/PdfDocument/45c24bb9-9d22-4b57-8742-9a778f041b99/A40-124668-2017_20180305_0predelenie.

企业家破产案件时，更倾向于将加密货币与电子货币等同起来。在确认债务人的财产的文件中包含一个完整列表："电子资金包括，PayPal、Yandex Money、Webmoney、QIWI 以及各种数字货币：比特币，莱特币。"[1]

2017 年 12 月 8 日，俄罗斯联邦萨克兰克区法院判决认为，比特币是与交易所网站银行账户中的资金挂钩的特殊的电子货币。法院在判决书中明确："四十位数的代码具有特定的价值，包括'比特币'在内的数字货币，是该网站的一种电子货币，其实际上与网站的银行账户中的资金相关联。"[2]

《俄罗斯联邦民法典》第 128 条规定，民事权利的客体包括：物，其中包括金钱和有价证券；其他财产，其中包括财产权利；工作和服务；信息；智力活动成果；非物质利益。[3]俄罗斯民法学者伊洛夫·VA.C（Перов В.А）认为将数字货币纳入这一条中的"其他财产"将使数字货币相关法律关系可以适用现有法律规范并确保民事法律活动的正常进行，但为了提高运作效率，依然有必要引入一个能够反映该特殊对象（数字货币）细节的单独条款。[4]俄罗斯法院的司法实践虽然呈现出法院的立场各不相同，但在以下两个问题上观点一致：数字货币是电子货币；数字货币是具有物质价值的权利对象。这一立场是无可争辩的。因此，俄罗斯的《数字金融资产法（草案）》将数字货币定义为一种数字金融资产符合其司法实践所表现出的态度。

区块链技术自诞生以来，其为互联网世界的革新提供了发展机遇。相比较而言，俄罗斯联邦《数字金融资产法》体系化程度优于白俄罗斯的第 8 号法令，且前者更加关注制定数字金融市场准入的限制条件和对数字金融资产的监管，对区块链相关技术的法律概念做出了更为详细的定义，对数字金融资产的运营商认证和登记制定了较为严格和复杂的手续。

而白俄罗斯第 8 号法令则呈现出对以区块链技术为核心的数字科技积极包容的态度。迄今为止还没有一个国家真正进入数字货币体系时代，这样一个全

---

〔1〕 Никифоров С.Ю.Правовое регулирование криптовалюты в России//Синергия наук.2017. № 17. С.34-38.

〔2〕 Решение Октябрьского районного суда города Саранска от 8 декабря 2017 г .https：//oktyabrsky--mor.sudrf.ru/modules.php?name=sud_delo&name_ op=case&_uid=824BC3E2-5E15-4A2D-AC8C-2FFB7F99E042&_deloId=1540006&_ caseType=0&_new=0&_doc=1&srv_num=1.

〔3〕《俄罗斯联邦民法典》，黄道秀译，北京大学出版社 2007 年版，第 86 页。

〔4〕 Перов В.А.Криптовалюта как объект гражданского права//Гражданское право.2017. № 5. С.7-9.

新的体系究竟会给货币监管的政策与法律带来怎样的挑战也尚待时间检验。但毋庸置疑的是，第 8 号法令使白俄罗斯共和国成为以法律管理区块链系统和加密数字货币的国家中的一员。该法令为白俄罗斯参与国际商贸提供了法律依据。一些新规定有可能能够有效地应用于商界以及其他领域，例如，不用通过交换纸质文件的传统交易形式来进行交易，与公司解除劳动关系后保密协议仍持续生效等。该法令不仅给予法人实体以相关领域的经营权利，还给予自然人参与的权利。其仿照瑞士楚格镇"加密谷"为区块链技术发展划定特殊经济区范围，认可智能合约，明确竞业禁止协议限制性条款与不作为义务以有效保护商业秘密，防止不正当竞争。这些规定及其背后所体现出的立法思想是区块链行业立法工作中的进步。

四、我国数字货币交易的规范完善

（一）我国数字货币交易的监管现状

2015 年被称为我国的区块链发展元年，虽然区块链进入我国市场时间短，但发展势头迅猛，且地理分布较为集中，以"北上广"为多。我国政府对比特币和区块链技术的发展采取截然不同的态度，对于私自发行比特币等行为严肃对待、严厉惩治，而对于区块链技术则持鼓励和支持的态度。

目前，我国尚未就基于区块链技术的数字货币交易出台法律法规。2013 年由中国人民银行、工业和信息化部、中国银行业监督管理委员会、中国证券监督管理委员会、中国保险监督管理委员会联合发布的《关于防范比特币风险的通知》（以下简称《通知》）宣告政府对比特币市场正式进行监管。2017 年 9 月 4 日，由中国人民银行、中央网信办、工业和信息化部、国家工商总局、银监会、证监会、保监会发布的《关于防范代币发行融资风险的公告》（以下简称《公告》）进一步明确首次代币发行是一种非法融资行为。监管政策内容主要包括以下四个方面。

第一，明确比特币的属性。比特币虽然被称为"货币"，但其不是由货币当局发行，不具有法偿性、强制性等货币属性，不是真正意义上的货币。从性质上来看，比特币是一种特定的虚拟商品，不具有与货币等同的法律地位，也不能作为货币在市场上流通，但普通民众可以在自担风险的前提下拥有持有与交易的自由。

第二，加强对比特币交易网站的管理，清退虚拟货币交易所。《通知》要求从事比特币登记、交易服务的网站在电信管理机构登记备案。《公告》要求代币融资交易平台不得从事法定货币与代币、"虚拟货币"相互之间的兑换业务；不得买卖或作为中央兑售方买卖代币或"虚拟货币"；不得为代币或"虚拟货币"提供定价、信息中介等服务。

第三，明确禁止开展首次代币发行活动。任何组织和个人不得非法从事代币发行融资活动，明确代币发行融资本质上是一种未经批准的非法公开融资行为，涉嫌非法发售代币票券、非法发行证券以及非法集资、金融诈骗、传销等违法犯罪活动。

第四，禁止各金融机构和非银行支付机构开展与代币发行融资交易相关的业务，包括为代币发行融资和为"虚拟货币"提供账户开立、登记、交易、清算、结算等产品或服务，不得承保与代币和"虚拟货币"相关的保险业务或将代币和"虚拟货币"纳入保险责任范围。

首次代币发行从一开始理想的融资工具变成了犯罪分子圈钱和非法集资的温床。打着首次代币发行旗号的项目琳琅满目，无不吸引着市场上缺乏金融防范意识的投资者。监管的滞后与信息披露的缺失使得首次代币发行长期游离在灰色地带，暴露出大量的风险隐患。引发这一现象的原因就在于传统的货币政策和金融监管政策未能完全覆盖比特币等数字货币领域。利用首次代币发行诈骗、传销、洗钱等行为一度危害金融生态和社会秩序。《公告》的颁布有力地回应了投资者及社会各界对监管的需求，体现了我国政府惩治非法融资与对数字货币市场实施法治管理的决心。值得注意的是，《通知》下发央行各分支机构及辖区内各金融机构、支付机构；《公告》则面向大众，没有特别指向的对象。两份公文的监管对象从比特币到虚拟货币代币发行融资，监管范围不断扩大，对防范金融风险、保护广大民众利益起着越来越突出的作用。

无论是《通知》还是《公告》，都不能称为严格意义上的规范性文件。在正式的法律法规监管领域，对数字货币的规制仍然是空白。数字货币在中国仍然没有被明令禁止，首次代币发行叫停的只是私人数字货币的发行，这为央行未来发行以国家信用为背书的数字货币留下了空间。2016年1月，中国人民银行数字货币研讨会在北京召开，会议明确了央行发行数字货币的战略目标，这也是全球中央银行就法定数字货币的首次公开发声。

（二）数字货币交易的风险与挑战

1. 国家现有法律体系所面临的风险与挑战

第一，挑战法定货币的职能。《中华人民共和国银行法》第 16 条规定中华人民共和国的法定货币是人民币。以比特币为首的数字货币在我国被认定为虚拟商品，而非货币。现阶段，我国比特币等数字货币在金融交易市场上更接近于理财产品。但不可否认的是，它仍然具有货币的价值尺度功能，可以通过以物易物的形式交换商品或服务，具有交换的功能，并可以此体现价值的大小。关于法定货币如何发行、流通和交易，国家已有完善的立法体系予以规制，监管的责任主体是谁，如何监管，如何认定法律责任等都有明确的规定。然而，数字货币在交换获得服务或商品的过程中如何对其进行认定，交易产生了何种法律关系，权利受到侵害如何救济，有何纠纷解决机制等问题都有待立法回应。此外，数字货币本质就是一串数据代码，其信用来源于区块链网络的可靠性，没有任何权威机构对其信用背书，其加密计算程序的单向性和匿名性，决定了其交易即时、无法追溯的特点。目前，我国对比特币等虚拟货币"一刀切"的严格限制并非长久之计。数字货币交易由地上向地下转移，对现有的法定货币支付体系不断提出挑战。

第二，洗钱等犯罪风险滋生。俄罗斯联邦南乌拉尔管理与经济学院的教授 N.Y. 拉舍瓦（Н.Ю.Рашева）、O.I 齐耳科娃（О.И.Чиркова）在《电子货币的法律基础（以比特币为例）》[Правовые основы электронной валюты（на примере BITCOIN）] 一文中指出，在电子货币流通中，由于缺乏相关监管措施，交易中没有法律认可的合同关系，没有可以依据的法律对犯罪嫌疑人实施逮捕并暂停其对账户的非法操作，即无法从国家和法律层面对正在进行的交易给予安全保障。因此，对电子货币的法律性质认定和规范交易程序立法、交易安全保护迫在眉睫。[1]

2017 年以来数字经济货币领域的趋势之一就是各国政府意识到讨论制定规范加密数字货币交易法律制度的重要性，防止加密数字货币用于洗钱、恐怖融

资和其他犯罪活动。[1]区块链技术在金融业的应用，可能导致监管机构在某些业态下无从获取相关交易信息，在一定范围内形成了监管真空，成为某些犯罪行为的滋生地。[2]这类犯罪主要有两种形式：一是将数字货币作为犯罪手段，二是将数字货币作为刑事犯罪的对象。[3]其中，洗钱就是将数字货币作为一种可利用的犯罪手段将非法所得及其收益合法化的行为，犯罪分子利用数字货币的匿名性、去中心化、不可撤销、不可追溯等特点，将"黑钱"投入数字货币交易市场进行流转，使交易具有反追踪的性质。由于数字货币在当作货币使用时，与现金无异，将"黑钱"与其他合法交易进行混合，经过几次转手，增加了资金流向追查的困难程度。数字货币市场洗钱与传统洗钱犯罪不同，前者由于其去中心化的特征，不存在第三方支付机构和其他金融机构，无法从这一角度入手追查交易记录。再者，数字货币市场参与门槛极低，不需要记录真实的个人信息，且数字货币账户具有无限性，即便是进行追查，也面临巨大的查询工作量。如前文所述，区块链作为一个去中心化分布式记账系统，任何两个节点之间都可以直接建立交易。但在实际操作中，大部分数字货币市场的投资者会选择通过数字货币交易平台直接进行操作，这就为交易平台参与洗钱犯罪提供了便利。想要从事资金非法跨境等活动的人，可以通过数字货币相关交易平台将账户上的法定货币转换成数字货币，再通过其他平台将数字货币转换成他国法定货币，从而实现跨境洗钱的目的。[4]对于洗钱的犯罪分子来说，利用数字货币洗钱，可以即时到账，突破地理位置的局限，账户可以分散在地球的各个角落而难以被全部追踪，因此，数字货币被广泛运用在跨境洗钱活动中，比特币的匿名性对维护金融生态、打击犯罪造成了巨大的障碍，给传统的法律秩序带来了巨大的冲击，各国监管机构都面临着治理的困难与挑战。

第三，黑客攻击隐患。区块链技术依托于互联网技术的成熟与发展，然而

[1] Сведения об операциях с криптовалютами (на примере биткойна) как доказательство по уголовному делу/Галушин П.В., Карлов А.Л.//Учёные записки Казанского юридического института МВД России.2017. Т.2.90–100 с.
[2] 郝凌宇：《从央行叫停 ICO 谈区块链＋证券的法律监管》，载《法治与经济》2018 年第 4 期。
[3] Криптовалюта как новый юридический феномен/Сидоренко Элина Леонидовна//Общество и право.2016. № 3（57）.193–197 с.
[4] 张晓旭：《比特币交易平台反洗钱监管研究：以火币网为例》，载《互联网金融与法律》2014 年第 11 期。

众所周知，有信息数据交易的地方就有黑客的存在。任何互联网技术都无法确保绝对的安全，有技术就一定有可以攻破的技术漏洞。从 2017 年 10 月到 2018 年 1 月，全球共发生约 500 万次与数字货币相关的黑客事件，主要目的是对数字货币进行盗窃。在缺乏监管的情况下，几乎所有的数字货币交易平台都经历过黑客的攻击。2018 年 1 月 27 日，日本最大比特币交易所之一 Coincheck 发布声明称遭受黑客攻击，平台上价值 580 亿日元的数字货币新经币（NEM）被非法转移至其他交易所，26 万名客户遭受损失。

中本聪在最初设计比特币与区块链网络时，规定比特币的总数为 2100 万枚。越来越多的人觉得挖比特币赚钱，就有越来越多的人加入了"挖矿"的行业，比特币供给就可能突然增多，需求减少，从而影响其价值。中本聪设计的意图是，只要诚实的计算节点在总体上比任何一个攻击群控制更多的计算能力，那么系统就是安全的，也就是只要诚实节点大于 50%，那么整个网络就是安全的。但如果 51% 以上的哈希力被某一黑客"矿池"掌握，那么就会对整个网络发起 51% 的攻击，对数字货币中所有的交易账单都拥有修改信息、阻碍交易的话语权。2019 年 1 月 7 日凌晨，仅在 Gate.io 加密数字货币交易所，由攻击者用超过 51% 的算力在 4 小时内双花了至少 4 笔总计 54200 个以太坊经典（ETC），价值 27.1 万美元。[1]

第四，架空国家外汇管制。使用数字货币的跨境支付可以直接避免外汇管制。当前我国规制跨境支付的基础法律只有《中华人民共和国外汇管理条例》，这是国家外汇管理局拥有法定监管权的依据，但是，该条例缺乏明确具体的规定。大规模的资金流动在传统监管模式下会受到资本管制，而在数字货币领域，跨境资本流动游离于监管之外。数字货币本质上属于虚拟商品却拥有货币的职能，那么一旦大众运用数字货币交易的方式来进行资本转移和境外支付，外汇管制将会被架空。由于没有第三方中介机构和管理机构在外汇流动中进行真实性审查，一旦交易过程出现问题，鉴于区块链不可撤销的特性，交易执行完毕无法追溯，必然给当事人造成难以挽回的损失。

第五，税务管理困难。数字货币的税务征收与管制问题是各国政府目前面

---

[1] 马文佩：《ETC 遭遇的 51% 攻击，到底有多严重？》，载搜狐网，http://www.sohu.com/a/288308078_120070294，最后访问日期：2019 年 3 月 4 日。

临的难题。由于其匿名性、跨地域性以及无法追踪等特点，数字货币交易的主体、金额、地理位置等都难以被管理机构掌握。目前，如果我国将数字货币视为一种虚拟商品，那么在其交易的过程中就可能涉及个人所得税与增值税的缴纳。税务机关可以参照对现有的狭义网络虚拟货币的征税规则进行征税。2008年国家税务总局在《关于个人通过网络买卖虚拟货币取得收入征收个人所得税问题的批复》中规定，个人通过网络收购玩家的虚拟货币，加价后向他人出售取得的收入，属于个人所得税应税所得，应按照"财产转让所得"项目计算缴纳个人所得税。个人销售虚拟货币的财产原值为其收购网络虚拟货币所支付的价款和相关税费。个人不能提供有关财产原值凭证的，由主管税务机关核定其财产原值。[1]但特别针对数字货币的税收规定目前还只是规定，从他人手中购买的比特币可以按此规定征税，但是对"挖矿"而得的数字货币如何征税还有待税务部门予以关注和回应。此外，政府税务部门由于无法掌握纳税人个人信息，无法核实纳税人纳税申报信息的真实性，数字货币税务征收与管理面临着前所未有的挑战。

数字货币虽然历经坎坷但依然在蓬勃发展，利用数字货币犯罪的种类也逐渐多样化。投资者往往被高额的利润空间吸引，因缺乏风险防范意识盲目跟风炒作而造成资金损失。只有法律完善、数字货币交易和平台被监控在视野范围之内，技术漏洞才能以法律的手段被弥补，数字货币市场投资者和消费者的合法权益才能得到更好的保护。

2. 国际金融安全面临的挑战

（1）国际监管合作的空白

数字货币交易本身不受时间和空间限制，想要合理监管，就不能仅仅依靠国内法。[2]数字货币的运营主体可以在世界的不同角落迅速转移，跨越数个司法辖区。因此，针对私人发行代币等跨境违法行为应当积极加强国际协调。目前，全球范围内的数字货币交易依旧火爆，却鲜有针对数字货币的国际监管合

---

〔1〕《国家税务总局关于个人通过网络买卖虚拟货币取得收入征收个人所得税问题的批复》（国税函〔2008〕818号），载中国政府网，http://www.gov.cn/zwgk/2008–10/29/content,1134356.htm，最后访问时间：2019年4月17日。

〔2〕 Криминологические риски оборота криптовалюты/Сидоренко Элина Леонидовна//Экономика. Налоги.Право.2017. № 6.147–154 с．

作。数字货币对各国现有法律体系和传统金融体系的冲击表明，任何国家都无法单独应对这些挑战。国际社会应整合和共享对数字货币的监管信息，结合区块链技术与数字货币交易的性质与特点，修改现有的国际规则，制定新的技术规范，使在国际范围内跨境追踪数字货币、监控资金流向成为可能。

（2）各国法律监管存在差异性

俄罗斯联邦政府财政金融大学教授尼古拉·奥加尔·阿列克谢耶夫娜（Николай Ольга Алексеевна）认为，如今大多数国家对加密数字货币的监管都停留在摸索阶段，她认为，除了绝对的禁止不可取以外，各国对加密数字货币属性的认定均有参考和比较研究的价值。[1]正如前文所述，因数字货币而产生的风险和隐患，给各国监管机构带来了困扰和挑战。目前，大多数国家不认为数字货币具有法定货币的属性，以相对谨慎的态度对待数字货币的监管。

2015年，厄瓜多尔央行出台第064-2015-M号决议，推出自己的数字货币[2]，该决议的目的是提高本国支付系统的效率。由于厄瓜多尔的官方货币为美元，因此，数字货币主要通过与美元等价进行兑换，将数字货币推广为一种广泛的支付方式，减少了流通中的纸币，为政府节约了开支。比如，在其首都基多可以使用数字货币支付出租车费用。

法国对数字货币交易持较为谨慎的态度，法国中央银行多次就虚拟货币风险发出警告。2018年3月的法国央行报告指出，虚拟货币不是法定货币，并且容易被利用到国际范围的洗钱犯罪之中。经营虚拟货币的相关业务须获得审慎监管机构的授权并取得许可证。在同年第三季度，法国对数字货币的态度开始缓和。9月，监管机构获得了新的法律权力，可以向运营首次代币发行项目的公司发放许可证，此举旨在"吸引来自世界各地的投资者"。[3]

日本于2016年6月通过了一项监管国内加密数字货币交易所的法案，要求加密数字货币交易所运营商在日本金融服务厅进行注册。日本在2018年7月对其金融监管机构——金融服务管理局（FSA）进行全面改革。新成立的战略发展

---

〔1〕 Электронная валюта в свете современных правовых и экономических вызовов/Николай Ольга Алексеевна//Вопросы регулирования экономики.2017. Т .8.142–154 с .

〔2〕《厄瓜多尔发行加密货币"厄瓜多尔币"9月启动中国市场》，载搜狐网，https：//www.sohu.com/a/107468154_113642，最后访问日期：2018年12月6日。

〔3〕《法国监管机构、法国央行联名反对烟草商 BTC 零售计划》，载比特币交易网，https：//www.btctrade.com/bitcoin/4265.html，最后访问日期：2018年12月6日。

和管理局负责处理涉及数字货币市场洗钱等问题。很多专家分析认为，日本此举将把数字货币作为金融产品正式监管。[1]

德国属于较早承认比特币合法性的国家。德国联邦金融监管局将比特币视为金融工具或私有资产，并认可数字货币在税收方面的作用。但是随后，德国法院否认了金融工具的这种分类，并裁定这种加密货币的定义并不符合《德国银行法》。[2]而对于首次代币发行的监管，德国联邦金融监管局发表声明要求首次代币发行参与者参考传统金融监管的规定，包括《资本投资法》《支付服务监督法》等。对其中不符合当前金融法规要求的首次代币发行项目会进行相应处罚。

相比态度较为谨慎的法国和德国，英国则表现出对数字货币和区块链更为友好的态度。英国政府不仅发布了强调区块链技术对金融市场积极作用的区块链白皮书，还成立了由财政部、央行和英国金融行为监管局共同组建的虚拟货币工作组。由此不难看出，英国希望通过宽松的监管态度，鼓励区块链产业发展，以此促使本国成为欧洲地区数字经济产业的主要市场，增强英国在国际金融贸易市场的核心竞争力。

除了英国，瑞士也对区块链技术和数字货币交易持友好态度。瑞士在区块链技术诞生之初就以较低税率和政策支持吸引了大批的数字货币和区块链应用企业，大量金融科技、区块链初创项目集中于瑞士楚格镇，其逐渐成为全球加密技术中心，赢得了"加密谷"（CryptoValley）或"金融硅谷"（Silicon Valley of Finance）的美誉。在楚格，市民可以将比特币作为日常生活的支付手段，可以用区块链参与市政投票等。

总体而言，目前大多数国家对数字货币和区块链的态度都已从观望转向明确监管。没有国家可以拒绝互联网，也就意味着没有国家可以忽视数字经济时代的来临。一些国家忌惮数字货币匿名性、去中心化特征对国家金融安全的威胁，持较为谨慎的监管态度；另一些以瑞士、英国、白俄罗斯为代表的国家则更看好数字货币未来的发展前景与区块链技术的潜在商业价值，结合本国的发展需求对这一领域采取更开放和宽容的监管策略。应该认识到，数字货币可以促使国家金

---

[1] 周奕婷：《揭秘日本数字货币交易所的监管之路》，载搜狐网，https://www.sohu.com/a/245696641_649045，最后访问日期：2018年12月6日。

[2] Yashu Gola, German Court Ruling Raises Questions about Bitcoin's Legal Status, at https://www.ccn.com/german-court-ruling-raises-questions-about-bitcoins-legal-status/, Dec 6 2018.

融和经济活动朝有利方向发展。立法者需要考虑的是如何在管制的同时，发挥数字货币的优势并将其运用于经济发展，使国家获得发展的先机。俄罗斯圣彼得堡理工大学博士亚历山大·瓦西里耶夫娜·巴布金（Александр Васильевна Бабкин）认为，从发展趋势来看，出于对国家经济安全的考虑，除了国家层面加强立法进程，规范税收与金融政策之外，还建议国际社会共同关注加密数字货币规范的重要性，起草相关国际合约，建立基础性的国际统一规范。[1]

如今，数字货币仍然可以被禁止，但其作为支付手段的性质无法被忽视。数字货币已经存在并且将继续存在。因此，创建安全的数字货币钱包并对交易进行监管是合适的。在家用计算机的存储器中存储虚拟"钱"说到底是不可靠的，只有在国家的保护下，人们才可以将电子钱包放在保护机制健全的场所。如果国家创造了这样的条件，其也将能够根据用户的资金存储来提出相应要求。例如，收取一定的存储管理费用，要求用户保留交易记录，制定规则并要求用户按照规则进行数字货币交易，等等。[2]

（三）数字货币交易监管的思路

党的十九大报告提出，加强应用基础研究，拓展实施国家重大科技项目，突出关键共性技术、前沿引领技术、现代工程技术、颠覆性技术创新，为建设科技强国、质量强国、航天强国、网络强国、交通强国、数字中国、智慧社会提供有力支撑。我国对区块链技术的发展和革新也一直十分重视，自 2016 年以来多次公布相关政策（表 7-2）。

表 7-2　我国区块链行业规范政策

时间	发布单位	政策名称	政策要点
2016.10	工业和信息化部	《中国区块链技术和应用发展白皮书（2016年）》	介绍国内区块链技术发展路线以及未来区块链技术标准化方向和进程
2016.12	国务院	《国务院关于印发"十三五"国家信息化规划的通知》	"区块链"首次作为战略性前沿技术被写入《"十三五"国家信息化规划》

---

〔1〕 Анализ развития и регулирования криптовалют: зарубежный и российский опыт/Александр Васильевна Бабкин и др.//МИР（Модернизация, Инновация, Развитие）.2017. Т .8. № 4.554–565 с .

〔2〕 Проблемы международно-правового регулирования биткоина/Сузаков И.Р.//Научные записки молодых исследователей.2015.69 с.

时间	发布单位	政策名称	政策要点
2017.1	工业和信息化部	《软件和信息技术服务业发展规划（2016—2022年）》	提出区块链等领域创新达到国际先进水平等要求
2017.8	国务院	《关于进一步扩大和升级信息消费持续释放内需潜力的指导意见》	提出开展基于区块链、人工智能等新技术的试点应用
2017.10	国务院	《关于积极推进供应链创新与应用的指导意见》	提出要研究利用区块链、人工智能等新兴技术，建立基于供应链的信用评价机制
2018.3	工业和信息化部	《2018年信息化和软件服务业标准化工作要点》	提出推动组建全国信息化和工业化融合管理标准化技术委员会、全国区块链和分布式记账技术标准化委员会
2018.5	工业和信息化部	《2018年中国区块链产业发展白皮书》	区块链未来三年将在实体经济中广泛落地，成为数字中国建设的重要支撑
2019.1	国家网信办	《区块链信息服务管理规定》	规定相关概念范围；明确监管机构；界定安全责任建立健康管理制度；实施备案管理定期查验；明确违规处罚等方面对我国区块链信息服务做出了管理规定，有利于规避风险，规范和促进区块链技术及相关服务健康成长
2020.5	工业和信息化部	《关于工业大数据发展的指导意见》	促进产业发展，突破工业数据关键共性技术。加快数据汇聚、建模分析、应用开发、资源调度和监测管理等共性技术的研发和应用，推动人工智能、区块链和边缘计算等前沿技术的部署和融合

　　通过对白俄罗斯第8号法令和俄罗斯联邦《数字金融资产法》的评述和比较，不难看出立法者在数字货币领域的尝试和探索：建立区块链技术中心，明确重要技术法律概念，制定行业准入条件，加强对商业秘密和知识产权的保护，防止不正当竞争，严格通证发放手续，明确主体参与资格，加强技术和法律协同发展以及在肯定智能合约的前提下，摸索和完善监管机制。

　　但与此同时，白、俄两国即使在立法后仍然要面对区块链底层技术不成熟、基础设施不完善的状况，也没有通过立法建立起相应的长效监管机制和数字货币交易平台的监管底线。从防范和化解风险的角度来说，其数字货币监管仍然存在漏洞。数字社会的发展需要一套综合法律以规范公民、法人和行政机关之间基于数字货币交易的关系，但迄今为止，第8号法令并没有向我们明确提供这一重要问题的答案。[1]当今世界各国对数字货币、区块链技术的监管模式存在差异，在摸索和前进的道路上很难明确哪一国的哪一种立法监管方案是最为科学有效的。技术的前进方向瞬息万变，这样的不确定性成为各国立法者都不得不面对的难题。俄罗斯联邦政府财政金融大学学者亚历山大·瓦西里耶夫娜·巴布金（Шайдуллина Венера Камилевна）认为，在出现新的金融技术的情况下，营造适当的立法环境有助于保护企业和公众在其活动中使用或计划使用加密数字货币的权利。但是，这一法律领域的建立应符合所在国利益。一方面，新的金融技术应该提高国家安全水平；另一方面，应该为消费者和生产者提供新的机会，并在新的金融技术基础上增加国际竞争优势。因此，需要在立法层面确定数字货币相关概念，同时考虑该现象的经济本质；通过强调"交换的基本经济架构"，即本币和外币的数字货币交换，形成数字货币的法律规定，为数字货币的操作和交易建立基本规则。[2]

结合之前的比较与分析，对我国基于区块链技术的数字货币交易的监管思路和方向，提出以下思路。

1. 立法理念

（1）严守风险底线，保持监管态度差异化。区块链技术对现行法律规范造成冲击的根源在于其信任机制完全依赖其本身的技术架构，此种信任机制使得传统的法律体系和结构无法适应新型的法律关系。如何界定参与方的角色，确定各方的权利义务是立法者必须面对的问题。

数字货币交易的风险和区块链技术的发展应当区别看待，区块链技术本身是中性的，并不是数字货币的风险来源。所以，对两者应当保持监管态度的差异化，研究推动区块链技术发展，使我国资本市场在区块链技术发展领域抢占行业先机。与此同时，应当严守风险底线，对比特币等虚拟货币仍持谨慎的态

[1] Проблемы определения правовой природы криптовалюты и операций с ее использованием/А.В.Аврамцев//Пролог：журнал о праве.2018. № 3.26–32 с.
[2] Криптовалюта как новое экономико-правовое явление/ШайдуллинаВ.К.//Вестник университета.2018.137–142с.

度。可以借鉴白、俄两国的立法经验，加大监管力度，制定严格的行业准入规则和运营标准，强化对经营者身份和资质的审核，明确行业技术标准、安全标准和数据保护标准。标准的制定应当基于行业发展现状与本土需求，以及对公共利益和个人权利保护原则的综合考量，从而做到切实维护良好的市场秩序，防范重大金融风险，有效保护投资者的合法权益。

（2）推动监管科技化，强化技术与法律协同发展。数字金融市场的规制一半靠技术，一半靠法律。技术是区块链行业内在的规则，而法律则是其外在的规则，二者只有协同发展才能保障区块链技术与整个行业的进步。由于区块链技术具有难以追踪、匿名性等特点，法律需要解决和考量的问题除了传统观念中的效率和公平，还多了一个安全。因此，要想更好地保护数字经济时代市场参与者的合法权益，法律工作者必须了解技术，这样才能更好地理解技术所带来的风险与挑战，才有用技术手段管控风险的可能。在数字货币金融风险的挑战之下，法治创新也迎来了新的发展机遇。区块链的分布式共享账本的特点其实也为监管提供了方便，监管介入可以直接获取全面实时的数据，通过技术本身实现对技术的监管。

白俄罗斯第8号法令为我们提供了一种新的途径——建立区块链技术发展的技术中心或产业园区，通过招揽人才，支持创业项目来巩固自己在全球数字货币市场的领先地位。

在我国，也可以尝试建立这样的技术园区，并且在中国人民银行、工业和信息化部、银保监会、证监会等部门统一协作下成立受监管的区块链数字货币交易平台，为企业和投资者提供正规交易市场。在设立的技术中心园区内实行渐进式监管。法律和技术成为重要的结合点，并以此作为自身优势吸引有资金有技术的企业和高科技人才入驻，随着技术革新和贸易的不断发展，为之后进行全国性的立法工作积累实践经验。

通过法律来规范和引导区块链技术与数字货币应用的发展，可以使数字金融市场在运行时有法可依，可以增强民众对区块链技术的了解和对产业发展的信心。同时，监管的及时介入也有利于打击非法定数字货币地下交易、洗钱、非法集资等犯罪活动，维护金融市场和社会秩序的稳定。

2. 具体规范制定

（1）明确数字货币监督管理主体。区块链应用市场获得有效且恰当的监管，是区块链技术可持续健康发展的客观需要。现阶段，区块链技术治理结构总体上较为分散，多头监管导致责任不明、监管混乱。从《通知》到《公告》，不难看出，互联网金融的跨界混合属性，造成了多方监管机构并存，易造成各监督管理主体之间相互推诿而导致监管空白或监管重叠的问题。《通知》与《公告》均由中国人民银行牵头，意在遏制私人数字货币发行乱象；而区块链行业规范政策则是由以工业和信息化部为首的相关部门制定的。监管主体发挥着引导、管理与整治等不可替代的作用。因此，在数字经济时代，更应当强调金融部门和科技监管部门的沟通与协作。中国人民银行的主要职责为在国务院领导下牵头建立宏观审慎管理框架，拟订金融业重大法律法规和其他有关法律法规草案，制定审慎监管基本制度，建立健全金融消费者保护基本制度。因此，在数字货币交易立法空白的情况下，应确立以中国人民银行为主导的、专门的数字货币监督管理机构，这样不仅可以集中权限，还可以确保权力的高效行使，有利于防范潜在风险，减少犯罪发生。同时，工业和信息化部也应当加强区块链技术的研发，探索建立符合我国国情的区块链技术应用场景，未来可以真正做到从技术的角度出发加强网络安全防护以及对用户信息和数据保护的监督力度，构建代码监管的法治新时代。

（2）明确数字货币交易监管法律关系主体之间的关系。数字货币交易的监管主体为专门的数字货币监管部门，被监管主体包括数字货币交易平台运营商、数字货币交易的投资者、钱包服务供应商等多个主体，根据不同主体的不同特点，按照分层监管的原则，对不同主体分别考虑制定监管细则。从数字货币消费者角度来看，是否具有相关资质是其识别数字货币网络平台的重要依据，因此，资质管理尤为重要。

数字货币交易的监管部门与数字货币参与主体之间的关系是管理与被管理、许可与被许可、监督与被监督的关系。在这方面，可以借鉴白俄罗斯的立法经验，明确数字货币发放手续，对数字金融资产参与者加以限制，明确数字货币交易平台运营商准入标准，并在此基础上对数字货币交易平台严格进行资质审核等。除此之外，还应当强化对数字货币交易平台运营商和参与者的信息披露、加强对投资者的风险教育与风险提示，同时保护其隐私，保证其数字货币账户的安全性；引入律师事务所、会计师事务所、测评认证机构等第三方中介机构，加强对平台业务开展的合规安全性评估。在纠纷解决领域，可以尝试建立以金融行业为主导的替代性纠纷解决机制（ADR），例如，可以考虑由中国人民银行出台数字货币消费者保护管理办法，在中国人民银行的监管范围之内，实现对数字货币投资者合法权益的保护。

3. 发行法定数字货币

2018 年 1 月 20 日，中国人民银行数字货币研讨会在北京召开。会议要求，中国人民银行数字货币研究团队要积极吸收国内外数字货币研究的重要成果和实践经验，在前期工作的基础上继续推进，明确发行数字货币的战略目标，做好关键技术攻关，争取早日推出中国人民银行发行的数字货币。[1]

经过几年的研究，2020 年 4 月数字人民币于苏州首次试点，试点城市已经扩展至上海、深圳、成都、青岛、长沙等。目前中国数字人民币试点场景已经覆盖了交通、购物、政府服务等多个领域。随着试点地区的逐步增多，可以看到数字人民币作为零售支付手段以及跨境交易的功能开始显现。

以国家信用为背景，由中国人民银行主导发行法定数字货币，其强大的核心基础就是国家的信用实力。一个国家的经济实力越强，国际影响力越大，该国发行的数字货币就越具有强大的支付职能，认可度也就越高。由中国人民银行发行的法定数字货币一定是存在中心的，通过实名制等方式进行追踪管理，使交易便于监管，更透明也更安全，从而进一步加强数字货币的流通性，其可在中国境内自由流通。同时，国家还可以结合货币政策进行宏观调控，防止比特币市场价格暴涨暴跌。

在未来，数字货币的发展一定是由国家所管控的。应将数字货币纳入法律体系之中，同时加强数字货币的相关法律制度建设，完善监管。对于市场上的非法定数字货币，国家否定其支付职能，仅将其作"虚拟商品"看待。在加强对法定数字货币研究的同时，也要给非法定数字货币留有的合理空间。

宋朝诞生了世界上最早使用的纸币——"交子"，从商业信用凭证到法定货币，见证了人类货币历史的发展。而在 21 世纪的今天，中国也能在未来法定数字货币体系及监管领域走在世界前列，营造更适宜的货币金融环境，向世界提供数字经济发展的"中国方案"。

---

[1]《央行：实现数字货币与其他支付工具的无缝衔接》，载新华网，http://www.xinhuanet.com/fortune/2016-01/20/c_128649443.htm，最后访问日期：2018 年 11 月 25 日。

2018 年度区域国别十大法治动态

　　上海外国语大学法学院、《上外区域国别法治动态》编辑部联合澎湃新闻，针对 2018 年度近 100 条区域国别法治动态，组织法学界与法律实务界专家论证、投票等，最终评选出 2018 年度区域国别十大法治动态。

　　1. 欧盟实施《通用数据保护条例》保护个人数据安全

　　欧盟《通用数据保护条例》于 2018 年 5 月 25 日生效，条例旨在保护欧盟境内公民的个人隐私和数据安全。《通用数据保护条例》将取代欧盟 1995 年颁布的《数据保护指令》。该条例主要具有以下特点：一是扩大法律适用范围。如企业与欧盟公民交易或使用欧盟公民个人数据的，无论该企业的总部、数据存储和处理地点是否在欧盟境内，都应遵守条例规定。二是加大违法处罚力度。如企业滥用欧盟公民个人数据，且严重违反条例规定的，将被处以最高 2000 万欧元或企业全球营业额 4% 的罚金（取较高者）。如企业行为仅违反一般条例规定，将被处以 1000 万欧元或企业营业额 2% 的罚金（取较高者）。三是规范用户同意书使用条件。企业在使用和处理个人数据时，必须制作用户同意书且经用户授权同意。同意书应使用易于理解的语言撰写，不得使用冗长、复杂的专业术语。四是维护数据主体合法权利。条例设立了两项新的个人隐私权，即"删除权"和"移植权"。删除权是指，欧盟公民有权要求数据服务供应商删除用户数据。移植权是指，欧盟公民有权要求将其数据从一个数据服务供应商转移到其他供应商的存储空间，以便公民使用个人数据。（编译：宋博文　信息来源：欧洲委员会网站）

　　2. 白俄罗斯制定世界首部"区块链"法律

　　白俄罗斯《关于发展数字经济》于 2018 年 3 月 28 日生效，该法令旨在为数字经济发展提供良好的营商环境和法律保障。该法令有以下特点：一是规范区块链产业发展。白俄罗斯是世界上首个制定法律规范区块链行业发展的国家，也是首个允许加密货币、加密货币首次发行和智能合约合法化的国家。法令在多项规定中，明确了"挖矿"、加密数字货币、交易所服务、通证等行业术语的定义，设定了加密货币运营商的资本准备金条件，着力规范区块链产业的健康有序发展。二是推动高科技园区的发展。法令延长高科技园区的特殊法律保护和税收优惠制度的期限至 2049 年 1 月 1 日。法令鼓励信息通信、电子竞技、人工智能、无人驾驶等领域的项目优先入驻高科技园区，并督促政府提供配套政策。三是简化行政管理程序。法令简化了企业在高科技园区内雇用外籍劳动者的程序，规定外国劳动者无须申请工作许可证就能参加劳动，外国劳动者还可享受签证免签优惠，并获得白俄罗斯的临时居住身份。法令还规定，外国投资者也能享受上述优惠措施。（编译：张竹一　信息来源：白俄罗斯国家法律信息中心网站）

3. 法国制定司法改革方案（2018—2022 年）

法国司法部制定了《司法改革方案（2018—2022 年）》，拟通过一系列改革措施，简化诉讼程序，强化裁决效力，促进司法程序更加便捷化与现代化。司法改革的主要举措包括：一是完善民事调解程序。在诉讼的各个阶段设置调解程序，尤其是在小额诉讼案件和邻里诉讼案件中，设置诉前调解程序。在案件审理中，法官可自行组织当事人调解，也可以授权司法调解员主持调解，法官还可在对案件的核心问题做出裁判后，再组织调解。二是简化刑事诉讼程序。在部分省内设置省级刑事法庭，法庭由 5 名大法官组成，主要负责审理刑期为15—20 年的有期徒刑案件。建立信息化网络，在警方和司法机关处理刑事案件时，可实现信息共享，并可对案件进行全流程、信息化管理。这有利于提高案件处理效率，保障当事人合法权益。三是改革刑事处罚体系。方案规定，一个月以下的监禁刑将被取消；一个月到六个月的监禁刑，将以电子监视居住、指定居所监视居住等方式替代执行，除非法官另有判决。此外，还将建立现代化临时教育接待中心，使犯轻罪的未成年人能得到应有的教育，在刑满后更好地回归社会。（编译：宣方鸣　信息来源：法国司法部网站）

4. 韩国最高法院支持第二次世界大战被强征劳工索赔

2018 年 11 月 29 日，韩国最高法院就两起日本三菱重工公司强征劳工案做出判决。一起案件的原告为第二次世界大战期间被三菱重工公司强征的劳工及遗属，另一起案件的原告为"朝鲜女子勤劳挺身队"队员。根据判决，三菱重工公司向各原告支付的赔偿金为 8000 万韩元（约合人民币 48.7 万元）至

15000 万韩元（约合人民币 91.3 万元）。此前，韩国最高法院还于同年 10 月 30 日判决，日本新日铁公司向 4 名韩国籍被强征劳工分别赔偿 1 亿韩元（约合人民币 61.6 万元）。日本外务省资料显示，在第二次世界大战期间，有 135 家日本企业共强征近 4 万名中国籍劳工，并强迫其劳动。日本政府认为，1972 年《中日联合声明》约定，中日两国间不存在赔偿争议，故中国劳工无权向日本企业主张赔偿。如 2007 年 4 月 29 日，日本最高法院就"日本西松建设公司案"做出判决，认定日本西松组公司（西松建设公司的前身）确实于 1944 年强征中国劳工，但中国被强征劳工不具有求偿权。韩国最高法院的判决或能为我国被强征劳工在日本法院主张救济提供借鉴，也能为我国法院审理相关案件提供参考。（编译：陈琳　信息来源：朝日新闻网站）

5. 德国《网络执行法》加强社交网络平台监管

德国近年来接收了大量难民，部分难民的犯罪行为在网络社交平台迅速发酵，大量网民利用网络发表排斥难民的言论。德国《网络执行法》于 2018 年 1 月 1 日正式实施，该法修订了德国司法部 2015 年以来颁布的一系列法令，加强对德国境内社交网络平台的监管，尤其要打击此类平台上的"仇恨、煽动性言论以及虚假新闻内容"。该法的主要内容包括：一是构建平台自我审查机制。社交网络平台应向用户提供分类更为详细的在线举报表单，安排专人处理用户的举报。如平台上出现违法内容或有争议言论的，平台应在接到举报后 7 天内删除或处理。如出现明显违法言论的，平台应在接到举报后 24 小时内删除或屏蔽。平台还应每季度向政府提交关于打击违法言论情况的报告。二是设立用户投诉举报机制。德国司法部将制作在线申诉表格，如社交网络平台未能及时处理用户举报的，用户可填写在线表格直接向司法部申诉。司法部进行调查后，如发现平台确实存在管理缺陷，或未能及时处理违法内容，可对平台处以最高 5000 万欧元的罚款。司法部同时强调，社交平台应根据自我审查机制，主动删除非法内容，司法部本身并不负责删除信息。（编译：郑程程　信息来源：德国联邦司法部网站）

6. 美国立法加强网约车管理

2018 年 8 月，美国纽约市通过了关于网约车监管的系列法案。根据法案，纽约市将限制发放网约车牌照，改善网约车驾驶员工资待遇，并规范网约车行业的经营模式。法案的主要内容包括：一是暂停发放网约车牌照。纽约市"计程车及豪华轿车管理局"将对网约车市场开展为期一年的调研，调研内容包括网约车对城市发展的影响、网约车监管措施的成效、网约车在城市内的分布情况等。在调研期间，纽约市将不再发放新的网约车牌照。调研结束后，纽约市将决定是否对网约车数量做出限制。二是提高驾驶员劳动保障。主管部门要求网约车平台公司公开所有约车服务的信息，包括行驶时间、公司提成、驾驶员收入等。如果平台公司每天接单超过 1 万笔，主管部门将为该公司的驾驶员设定最低工资标准，平台公司向驾驶员支付的工资不得低于该标准。对于其他平台公司，纽约市还将研究相关驾驶员的最低工资方案，以确保驾驶员的应有利益。（编译：姚雅梦　信息来源：美国有线电视新闻网）

7. 瑞士规定举报虐童行为制度

瑞士儿童保护机构每年登记在册的虐童案件高达 5 万起，为预防、遏制虐待儿童的行为，瑞士制定了《瑞士儿童保护法》。该法的主要内容包括：一是扩大监督范围。此前，瑞士法律规定，具有官方职责的从业人员（包括学校教师、社工等）如发现虐童行为，有义务及时向行政机构举报。《瑞士儿童保护法》扩大了负有举报义务的人员范围，自 2019 年 1 月 1 日起，与儿童经常接触的具有专业资质的从业人员，包括日托机构的工作人员、兴趣班的辅导人员等，均对虐童行为负有法定举报义务。二是形成统一制度。此前，瑞士各州可自行制定儿童权益保护制度，并以社区为单位建立儿童保护机构来落实制度规定。《瑞士儿童保护法》建立了全国统一的举报制度，即瑞士国内所有符合规定的人员，均对虐童行为负有举报义务。三是平衡隐私利益。此前，瑞士法律规定，医生、律师等专业人士对患者或客户的隐私负有职业保密义务，对患者或客户的相关行为享有举报的豁免。但《瑞士儿童保护法》规定，如果患者或客户有侵害儿童利益的行为，上述专业人士仍有义务举报不法行为。（编译：沈小蕙　信息来源：瑞士电视台网站）

8. 俄罗斯建立贪腐官员"黑名单"

俄罗斯一项反腐法案于 2018 年 1 月 1 日生效，该法案修改了《俄罗斯联邦反腐败法》，建立了贪腐官员登记制度。该法案的主要内容包括：一是加大监管力度。如官员因贪腐而被解职，其个人信息将被登记在专门的"黑名单"中，该记录将被保留五年。"黑名单"制度监管的对象包括贪腐犯罪的国家公务员、高级别政府官员、检察官、俄罗斯调查委员会成员、海关公务员、消防公务员、中央银行代表，以及国有企业负责人等。二是延伸监管效果。俄罗斯政府部门在招录与任用公务员时，应查阅上述"黑名单"以了解相关人员信息，被列入"黑名单"的人员将不得再进入公务员系统就职。（编译：张竹一　信息来源：俄罗斯《议会报》）

9. 西班牙法院认定外卖公司与送餐员间存在劳动关系

在西班牙瓦伦西亚法院审理的一起案件中，某外卖公司无故解除了与送餐员间的服务合同，送餐员以公司违法解除劳动合同为由提起诉讼，请求公司继续履行劳动合同或支付违法解约赔偿金。外卖公司辩称，公司与送餐员签订的合同约定送餐员为自雇人员，且送餐员为履行职责，自行购买了车辆和手机，故涉案合同系劳务合同而非劳动合同，公司无须支付赔偿金。法院认为，判断是否存在劳动关系的主要依据在于，当事人间是否有"人身依附性"，即送餐员是否应当服从公司的工作管理。本案中，第一，从工作时间看，公司规定了送餐员的工作时间，并向送餐员发出送餐订单，送餐员在工作时间内不得拒绝接单。第二，从工作收入看，公司决定送餐服务的报酬，定期向送餐员发放工资，而送餐员不得向用户另外收费。第三，从离职程序看，涉案合同约定，如送餐员离职，应当提前15日通知公司，这也符合西班牙法律关于劳动合同的规定。法院最终判定，虽然送餐员自行购买工作所需设备，但其与外卖公司间存在劳动合同关系；外卖公司违法解除了劳动合同，应当重新雇用该员工或支付70513欧元的赔偿金。（编译：赵学慧　信息来源：西班牙法律网）

10. 日本民众要求政府补偿被迫绝育人群

20世纪50—60年代，绝育手术在日本社会中常被强制实施。有观点认为，该项手术侵害了人们的基本权利。2018年1月，部分民众提起了一项公益诉讼，要求日本政府向被迫接受手术的受害者道歉并做出赔偿。但上述公益诉讼面临以下困境：一是受害人认定难。日本《每日新闻报》调查发现，未经本人同意而被迫接受手术的日本人约为1.6万人，但政府记录在册的人数仅有约20%。还有部分受害者患有精神障碍疾病，无法在诉讼中做证。上述因素导致法院难以认定强制绝育手术的受害人。二是补偿金确定难。因无法确认手术受害人，公益诉讼所主张的补偿金额也难以确定。同时，日本各地法院对补偿金的认定也存在差异，这导致在相关诉讼中无法形成统一的赔偿标准。（编译：王艺玮　信息来源：日本每日新闻网）

2019 年度区域国别十大法治动态

由上海外国语大学法学院、《上外区域国别法治动态》编辑部组织，经法学界与法律实务界专家论证、投票，在近百条区域国别最新法治动态中，评选出 2019 年度区域国别十大法治动态。

1. 德国发布《国家区块链发展战略》鼓励技术创新

德国于 2019 年 9 月 18 日发布了《国家区块链发展战略》（以下简称《战略》），提出发展区块链技术的目标和举措，努力将德国建设成为世界领先的区块链技术中心，以此推动社会经济发展。该战略共提出了 44 项措施，主要内容有：一是鼓励技术创新。借助区块链技术，人们可发行、转让、存储和交易数字资产（加密通证）。利用区块链技术发行、处分数字资产，将减少人们对中介机构的依赖，保障交易安全，提高交易效率。德国还将开展区块链能源设施与公共数据库的连接实验，建设跨技术领域的试点实验室，资助在物流、消费者保护、高等教育文凭验证、医疗保健等领域运用区块链技术的研究，探索区块链技术的发展潜力。二是构建法律框架。目前，德国没有专门规范区块链资产的法律，《战略》呼吁德国立法机构开展相关研究，并早日将区块链资产尤其是电子证券纳入调整范围。德国还将研究在公司法律制度以及诉讼、仲裁等争端解决制度中运用区块链技术的方法路径。三是优化行政效率。德国将探索运用区块链技术提供数字化公共管理服务的路径。例如，政府在认证数字标识业务、监管电子信任业务、表单申请业务、出具证书及公共文件业务以及海关通关业务中，均可以使用区块链技术。（编译：朱思佳　信息来源：德国联邦政府网站）

2. 西班牙最高法院判决比特币不具有货币地位

2019 年 6 月 20 日，西班牙最高法院首次认定比特币不具有货币的法律地位。在一起诈骗案中，5 名被害人受到一家公司诈骗，与该公司签订了投资合同，合同约定被害人向该公司支付比特币作为出资；合同签订后，被害人如约支付了比特币。马德里高级法院一审对该公司负责人处以两年有期徒刑，并判令该公司以现金赔偿被害人损失。被害人向西班牙最高法院提起上诉，请求法院改判该公司以比特币方式赔偿损失，但最高法院驳回被害人的诉请，理由主要在于：一是比特币不具有货币的法律地位。比特币以信息交互和加密账户的形式存在，通过特定的数字平台进行交易。比特币没有统一价格，其价值由交易时的供需关系确定。比特币不满足法律对"货币"的定义，它只是一种支付手段，而不是货币或电子货币。二是应以法定货币确定当事人损失。在本案中，当事人遭受的损失应包括合同履行时比特币的实际价值，以及在合同履行期间可能的增值部分。因为比特币不属于货币，所以被告公司应以法定货币赔偿被害人的损失。（编译：罗婧怡　信息来源：西班牙法律新闻网）

3. 英国金融行为监管局制定 P2P 借贷监管规定

英国金融行为监管局于 2019 年 6 月制定了《P2P 借贷监管规定》，该规定于 12 月 9 日正式生效。该规定旨在加强对投资者的保护，内容包括：第一，健全风控机制。P2P 平台应当充分收集贷款人的信息，并评估其信用风险。在考虑贷款人违约概率和违约可能造成损失的前提下，对信用风险进行分类。第二，优化治理结构。P2P 平台应当参照从事特定投资业务的公司（如从事投资交易或代理交易）的管理体系，完善自身的治理结构，尤其要发挥合规部门的功能，确保工作人员在审查法律风险时保持独立与客观。第三，设定投资限额。投资者在 P2P 平台的投资金额最高不得超过该平台可投资资产的 10%。在投资者购买产品前，P2P 平台应当对其进行投资风险测试，确认其属于成熟投资者。P2P 平台还应当说明，平台停止经营后债权债务的处理方法，保障投资人利益。第四，完善披露制度。P2P 平台应当向投资者披露投资所需的基本信息，包括平台对贷款人的尽职调查信息，对贷款的风险评估，使投资者了解投资的性质和可能的风险。（编译：刘锦程　信息来源：英国金融行为监管局网站）

4. 英美签署协议实现跨境数据共享

2019 年 10 月 3 日，美国与英国签订《跨境数据访问协议》，该协议将在两国立法机构批准后生效。协议的主要内容包括：第一，构建数据共享机制。两国执法机构在侦办恐怖主义犯罪、重大刑事犯罪以及严重的网络犯罪时，在得到法院授权后，可以要求对方国家的数据公司配合调查，提供相关信息数据。根据原有的司法协助程序，两国间交换数据信息耗时较长，上述新举措可大大缩短数据交换时间。第二，限制数据信息滥用。两国执法机构有权获取对方国家通信服务商的数据，但应得到法院的授权和监督。两国利用对方国家数据起诉犯罪嫌疑人时，应得到对方国家许可。执法机构还应保证将合法利用数据，不应损害公众正当利益。（编译：薛寒啸　信息来源：美国司法部网站）

5. 荷兰完善非法跟踪应对机制

2018 年，一名 16 岁的荷兰女性被其前男友非法跟踪多日后杀害。2019 年 10 月，荷兰司法和安全部发布警示报告，认为在上述案件中，司法机关在处理非法跟踪案件时存在工作漏洞，建议完善非法跟踪应对机制。主要内容包括：第一，完善风险评估机制。被害人在被其前男友非法跟踪时，曾向荷兰警察机关报案，相关部门也向犯罪嫌疑人出具了"人身限制令"，要求犯罪嫌疑人不得继续跟踪被害人。但当犯罪嫌疑人违反限制令继续跟踪时，相关部门未采取有效措施制止其行为。报告建议，相关部门要完善风险评估机制，针对不同风险级别的行为采取相应的措施。例如，统计与分析跟踪行为的频率、时间，如认为此种行为存在较大风险，应为受害人提供适当的安全保障；创建信息数据库，收集跟踪者的行踪报告，分析是否存在其他的潜在跟踪行为等。第二，提升案件处理效率。如果警察机关确认为实存在非法跟踪行为，应指定一名警察密切关注案件发展情况，及时分析跟踪者的行踪报告。如果跟踪者故意违反"人身限制令"，警察机关有权强制其使用电子标签，以随时获取跟踪者的位置信息。（编译：樊星　信息来源：荷兰卫生福利和体育部网站）

6. 日本修订继承制度以应对高龄化社会

日本修订后的《民法典》继承制度于 2019 年 7 月 1 日起生效，本次修订的主要内容有：第一，新设配偶居住权。为保障高龄配偶的生活，修订后的日本《民法典》第 1028 条—1036 条规定了配偶居住权，即配偶有权在其长期居住的房屋内继续居住。这项权利将严格限制一方配偶随意出租或出售房屋，损害另一方权益的情形。第二，放宽遗嘱形式。根据原有规定，遗嘱应当由遗嘱人亲笔书写。为了鼓励公民采用遗嘱的方式分配个人财产，修改后的日本《民法典》第 968 条规定，可以由非遗嘱人书写遗嘱附加的财产目录。第三，规定遗嘱保管制度。自 2020 年 7 月起，遗嘱人可申请由法务局保管其自书遗嘱，法务局在保管过程中，将对遗嘱的图片作信息化处理。遗嘱人去世后，继承人可向法务局查询保管遗嘱，并有权申请获得遗嘱副本。遗嘱副本具有公信力，可直接用于办理各项手续，无须再由法院认定副本效力。（编译：郭子璇　信息来源：日本法务省网站）

7. 法国审议《"循环经济"法案》以减少资源浪费

法国环保发展部于 2019 年 7 月 10 日提出了《"循环经济"法案》，拟促进资源循环利用。法案的主要内容包括：第一，建立未售商品回收机制。根据法案规定，对于未能售出的非食品类商品（尤其是纺织品、电子产品和日用品），生产商和经销商不得直接销毁该商品，应负责回收并再行利用。对于未售出的食品类商品，生产商和经销商应在商品有效期内及时捐赠给有需要的个人或机构。第二，规定消费者预缴费机制。法国将按照包装对商品进行分类，消费者在购买商品时，将根据包装分类预先支付相应的垃圾处理费用。如消费者在之后能将拆除的商品包装放入指定的回收箱中，可申请退还预付的费用。第三，完善生产经营者缴费机制。根据现有规定，共有 14 类商品的生产商、经销商应当向政府缴纳垃圾处理费。新法案在现有规定的基础上，补充规定了缴费义务主体，如玩具、餐巾纸、香烟、运动用品、园艺用品等商品的生产商和经销商，也负有缴纳垃圾处理费的义务。第四，健全环保举措奖励机制。如商品以环保方式生产和销售的，法国将对生产商和经销商的环保措施、资源回收率进行分级评价，并给予相应的奖励。（编译：郑潇婷　信息来源：法国政府网站）

8. 华为公司起诉《2019 财年国防授权法案》违宪

2019 年 3 月 7 日，中国华为技术有限公司宣布将向美国联邦法院提起诉讼，请求法院判定美国《2019 财年国防授权法案》（以下简称《国防授权法案》）第 889 条违宪，并请求判令永久禁止实施这一针对华为公司的销售限制条款。华为公司的诉讼理由有：第一，该条款违反"禁止剥夺公权"规定。根据美国《宪法》规定，美国国会不得制定剥夺公权的法案，即不得直接以立法的形式给未经法院审判的公民定罪。而《国防授权法案》第 889 条系针对华为公司的选择性惩罚规定，该条款将华为公司列入黑名单，禁止美国政府机构从华为公司购买设备和服务，还禁止美国政府机构与华为公司的客户签署合同或为其提供资助和贷款，这明显违反了《宪法》规定。第二，该条款违反正当法律程序。美国《宪法》规定了正当法律程序条款，即不经正当法律程序，不得剥夺任何人的生命、自由和财产。《国防授权法案》第 889 条未经正当法律程序，直接规定禁止华为公司销售相关设备，违背了上述要求。第三，该条款违反合法授权条款。根据美国《宪法》授权条款，美国的立法权、行政权与司法权相互独立，分别由不同机构行使。国会只有制定规则的权力，而行政机构、司法机关有权对个人实施这些规则。美国国会制定《国防授权法案》第 889 条对华为公司实施制裁，直接行使了规则实施权，违背了《宪法》的授权条款及三权分立原则。（编译：郑龙辉　信息来源：美国有线电视新闻网）

9. 欧盟规定对外商直接投资的审查框架

2019 年 3 月 5 日，欧盟理事会通过《欧盟外商投资审查条例》（以下简称《条例》），为欧盟成员国审查外商直接投资提供了法律基础。该条例于 2019 年 4 月生效，过渡期为 18 个月，于 2020 年 10 月起最终适用。条例的主要内容包括：第一，确定审查因素。《条例》第 4 条规定了成员国审查外商投资时可考察的因素，包括投资是否涉及关键基础设施，如能源、交通、通信、数据存储等设施；是否涉及关键技术，如人工智能、机器人、半导体、网络安全等技术；是否涉及敏感信息等。同时，成员国还可考察外国投资者是否被某国政府以投资等方式控制。第二，规范审查制度。成员国可以保留或修改原有的外商投资审查制度，也可以制定新的制度。成员国应当在《条例》生效后 30 日内，向欧盟委员会报告现有审查制度，并应每年提供此项制度的年度报告。成员国应当规定具体的审查启动情形、审查理由以及详细的审查程序，并为外国投资者提供司法救济途径。第三，构建合作机制。《条例》第 8 条规定，成员国应在开始审查外国直接投资的 5 个工作日内，向欧盟委员会和其他成员国通报审查情况。如果其他成员国认为外国投资可能影响其本国公共安全，可以向审查国提出意见，欧盟委员会也有权提出建议。（编译：周菲菲　信息来源：欧洲联盟网站）

10. 美国制定《禁止恶意机器人电话法案》打击电信骚扰

美国众议院于 2019 年 7 月 25 日审议通过《禁止恶意机器人电话法案》，规制恶意利用机器人电话系统骚扰消费者的行为。该法案要求：第一，加强数据管理。机器人电话系统，是指可自动拨打消费者电话或发送短信，以及利用预先录制的语音拨打电话的通信系统。美国联邦通信委员会应当及时更新机器人电话号码的数据库，并对合法号码进行认证；运营商应当确保呼叫方的电话号码已得到认证。企业在使用机器人电话系统联系消费者前，应征得消费者同意，并给予消费者拒绝接听来电或接受短信的选择权。第二，建立监管机制。企业与个人遭遇机器人电话系统诈骗或骚扰的，可向美国联邦通信委员会举报。通信委员会有权向运营商调取电话拨打记录，并开展调查。如发现确有人恶意利用机器人电话系统实施诈骗或骚扰，联邦通信委员会有权追踪、监控并处罚该行为人。（编译：张睿哲　信息来源：美国议会网站）

2020 年度区域国别十大法治动态

上海外国语大学法学院、上海全球治理与区域国别研究院、《上外区域国别法治动态》编辑部组织有关领域专家学者，经论证、投票等流程，在 2020 年度近 100 条国别区域法治动态中，评选出 2020 年度"国别区域十大法治动态"。

1. 美国拟立法规范面部识别技术的应用

美国参议院正在审议《面部识别技术令状法案》，该法案将限制政府滥用面部识别技术而侵犯公民隐私的行为，规定联邦执法机构只有在取得法院发出的令状后，才有权使用面部识别技术来实施针对个人的持续性监控。该法案的主要内容包括：一是平衡利益冲突。面部识别技术有助于执法机构开展工作，但有时也会侵犯公民的隐私。美国有的州已经完全禁止使用面部识别技术，但这可能会阻碍技术发展，也不利于保障公共安全。该法案规定，美国国会应当尽快制定适当的措施，规范面部识别技术的使用，使执法部门能够合理利用该技术来保护公众利益，同时避免对公民隐私的不正当侵犯。二是规范使用程序。现行法律规定，政府机构在执行其他侦查措施之前，必须取得法院令状，例如检查手机的内容和定位信息、窃听手机通话、安装定位跟踪设备等。但在限制政府机构使用面部识别技术方面，法律没有做出规定，这可能会导致政府机构大规模、持续性和无正当理由地监控公民。该法案规定，政府机构在使用面部识别技术时，也应当遵守与使用其他侦查手段相同的程序要求，并提前取得法院令状。三是规定令状制度。该法案规定，如果执法机构计划使用面部识别技术实施超过 72 小时的持续性监控，应当向法院提供合理依据，并在获得法院令状后开展行动。执法机构应在令状授权范围内实施监控，并尽可能少地获取、保存和利用个人信息，持续性监控时间最长不超过 30 日。执法机构还应利用技术检测系统，确保面部识别的结果准确。（编译：王子阳　信息来源：美国参议院网站）

2. 德国制定《患者数据保护法》规范数字医疗服务

德国于 2020 年 9 月 18 日通过《患者数据保护法》，进一步推动并规范数字医疗服务。该法案主要内容包括：一是建立电子病历。2021年1月1日起，医院经患者同意，有权制作电子病历，并将病历储存于网络平台，患者可以使用专用软件进行查询。从2022年开始，医生将开具电子处方，患者可以向药房出示电子处方后取药。医院还将向患者发送电子账单作为交费凭证。二是保护患者隐私。原则上，电子病历应当记录医疗检查结果、诊断报告、疫苗接种以及生育情况等信息，但患者可选择在病历中记录的信息，也可选择有权查阅病历的人员范围。（编译：朱思佳　信息来源：德国联邦政府网站）

3.Tik Tok公司和字节跳动公司起诉美国政府

2020年9月18日，Tik Tok公司和字节跳动公司向华盛顿特区联邦法院提起诉讼，请求法院确认美国商务部在同年8月6日发布的一项行政命令违反了美国《宪法》，并裁定终止该命令。根据被诉行政命令，受美国司法管辖的任何实体不得于2020年9月27日之后与Tik Tok公司进行交易，而Tik Tok公司也被禁止在美国运营。原告主要的诉讼依据为：一是行政命令内容违宪。计算机代码是表达思想的载体，被诉行政命令禁止Tik Tok公司继续经营，这侵犯了该公司依据美国《〈宪法〉第一修正案》所享有的言论自由权。被诉行政命令要求Tik Tok公司在资产出售后向美国政府支付报酬，这违反了美国《〈宪法〉第五修正案》关于保护私有财产的规定。在做出行政命令前，美国政府没有给予Tik Tok公司答辩的机会，这违反了美国《〈宪法〉第五修正案》关于正当程序的规定。二是行政命令依据违法。被诉行政命令主要的法律依据为美国《国际紧急经济权力法》。该法律规定，美国总统有权在国家安全受到"特殊威胁"时管控国际经济交易，但并未明确规定总统行使权力的原则和范围，该法律内容模糊不清，本身也违反宪法。同时，美国商务部没有证实Tik Tok公司对国家安全构成"特殊威胁"，因此无权对其实施禁令。另外，被诉行政命令禁止美国公民使用Tik Tok公司的手机软件来传送通信信息，其内容违反了《国际紧急经济权力法》。三是行政命令程序不当。Tik Tok公司向美国商务部提供了保护美国用户隐私和安全的证据，并提出了合理替代经营方案，以确保美国国家安全不会受到威胁，美国商务部对此作了记录。但在美国商务部做出禁令决定时，故意忽视了相关证据与替代方案，其做出决定的程序与依据是不充分的。（编译：谢睿　信息来源:《法学人》网站）

4. 西班牙用人单位使用机器人并解雇劳动者的行为违法

在西班牙拉斯帕尔马斯法院审理的一起案件中，洛佩桑酒店管理有限责任公司解雇了一名在该公司行政岗工作了 13 年的员工，并以机器人代替其岗位。劳动者认为，用人单位的解雇行为违法，请求法院判令公司继续履行劳动合同。用人单位抗辩称，公司遭遇了重大经营困难，且以智能机器人代替人类劳动者属于法律规定的"技术变革原因"。法院认定用人单位非法解除劳动合同，判令其继续履行劳动合同，如在判决生效后 5 日内未履行合同的，该公司应向劳动者支付 28305 欧元（约合人民币 22.6 万元）的赔偿金。法院的主要判决理由在于：一是无法证明用人单位遭遇经营困难。2012 年西班牙《劳动改革法》规定，用人单位需提供公司流水、负债表等文件以证明其确实遭遇了经营困难。本案中，用人单位未能提供相关证据，也无法说明其在解雇劳动者时的经营状况。二是无法证明解雇行为具有法定原因。法律规定，用人单位有权基于"技术变革原因"解雇劳动者，而"技术变革原因"是指生产工具或技术手段发生重大改变。本案中，用人单位在行政岗位上以机器人代替人类劳动者，并不表明该岗位发生了"技术变革"。解雇行为反映其商业动机，用人单位的目的是降低劳动成本，这显然损害了劳动者的合法权益。（编译：马铭远　消息来源：西班牙法律网）

5. 南非实施《未成年人司法修正案》引导罪犯重返社会

南非《未成年人司法修正案》已由该国总统签署，修正案制定了多项措施积极引导未成年人罪犯改过自新。修正案的主要内容包括：一是提高刑事责任年龄。原来法律规定，10 周岁以下的未成年人没有刑事责任能力，不承担刑事责任；10 周岁以上 14 周岁以下的未成年人原则上没有刑事责任能力，除非公诉机关有合理怀疑并能证明未成年人具有相应的刑事责任能力。修正案将最低刑事责任年龄从 10 周岁提高至 12 周岁。二是规定公诉考量因素。在决定是否对未成年人提起公诉时，公诉机关应当综合考察以下因素：未成年人的受教育程度、成长环境、实际年龄、心智状态、犯罪的严重性、对受害者和社会造成的伤害等。三是简化"转送程序"条件。在未成年人犯罪后，法院可以根据案件的实际情况，判令其进入转送程序。该程序是对未成年人罪犯进行惩戒的一种方式，在转送程序中，未成年人将接受行为矫正，但不会在其档案中形成犯罪记录。原来法律规定，适用转送程序时，应当证明未成年人罪犯具有刑事责任能力。修正案取消了关于证明刑事责任能力的要求，以使更多未成年人罪犯能够进入转送程序接受行为矫正。（编译：邹祖欣　信息来源：南非政府网站）

6. 欧盟开展国际合作应对新冠肺炎疫情

2020 年 4 月 16 日，欧洲议会召开特别全体会议，制定了一系列国际合作措施以应对新冠肺炎疫情危机。一是实施"应对新冠投资计划"。根据计划，欧盟将筹集 370 亿欧元（约合人民币 2874 亿元）资金，投资于欧盟内受疫情影响最严重的国家和地区，资金主要用于支持医疗机构正常运作，中小企业继续经营，帮助受损严重的经济部门逐步复苏。二是支持特殊产业。在航空业方面，欧盟修订了《欧盟机场通用分配时间规则》，将对欧盟航空公司和各机场的运营模式和运营时间进行调整，以减少运营空驶航班对航空公司造成的损失。在渔业、水产业和农业生产方面，欧盟将加大财政支持力度。在第一批援助项目中，欧盟已于 2020 年 5 月 6 日向芬兰的农业和渔业公司提供 4000 万欧元（约合人民币 3.1 亿元）补贴。（编译：薛寒啸　信息来源：欧洲议会网站）

7. 法国拟立法打击极端宗教活动

法国于 2020 年 10 月 23 日发布了《打击极端宗教行为法律（草案）》，加大对具有颠覆性和煽动性的极端宗教活动的惩罚力度。草案的主要内容有：一是补充刑法规定。草案对《法国刑法典》第 412 条"实施恐怖暴力活动及阴谋罪"作了补充，规定如果行为人通过颠覆性和煽动性言论开展极端宗教活动，将被处以一年以下有期徒刑，并处罚金 15000 欧元（约合人民币 119295 元）。草案还规定了 8 种严重的犯罪情节，如滥用职权实施极端宗教活动等，违法者最高可被处以 10 年以下有期徒刑，并处罚金 10 万欧元（约合人民币 795300 元）。二是强化场所禁令。《国家安全保障法》第 227 条规定，如果行为人在礼拜场所传教时发表不当言论，可能导致暴力、仇恨、歧视或者恐怖主义犯罪的，法国政府有权关闭该礼拜场所。草案将上述条款规定的"礼拜场所"修改为"公共场所"，即只要行为人在公共场所发表了极端宗教言论，法国政府就有权关闭该场所。三是打击网络犯罪。草案还对《法国刑事诉讼法》第 706 条作了补充，即如果行为人利用网络媒介从事极端宗教活动或组织恐怖团体，也可能被视为犯罪。（编译：程子柔　信息来源：法国参议院网站）

8. 意大利加强信息网络安全管理

意大利通过《关于国家网络安全范围和战略性部门特殊权力纪律的紧急规

定》（以下简称《规定》），拟加强信息网络安全管理。《规定》的主要内容包括：一是制定网络事故报告程序。意大利设立信息安全应急响应小组，负责国家网络安全工作。《规定》第 1 条规定，意大利应当建立网络事故信号系统，一旦出现网络相关事故，应立即报告应急响应小组，由该小组报告国际安全信息部，并制定应急方案。二是加强 5G 网络安全监管。根据现有规定，意大利政府对基础设施建设享有特殊的干预权力，该权力被称为"黄金权力"。《规定》将政府的"黄金权力"扩展到 5G 网络领域，即政府也有权干预 5G 网络基础设施的建设。此外，如欧盟外主体与意大利主体开展关于数据管理、网络安全的核心技术交易的，意大利政府在必要时有权施加一定条件与限制。三是赋予总理网络危机紧急处置权。《规定》第 5 条规定，当国家面临与网络系统或服务有关的重大安全风险时，总理有权按照行政比例原则，全部或部分停用网络系统中的设备，以及时消除危险。（编译：储可凡　信息来源：意大利《共和国报》网站）

9. 巴西制定《反滥用权力法》打击职务犯罪

2020 年 1 月 3 日，巴西《反滥用权力法》生效，该法旨在限制公职人员，尤其是法官、检察官和警察等人员滥用行政权力。该法的主要内容包括：一是禁止无依据起诉。如果司法人员在无正当理由的情况下，或明知当事人无罪的情况下，仍旧对当事人提起刑事、民事或行政诉讼的，相关责任人员将可能被处以一年至四年的有期徒刑，并处罚金。二是禁止妨碍正常会见。司法人员如无正当理由阻碍被告人或在押犯人正常会见辩护人，相关责任人可被处以六个月至两年的有期徒刑，并处罚金。如果法官在庭审中禁止被告人与辩护人交流的，也会根据上述规定受到处罚，但如果庭审是以视频方式进行的，法官免受处罚。三是禁止非法公开录音。如果司法人员擅自公开不属于证据的录音内容，损害了当事人的个人隐私或名誉的，有关责任人将被处以一年至四年的有期徒刑，并处罚金。（编译：于佳雯　来源：《巴西利亚邮报》网站）

10. 沙特阿拉伯实施《〈商事法院法〉执行条例》优化商业法治环境

沙特阿拉伯《〈商业法院法〉执行条例》于 2020 年 6 月 23 日正式生效，其目的在于推动《商业法院法》的实施，并促进沙特阿拉伯营商环境的优化，实现"沙特·2030 愿景"。条例共有 6 章 281 条，主要内容包括：一是明确受理标准。条例规定，商业法院管辖的案件为商事合同诉讼，诉讼标的额应在 50 万里亚尔（约合人民币 93.5 万元）以上。二是提升司法质效。商业法院的一审案件应当由最高法院进行二审，当事人必须委托律师参加二审程序，以保证诉讼意见的专业性。在商业机构的意见有助于查明案件事实的情况下，可以将其意见视为专家意见。商事法院还建立了案件繁简分流系统、小额诉讼速裁程序和远程诉讼平台等创新机制，提升了司法工作质效。（编译：张晴威　信息来源：沙特司法部网站）

主要参考文献

一、中文文献

1. 瞿同祖:《中国法律与中国社会》,中华书局 2003 年版。

2. 齐树洁主编:《英国证据法》,厦门大学出版社 2014 年版。

3. 何家弘主编:《证据法学研究》,中国人民大学出版社 2007 年版。

4. 陈苇主编:《外国婚姻家庭法比较研究》,群众出版社 2006 年版。

5. 蒋月:《离婚家庭法前沿导论》,科学出版社 2007 年版。

6. 王勇民:《儿童权利保护的国际法研究》,法律出版社 2010 年版。

7. 夏吟兰:《离婚自由与限制论》,中国政法大学出版社 2007 年版。

8. 刘俊海:《现代公司法》,法律出版社 2015 年版。

9. 赵旭东主编:《公司法学》,高等教育出版社 2006 年版。

10. 陆士桢、李玲:《揭露,为了预防——我国儿童性侵犯研究报告》,华东理工大学出版社 2011 年版。

11. 长铗、韩峰等:《区块链:从数字货币到信用社会》,中信出版社 2016 年版。

12. 刘玥:《网络法律热点问题研究》,知识产权出版社 2008 年版。

13. 王迁:《知识产权法教程》,中国人民大学出版社 2016 年版。

14. 史青竹:《马克思〈政治经济学批判〉研究读本》,中央编译出版社 2017 年版。

15. [美]H.W.埃尔曼:《比较法律文化》,贺卫方、高鸿钧译,清华大学出版社 2002 年版,第 7 页。

16. [德]茨威格特、[德]海因·克茨:《比较法总论》(上),潘汉典、米健、高鸿钧、贺卫方 译,中国法制出版社 2017 年版。

17. 《智利共和国民法典》,徐涤宇译,北京大学出版社 2014 年版。

18. [美]凯特·斯丹德利:《家庭法》,屈光清译,人民出版社 2004 年版。

19. 《日本民法典》,王书江译,中国法制出版社 2002 年版。

20. 《保护文学和艺术作品伯尔尼公约(1971 年巴黎文本)指南》,刘波林译,中国人民大学出版社 2002 年版。

21.《法国知识产权法典》，黄晖译，商务印书馆 1999 年版。

22.［美］梅兰妮·斯万：《区块链——新经济蓝图及导读》，龚鸣等译，新星出版社 2016 年版。

23.《俄罗斯联邦民法典》，黄道秀译，北京大学出版社 2007 年版。

24. 韩旭：《〈刑法修正案（九）〉实施后如何善待律师权利——兼论泄露案件信息罪和扰乱法庭秩序罪的理解与适用》，载《法治研究》2015 年第 6 期。

25. 洪彩华：《试从反哺和接力看中西亲子关系》，载《伦理学研究》2007 年第 3 期。

26. 薛军：《关于智利民法典重新编纂的一些思考》，载《中外法学》2004 年第 6 期。

27. 张伟：《论儿童最佳利益原则——以离婚后未成年子女最大利益保护为视角》，载《当代法学》2008 年第 6 期。

28. 王春媛、廖素敏：《性侵害未成年人犯罪人员信息登记和有限公开机制研究》，载《青少年犯罪问题》2016 年第 6 期。

29. 孙娟：《刑事诉讼中儿童言辞证据研究》，载《检察风云》2018 年第 9 期。

30. 樊荣庆、钟颖等：《论性侵害案件未成年被害人"一站式"保护体系构建——以上海实践探索为例》，载《青少年犯罪问题》2017 年第 2 期。

31. 姚建龙、刘昊：《"梅根法案"的中国实践：争议与法理——以慈溪市〈性侵害未成年人犯罪人员信息公开实施办法〉为分析视角》，载《青少年犯罪问题》2017 年第 2 期。

32. 朱大明：《从公司法的历史严格探索我国民商法立法模式的选择》，载《南京大学学报（哲学·人文科学·社会科学）》2017 年第 3 期。

33. 张明楷：《非法获取虚拟财产的行为性质》，载《法学》2015 年第 3 期。

34. 王冠：《基于区块链技术 ICO 行为之刑法规制》，载《东方法学》2019 年第 3 期。

35. 陈立洋：《区块链研究的法学反思：基于知识工程的视角》，载《东方法学》2018 年第 3 期。

36. 王熠珏：《区块链＋时代比特币侵财犯罪研究》，载《东方法学》2019 年第 2 期。

37. 杨立新、王中合：《论网络虚拟财产的物权属性及其基本规则》，载《国家检察官学院学报》2004 年第 6 期。

38. 刘向民：《央行发行数字货币的法律问题》，载《中国金融》2016 年第 17 期。

39. 邱勋：《中国人民银行发行数字货币：路径、问题及其应对策略》，载《西南金融》2017 年第 3 期。

40. 王雷：《网络虚拟财产权债权说之坚持——兼论网络虚拟财产在我国民法典中

的体系位置》，载《江汉论坛》2017 年第 1 期。

41.张晓旭:《比特币交易平台反洗钱监管研究：以火币网为例》，载《互联网金融与法律》2014 年第 11 期。

二、外文文献

1.L.B.Curzon，*Dictionary of Law*，6th edition，Law Press，2003.

2.Martin Hannibal，Lisa Mountford，*The Law of Criminal and Civil Evidence: Principles and Practice*，Longman，2002.

3.Andrew L-T Choo，*Evidence*，3rd edition，Oxford University Press，2012.

4.Richard S.Pike，"The English Law of Legal Professional Privilege: A Guide for American Attorneys"，*Loyola Univeristy Chicago International Law Review*，Vol.4，No.1，2006.

5.Penelope Giles，"Waiver of Legal Professional Privilege"，*Brief*，Vol.43，No.4，2016.

6.Paul Nicols，Mattew Skinner，"Attracting and Preserving Legal Professional Privilege"，*Commercial Law Quarterly*，Vol.21，No.1，2007.

7.Tanya M.Marcum，Elizabeth A.Campbell，"The Ethical Boundaries of the Attorney-Client Privilege"，*Journal of the Legal Profession*，Vol.39，2014-2015.

8.Downes Kylie，Forder Susan，"Legal Professional Privilege: Why and When Communications Are Protected"，*Proctor*，Vol.38，No.4，2018.

9.Rebecca Mitchell，Michael Stockdale，"Legal Professional Privilege in Corporate Criminal Investigations: Challenges and Solutions in the Modern Age"，*The Journal of Criminal Law*，Vol.82，No.4，2018.

10.Johannes SC Chan，"Legal Professional Privilege: Is It Absolute？"，*Hong Kong Law Journal*，Vol.36，2006.

11.Alasdair Balfour and Ianis Girgenson，"Professional Privilege: EU Court Limits the Scope of Legal Professional Privilege"，*Business Law Today*，Vol.2010.

12.Joan Loughrey，"An Unsatis Factory Stalemate: R（on the Application of Prudential plc）v. Special Commissioner of Income Tax"，*The International Journal of Evidence and Proof*，Vol.18，No.1，2014.

13.Natalie Napier，Phillip Lourens，"Legal Professional Privilege: the Law"，*Without*

Prejudice, Vol.15, No.9, 2015.

14.Lisa Webley, "Interception of Communications and Legal Professional Privilege And the Rule of Law", *Legal Ethics*, Vol.19, No.1, 2016.

15.Landis Nathan, "Legal Professional Privilege: To Claim or not to Claim, that is the Question", *Brief*, Vol.41, No.3, 2014.

16.Bothwell Robert, *History of Canada Since* 1867, East Lancing: Michigan State University Press, 1996.

17.Brian Cheffins, "The Oppression Remedy in Corporate Law: The Canadian Experience", *University of Pennsylvania Journal of International Law*, Vol.10, 2014.

18.David S. Morrit, Sonia L. Bjorkquist, Allan D. Coleman, *The Oppression Remedy*, Ottawa: Canada Law Book, 2004.

19.Desmond Morton, *A Military History of Canada*, 4th ed., London: McClelland & Stewart, 1999.

20.Douglas Harris, Ronald J.Daniels, Edward M.Iacobucci et al., *Cases, Materials and Notes on Partnerships and Canadian Business Corporations*, 4th edition, Montreal: Thomson Carswell, 2004.

21.George A.Rose, *Cod: The Ecological History of the Northern Atlantic Fisheries*, Boston: Breakwater Books, 2007.

22.James Farley, Roger J.Chouinard, Nicholas Daude, "Expectations of Fairness: The State of the Oppression Remedy in Canada Today," *The Advocate's Quarterly*, Vol.33, No.3, 2007.

23.Kenneth Bickley, *A Comparative Study of Recent Study of Recent Developments of the Oppression Remedy in Canada and the United States*, Ottawa: University of Ottawa Press, 1993.

24.Kevin P.McGuiness, *Canadian Business Corporations Law*, 2nd edition, Vancouver: LexisNexis Canada Inc, 2007.

25.L.C.B.Gower, *Principle of Modern Company Law*, 2nd ed ition, Toronto: Stevens & Sons Ltd, 1958.

26.M.Mac Guigan, "Precedent and Policy in the Supreme Court", *Canadian Bar Review* 15, 1967.

27.Marcus Koehnen, *Oppression and Related Remedies*, Ottawa: Thomson Carswell, 2004.

28.Paul Martel，*Business Corporations in Canada-Legal and Practical Aspects*，Vancouver：Thomason Canada Ltd.release No.2.2008.

29.田山輝明：「成年後見読本」，三省堂 2015 年。

30.新井誠、赤沼康弘、大貫正男：「成年後見制度—法の理論と実務」，有斐閣第 2 版，2014 年。

31.上山泰：《任意後見契約の優越的地位の界限について》，2012 年筑波ロー・ジャーナル 11 号，97—132 頁。

32.日本：任意後見契約に関する法律（平成十一年法律第百五十号）。

33.最高裁判所事務総局家庭局：「成年後見関係事件の概況」。

34.Claudia María Osses Moraga，Análisis jurisprudencial de la adopción a la luz de las leyes N° 18703，N° 19620 y susprincipiosrectores，Universidad de Chile，2005.

35.Cristián Ruiz Rudolph，Centro Integral para el Adulto Mayor，Universidad de Chile，2006.

36.Emilio Torrealba Jenkings，El síndrome de alienación parental，Universidad de Chile，2011.

37.Enzo Botto Muñoz，Madres privadas de libertad，derecho al cuidado personal de los hijos y programa de residencias transitorias，Universidad Alberto Hurtado，2012.

38.Fernando Andrés Barros Aravena，Del cuidado personal，igualdad entre padres e interés superior del niño，Universidad de Chile，2013.

39.Manuel Sommarriva U.，Evolución del Código Civil Chileno，Bogota，Colombia：Editorial Temis，1984.

40.Manuela Ximena Cisternas Gasset，Discursos de géneroen la agrupaciónamor de papá，Universidad de Chile，2010.

41.María Inéz Ortiz Castro，Análisis jurisprudencial derecho constitucional y de familia，Pontificia Universidad Javeriana，2005.

42.María Soledad Quintana Villar，La titularidad del cuidado personal y el ejercicio de la relacióndirecta y regular a la luz de la jurisprudencia actual，Pontificia Universidad Católica de Valparaíso，2014.

43.Ministerio de Justicia，Informe Ley de Corresponsabilidad，Universidad de Mediación，2013.

44.Pablo Palma C.，Ley N° 20.680，Ley de Tuición Compartida，modificaciones，Derecho-chile，2013，N° 6.

45.Pamela Angélica， Protección de los menores en el derecho romano y su influencia en nuestra actual legislación， Universidad de Chile， 2005.

46.Paulina Veloso， Algunas reflexiones sobre la titularidad del cuidado personal， Revista del Magíster y Doctorado en Derecho， 2011， N° 4.

47.Rémy Cabrillac， El derecho civil francés desde el código civil， Revista de Derecho， 2009， Vol.XXII-N° 2.

48.Renato Garin， Académicos divididos por constitucionalidad de norma incluida en proyecto sobre cuidado personal de los hijos， El Merurio， 2013， artículo 1 de 2.

49.Rodolfo Antonio Valdivia Paredes， El deber de cuidado personal， Universidad de Chile， 2007.

50. 박호현, 김종호、백일홍：《아동·청소년의성보호에관한법률개정논의에관한고찰》,《소년보호연구》제 29 권제 3 호, 2016.8.

51. 김태명：《성폭력범죄의실태와대책에대한비판적고찰》,《형사정책연구》통권제 87 호, 2011.9.

52. 신준섭, 이영분:《청소년대상성범죄자신상공개제도의효과성분석: 성범죄일반예방효과를중심으로》,《한국아동복지학》제 18 호, 2004.12.

53. 이유진：《아동·청소년성보호대책에관한연구》,《한국청소년학회》2015 년제 1 호학술대회.

54. 이강민：《성폭력범죄처벌규정의체계적정비방안》,《법학논집》21 권 4 호, 2017.

55. 설동삼：《청소년의성보호에관한연구》大田大學校 經營行政大學院 석사학위논문, 2001.2.

56. 변종필：「성범죄관련입법동향과형법의정향」, 강원법학제 33 권, 강원대학교비교법학연구소 2011, 423 면 ; 이승현,「아동·청소년성범죄관련처벌규정의문제점과개선방안」, 형사정책제 21 권제 2 호, 한국형사정책학회, 2009: 38.

57. 성규, 아동: 청소년이용음란물의개념적한정성 (限定性) –「아동·청소년의성보호에 관한 법률」제 2 조의문제점 –, 형사정책 25 권 1 호, 2013.4.

58. 이정훈, 최근개정된 아동: 청소년의성보호에관한 법률상신상공개및취업제한제도의문제점과개선방안, 경찰법연구 11 권 2 호, 2013.

59. 권윤환：《아동성범죄피해자보호방안에관한연구》, 한양대학교석사학위논문, 2014.8.

60. 양신철：《성범죄자등록제도에관한연구》, 전북대학교대학원, 박사학위논

문，2017.2.22.

61. 유한결:《성매매피해아동·청소년보호를위한법제검토및개선방안에대한연구》，이화여자대학교석사학위논문，2017.6.

62. 김태명:《현행성폭력범죄대책의문제점과보완방향》，서울法學제 25 권제 4 호，2018.2.28.

63. 김태진:《아동·청소년의성보호에관한법률' 상직업제한제도의법적성격과개선방안》，제 41 권제 2 호，2017.5.

64. 이강민:《성폭력범죄처벌규정의체계적정비방안》，법학논집 21 권 4 호，2017.

65. 정신교:《성폭력범죄친고죄폐지의비판적검토》，법학연구 63 권 0 호，2016.9.

66.Cours d'appel de Paris – 4èm chambre 28 janvier 1991，RIDA.No.130 octobre 1991.

67.Muriel DE VRIESE，Françoise BENHAMOU，Les effets du droit de suite sur le marché d'art，RLDI 2012.

68.Pollaud-Dulian Frédéric，Droit d'Auteur，Economica，2e edition，2014.

69.Frank Valentin，Xavier PRES，Le marché de l'art français et le droit de suite：aménagements conventionnels et hésitations jurisprudentielles，RLDI 2012.

70.Liliane de Pierredon-Fawcett，Le droit de suite en propriété littéraire et artistique-étude de droit compare Thèse; Université Paris-Sud（Paris 11），1984.

71.J.L.Duchemin，Le Droit de Suite Des Artistes，Sirey，1948.

72.Loi n° 57-298 du 11 mars 1957 sur la propriété littéraire et artistique.

73.circulaire du 14 fevrier 1958 de la chambre nationale des commissaires-priseurs.

74.Convention de Berne pour la protection des oeuvres littéraires artistique，Acte de Paris du 24 juillet 1971，modifié le 28 septembre 1979.

75.Loi n° 57-298 du 11 mars 1957 sur la propriété littéraire et artistique.

76. А.Ю.Иванов，М.Л.Башкатов и др.，Блокчейн на пике хайпа：правовые риски и возможности，Издательский дом Высшей школы экономики，Москва 2017.

77.Nakamoto S，Bitcoin：A peer-to-peer electronic cash system，《Consulted》，2008.

78.Формирование цифровой экономики в России：сущность，особенности，техническая нормализация，проблемы развития/Бабкин А.В.，Буркальцева Д.Д.，Костень Д.Г.，Воробьев Ю.Н.//Научно-технические ведомости СПбГПУ. Экономические науки.2017. Т .10. № 3.9-25 с.

79.Электронная экономика：теория，модели，технологии/Т.Н.Беляцкая и др.；под общ.ред.Т.Н.Беляцкой，Л.П.Князевой.Минск：БГУИР，2016.252 с.

80.Цифровая трансформация：в какой степени страна к ней готова?/Михаил Дорошевич，Марина Соколова//Белорусский ежегодник.2017.151–160 с.

81.Криминологические риски оборота криптовалюты/Сидоренко Элина Леонидовна//Экономика.Налоги.Право.2017. № 6.147–154 с.

82.Сферы применения смарт-контрактов и риски при работе с ними/Кардонов Андрей Викторович.2018. № 1.44–47 с.

83.Сведения об операциях с криптовалютами（на примере биткойна）как доказательство по уголовному делу/Галушин П.В.，Карлов А.Л.//Учёные записки Казанского юридического института МВД России.2017. Т .2.90–100 с .

84.Правовые основы электронной валюты（на примере BITCOIN）/Н.Ю.Рашева，О.И.Чиркова//Управление в современных системах.2017. № 1（12）.60–68 с.

85.Электронная валюта в свете современных правовых и экономических вызовов/Николай Ольга Алексеевна//Вопросы регулирования экономики.2017. Т .8.142–154 с.

86.Анализ развития и регулирования криптовалют：зарубежный и российский опыт/Александр Васильевна Бабкин и др.//МИР（Модернизация，Инновация，Развитие）.2017. Т .8. № 4.554–565 с.

87.Тенденции и модели правого регулирования виртуальной валюты в России/М.А.Абрамова//Экономика.Налоги.Право.2017.166–172 с.

88.Становление и регулирование обращения криптовалют：мировой и российский опыт/Струков Виталий Максимович.//Теория и практика общественного развития.2017.

89.Состояние и перспективы развития инновационной днятельности в республике Беларусь/О.А.Данилевич//Экономика и банки.2011.31–36 с.

90.Проблемы международно-правового регулирования биткоина/Сузаков И.Р.//Научные записки молодых исследователей.2015.66–69 с.

91.Правовые подходы к легитимации криптовалют//Юридическая наука и практика：Вестник Нижегородской академии МВД России.2018.183–190 с.

92.Криптовалюта и Актуальные проблемы объектов гражданских прав/Петровский Никита Максимович и др.//Теология.Философия.Право.2018. № 1（157）.18–26 с.

93.Правовое регулирование оборота криптовалюты：зарубежный опыт/ Шайдуллина Венера Камилевна//Общество：политика, экономика, право.2018.1–3 с.

94.Криптовалюта как новое экономико-правовое явление/ШайдуллинаВ.К.// Вестник университета.2018.137–142 с.

95.Проблемы определения правовой природы криптовалюты и операций с ее использованием/А.В.Аврамцев//Пролог：журнал о праве.2018. № 3.26–32 с.

96.Перов В.А.Криптовалюта как объект гражданского права//Гражданское право.2017. № 5. С .7–9.

97.Никифоров С.Ю.Правовое регулирование криптовалюты в России//Синергия наук.2017. № 17. С .34–38.

附　录

附录一　日本意定监护合同法

第 150 号法律（平成十一年十二月八号）

【主旨】

第 1 条　本法是关于意定监护合同的方式、效力等的规定，及对成年监护人的监督相关必要事项的规定。

第 2 条　本法所称的各术语定义如下：

1. 意定监护合同是指委托人和受托人约定，由受托人在委托人由于精神障碍等原因缺失判断能力时，对受托人的生活、疗养看护及财产等进行管理，基于委托事务获得代理权处理委托事务的合同。委托人可以委托受托人处理部分事务，也可以委托受托人处理全部事务。根据本法第 4 条第 1 款的规定，意定监护的监督人被选任后意定监护合同才生效。

2. 本人是指意定监护合同的委托人。

3. 意定监护受托人是指根据本法第 4 条第 1 款的规定，意定监护合同的受托人在意定监护的监督人被选任前的称呼。

4. 意定监护人是指根据本法第 4 条第 1 款的规定，意定监护合同的受托人在意定监护的监督人被选任后的称呼。

第 3 条　意定监护合同应当根据法务省令规定的样式，以公证书的形式进行。

【意定监护的监督人的选任】

第 4 条　意定监护合同经登记，在本人由于精神障碍等原因缺失判断能力时，法院家事法庭根据本人、四等以内亲属或意定监护受托人的申请，选任意定监护的监督人。但以下情形不适用：

1. 本人为未成年人。

2. 本人是成年被后见人、被保佐人、被辅助人时，特别必要时，认为后见、被保佐或辅助的继续存在更利于本人的利益。

3. 任意合同受托人出现以下情况时：

（1）《民法》（明治 1898 年第 89 号法令）第 847 条（不包括第 4 款）规定的人。

（2）与本人或其配偶、直系血亲有诉讼关系。

（3）存在违法行为、明显行为不端等其他履行意定监护职责不适格事由。

根据前款规定选任意定监护的监督人，本人又同时是被后见人、被辅佐人或被辅助人时，法院家事法庭应当就后见启动、辅佐启动、辅助启动进行审理（以下简称监护启动的审判），做出撤销判决。

根据第 1 款的规定，如果是本人以外的人申请选任监护监督人时，必须经本人同意，但本人无法进行意思表示的除外。

意定监护的监督人欠缺时，法院家事法庭可根据本人及其亲属，或者意定监护人的申请选任意定监护的监督人，也可依职权选任意定监护的监督人。

即使存在意定监护的监督人，法院家事法庭认为必要时，也可根据前款规定范围内的人员申请，或依职权重新选任意定监护的监督人。

【意定监护的监督人的不适格事由】

第 5 条　意定监护受托人、意定监护人的配偶、直系血亲及其兄弟姐妹，不得担任意定监护的监督人。

【尊重本人意愿】

第 6 条　意定监护人不仅应当履行依据第 2 条第 1 款的规定订立的委托事务（以下简称任意后见人的事务），尊重本人意愿的同时也应当照顾到其本人的身心状况和生活状况。

【意定监护的监督人的职责】

第 7 条　意定监护的监督人的职责如下：

1. 对意定监护人的事务进行监督。

2. 就意定监护人的事务，定期向法院进行报告。

3. 发生紧急事件时，可在意定监护人的代理权范围内，进行必要的处理。

4. 当意定监护人或其所代表的利益，与本人的利益相反时，意定监护的监督人可代表本人。

意定监护的监督人可随时要求意定监护人提交意定监护人事务的报告，也可就意定监护人的事务或本人的财产状况进行调查。

法院家事法庭认为必要时，可要求意定监护的监督人就意定监护人的事务进行报告，命令其调查意定监护人的事务或本人的财产状况。另外，也可对意定监护的监督人进行必要的处分。

民法第 644 条、第 654 条、第 655 条、第 843 条第 4 款、第 844 条、第 846 条、第 847 条、第 859 条第 2 款、第 861 条第 2 款及第 862 条的规定，适用于意定监护的监督人。

【意定监护人的解任】

第 8 条　意定监护人存在违法行为、明显行为不端等其他履行意定监护职责不适格事由时，法院家事法庭可以根据意定监护的监督人、本人及其亲属或检察官的申请，解任意定监护人。

【意定监护合同的解除】

第 9 条　根据本法第 9 条第 4 条第 1 款的规定，意定监护的监督人选任前，本人或意定监护受托人可在正当事由下，以公证人公证文书的形式，解除意定监护合同。

根据本法第 4 条第 1 款的规定，意定监护的监督人选任后，本人或意定监护受托人须有正当（合理）事由，经法院家事法庭许可后，才能解除意定监护合同。

【意定监护与后见、辅佐、辅助的关系】

第 10 条　意定监护合同已登记的情况下，法院家事法庭仅在其认为特别必要时，才可进行监护启动的审判等。

前款规定的情形下，意定监护受托人、意定监护人或意定监护的监督人，可提交监护启动的审判等的申请。

根据本法第 4 条第 1 款的规定，意定监护的监督人选任后，本人收到监护启动审判的相关裁定时，意定监护合同终止。

【意定监护人代理权消灭的对抗要件】

第 11 条　家事审判法（昭和二十二年法律第 152 号）的相关适用，第 4 条第 1 款、第 4 款及第 5 款关于意定监护的监督人的规定，同条第 2 款的关于监护开启的审判等取消，第 7 条第 3 款关于报告催交、调查命令及其他意定监护的监督人职责等的处分，同条第 4 款适用民法第 848 条、第 846 条、第 859 条第 1 项、第 2 项及第 862 条关于意定监护的监督人辞任的许可、意定监护的监督人的解任、意定监护的监督人存在数人时权限行使及取消意定监护的监督人的报酬给付，第 8 条关于意定监护人的解任及第 9 条第 2 款关于意定监护合同的解除的许可，在家事审判法第 9 条第 1 款甲项中进行了具体规定。

【附则】

本法从平成十二年四月一日起施行。

【附则】

本法从新非讼事件程序法实施之日起施行。

附录二　白俄罗斯共和国第 8 号法令《关于发展数字经济》

白俄罗斯共和国总统法令
2017 年 12 月 21 日第 8 号

为发展白俄罗斯共和国高科技园区，促进创新领域和现代数字经济的建设，特制定本法。

1. 将白俄罗斯高科技园区特别法律制度效力期限延长至 2049 年 1 月 1 日。在遵循治外法权原则的同时，补充赋予该园区居民依法从事以下活动的权利：

（1）信息和通信技术领域的教育活动。

（2）电子竞技领域的活动，包括电子竞技团队的筹备组建、举办比赛以及进行转播。

（3）人工智能领域的活动，无人驾驶车辆控制系统的开发设计。

（4）2005 年 9 月 22 日第 12 号总统法令《关于高科技园区法令》所规定的其他活动。

2. 本法令旨在为白俄罗斯共和国经济引入区块交易记录数据库（区块链）技术及其他基于分布式记账与分散管理的相关技术，并为其业务安全进行创造条件。由于在通过本法令之前，数字权益凭证的流通不受法律管制，不属于法律关系的客体，现规定如下：

2.1 法人实体可以拥有通证，并依照本法令规定的具体内容进行以下活动：

（1）通过高科技园区的居民，在白俄罗斯共和国和国外获取、储存自己的通证并开展相关类型的活动。

（2）用虚拟钱包存储通证。

（3）通过加密货币平台的运营商、加密货币交易的运营商、高科技园区的其他居民，开展相关类型的活动，取得和出让通证，与其进行其他交易（或运营）。

（4）作为高科技园区居民的法人实体有权行使第 2.1 条规定的权利，以及依照《关于高科技园区法令》从事其他与通证相关的活动。

2.2 自然人有权拥有通证，参照法令规定的其他具体事项，可执行以下操作：挖矿；在虚拟钱包中储存通证；购买和交换其他通证；以出售通证的方式获取、转让白俄罗斯卢布、外币或电子货币；以及捐赠或遗赠通证。

自然人可以独立进行挖矿、取得和出让通证的行为，该行为不属于商业活动，禁止通过订立劳动合同或其他民事合同来吸引其他民事主体参与。通证无须申报。

高科技园区的居民有权以个体企业家的身份行使第 2.1 条规定的权利。

其他法人实体可以通过高科技园区的居民，在白俄罗斯共和国和国外获取、储存自己的通证并开展相关类型的活动。

依照《关于高科技园区法令》从事其他与通证相关的活动。

2.3 加密平台运营商必须保证其在白俄罗斯共和国银行账户内的货币资金不少于一百万白俄罗斯卢布。加密货币交易商在白俄罗斯共和国银行账户内的货币资金不少于二十万白俄罗斯卢布。

加密平台运营商有权从事以下活动：

在白俄罗斯共和国和国外的银行以及非银行的金融信贷机构开设账户，对其开展的交易和业务进行结算。

获得所提供服务的报酬，包括通证；确定报酬具体价值，制定与交易参与者（客户）的交易流程。

与白俄罗斯共和国的居民和非居民进行（组织）交易，旨在为客户或平台自己的利益而进行的交易行为，包括在国内外发行通证、使用白俄罗斯卢布、外币或电子货币取得和（或）出让通证，或者以通证换取其他通证。

使用通证进行（组织）其他交易（操作），但禁止以通证交易获得除白俄罗斯卢布、外币、电子货币、通证以外的民事权利客体。

2.4 除法律规定权利转让必须经过登记生效的以外，经确认属实的通证权利可直接让与他人。

在通证转让的交易中，以受让方在区块交易记录数据库（区块链）系统中发出确认转让交易的信息反馈为准确定通证转让完成。其他分布式信息系统遵照其现行有效的规则（协议）进行确认。

允许使用通证作为确认交易的奖励，所确认的交易包括转让在内的其他交易类型，实行交易行为的区域不限于区块交易记录数据库（区块链）系统，也包括其他分布式信息系统。

2.5 信息和通信技术领域内的项目实施，包括使用区块交易记录数据库（区块链）技术和其他分布式信息系统技术，可在公司伙伴关系协定的基础上进行。

3. 给予使用现代技术的活动参与者以特权和优惠，具体规定如下：

3.1 2023 年 1 月 1 日前免缴以下税种：

增值税和利润税（个人所得税）：高科技园区入驻企业在采矿、通证创建、买入、转让等交易活动中取得的营业额，利润（收入）。计算和支付利润税（个人所得税）时，此类活动和运营的收入和支出（费用）不计入在内；而在计算增值税总额时，为购买（进口时支付）货物（工程、服务）或获得其他财产权利，与此类活动实施和运营相关的金额不可扣除。

个人所得税：自然人从事挖矿活动，使用白俄罗斯卢布、外币或电子货币取得和（或）出让通证（包括以捐赠形式），或者以通证换取其他通证。在上述活动中个体企业家所得收入在征税时不予计入。

增值税：征收对象为转让通证的转让交易额，免税主体包括没有在白俄罗斯共和国设有从事此类商业活动的常驻机构，也未在白俄罗斯共和国税务部门登记此类业务的外国组织。在计算增值税总额时，为购买（进口时支付）货物（工程、服务）或获得其他财产权利，与此类活动实施和运营相关的金额不可扣除。

适用简化税收制度时，用通证交换通证所产生的交易额。

利润税：用通证交易通证时所产生的利润。

税收对象中通证转让行为包括通过其他通证进行交易，将其视为产权的实现。

法人以自有通证、货币资金、电子货币的形式，通过高科技园区居民，投资所得的通证，以及将所得通证转换为货币资金和电子货币的，不予征税。

3.2 关于外汇的法律规范不适用于：

作为白俄罗斯共和国居民的自然人和法人（银行和非银行金融信贷机构除外），在进行本法令第 2.1 条和第 2.2 条规定的许可活动中使用通证。

高科技园区的居民使用通证进行交易。

在此种情况下，白俄罗斯共和国居民之间的一般结算中禁止使用外币，但居民通过加密平台运营商或上述运营商的系统或在外汇交易大厅中进行的操作（结算）除外。

3.3 有关证券、证券化、证券专业许可要求、证券交易活动的法律规范不适用于：

调整高科技园区居民使用通证所产生的法律关系（活动、交易），包括与该法律关系（活动、交易）相同（类似）的关系（活动、交易）。

挖矿、加密平台运营商、加密货币交易运营商的活动、使用通证的其他活动不视为银行活动。

3.4 会计处理：

在挖矿过程中获得或通过其他方式获得的所有通证均被确认为资产。

募集通证的法人对通证的所有者负责。

加密平台的运营商，加密货币交易的运营商，使用通证开展活动的其他组织，应将其交易明细反映在会计记录中，按照财政部制定的统一规范编制会计账簿和（或）财务报表。

本法令规定的法律制度适用于本法令生效前获得（募集）的通证。

3.5 无须获得用于开展信息技术和（或）加密保护活动或与信息保护有关的特别许可（许可证）或其他授权文件，通过本国专家的信息审查技术和信息的加密保护技术以及其他相关的授权程序[1]即对其交易信息进行保护。白俄罗斯共和国境内的全球计算机网络互联网国家部分的信息网络、系统和资源可供使用。

高科技园区的居民根据《关于高科技园区法令》第 3 条开展活动，该活动须与区块交易记录数据库（区块链）技术的开发和（或）应用有关。

自然人在进行挖掘、储存、获取、转让通证时，可获得信息保护。

法人存储、获取、出让通证，或与其进行其他交易（操作）时可获得信息保护。

以上所指信息须为此类信息系统和（或）信息保护系统是由高科技园区居民参与创建的，或由第三人创建，并由高科技园区居民在从事本条中所规定的活动中产生。

3.6 高科技园区法人破产后，不得对其财产所有人、发起人（创始人）或其他经营参与者（包括负责人）追究替代责任。因引起破产而被追究刑事责任的除外。

4. 为加强对现代金融技术应用关系中当事人的法律保护，特作如下规定：

4.1 国家机关依照相应职权，承担对加密平台运营商、加密货币交易商的监督责任。要求加密平台运营商、加密货币交易商严格遵守有关防止犯罪收益合法化、禁止资助恐怖主义活动、禁止为大规模毁灭性武器扩散提供资金的法律法规。

4.2 不得将通证作为有关防止犯罪收益合法化、禁止资助恐怖主义活动、禁止为大规模毁灭性武器扩散提供资金的相关法律法规中所确定的犯罪手段。

4.3 加密平台运营商在开展经营活动时应遵守地方性法律规范的具体规定，包括：

通证交易程序规则。

交易参与者的市场准入与市场禁入规则。

通证交易的准入规则。

4.4 法人通过高科技园区的居民创建和储存本人的通证，有义务满足通证持有人（该高科技园区居民）的要求。不得以无义务基础或该行为无效为理由拒绝通证持有人的要求。

4.5 法人或自然人组织包括会议、研讨会、讲座、培训和类似活动，其内容涉及

---

[1] 制定本款的目的在于，明确信息保护无须获得专门的授权文件和通过特定的授权程序，此类信息包括法人的私人信息、个人数据以及属于商业秘密范畴、银行保密范畴的信息。（国家机关和其他国家组织的商业秘密、银行保密信息、国家持股 50% 以上的公司信息除外）

创建、使用区块交易记录数据库（区块链）技术或其他基于分布式系统进行与通证有关活动的，应在获得作为国家机构行使职能的高科技园区管理局批准后进行。

4.6 未经高科技园区管理局事先批准，不得在白俄罗斯共和国控制（监督）活动范围内对高科技园区居民进行检查。

5. 以高科技园区作为立法试点，实行特殊的法律规范，随着该法的完善进程逐步在白俄罗斯共和国的民事立法中实现。以此为目的，现确定高科技园区居民享有以下权利：

5.1 高科技园区居民有权在其之间和（或）与第三方订立可转换贷款合同。

根据可转换贷款合同，一方（出借人）将资金转让给另一方（借款人），借款人应在合同规定的情况发生时，包括取决于借款人和（或）出借人的意愿的情形，或在借款人或第三人履行合同规定的行为后，将借款人注册资本中的股份（全部或部分）转让给出借人。或者将该笔可转换贷款的资金转增注册资本，并将以借款人为发行人的股票或者借款人注册资本中的（全部或部分）股份转让给出借人。

当事人应在可转换贷款合同中约定资金转让（增加注册资本）的具体期限、（全部或部分）股份的转让价格，或约定确定该价格的标准和程序、（如果存在利息）可约定使用贷款利息的具体金额及支付顺序。

只有当事人在合同中明确约定履行合同的方式为归还贷款与利息的情况下，借款人才有义务向出借人返还贷款金额，而非通过转让上述股权、（全部或部分）股份履行还款义务。

在可转换贷款合同的生效期内，借款人（该机构）无须因股权出让而减少注册资本（无须减少注册资本中因将股权出让给出借人而减持的该股份价值总和），同时借款人无权将上述（全部或部分）股份转让给除出借人以外的第三人。合同另有约定的除外。

可转换贷款合同产生的以下法律关系不受现行法律规范限制，特作以下规定：

公司注册资本中的（全部或部分）股份的优先认购权，公司注册资本中的（全部或部分）股份的认购权，以及公司作为封闭式股份公司对外出售公司股份时，公司股东不是必须行使优先认购权。

禁止以提出要求的方式免除公司发起人（设立人）应履行的缴纳注册资本中认缴出资额的义务。

在可转换贷款合同下所涉及的本金（及其利息），要求履行合同得到的借款人注册资本中的（全部或部分）股份，股份溢价收益，以及将债务转换为股权当日的股份初始规模下的票面价值均不被列为利润税的征税对象。

5.2 高科技园区居民有权在其之间和（或）与第三方订立期权合同，合同当事人享有订立或解除合同的选择权。

由于可以选择订立合同，一方应通过不可撤销的要约，给予另一方根据订立合同的可选择条件中所规定的条件订立一份或多份合同的权利。

行使订立合同的选择权应基于支付和（或）其他因素的考量。

另一方有权接受对方在要约中约定的方式、时间和条件并与对方达成协议。

订立该合同时当事人可以约定，只有当发生预先约定的情形时方可实现，该情形包括依照其中一方的意愿。

订立该合同时当事人应当约定，确定合同标的的实现条件以及其他订立合同时应做约定的基本条款。

在接受不可撤销要约时，应确认该合同标的可以被识别并且可以任何方式被描述。

合同的正式缔结以当事人在合同中所确定的形式完成。

根据期权合同，一方根据本合同规定的条件，有权在合同规定的期限内要求另一方完成期权合同所约定的行为（包括支付资金，转让、提供、接受财产或知识产权专有权）。享有选择权的一方在指定期限内未要求行使合同权利，期权合同到期即终止。

在期权合同的生效期内，合同当事人无须因资金转出而减少注册资本（无须减少注册资本因资金转出而减少的该股份价值总和），同时合同当事人无权将上述资金所占份额（全部或部分）股份转让给除合同当事人以外的第三人。合同另有约定的除外。

5.3 高科技园区居民有权通过智能合约完成和（或）执行交易。除非另有证明，否则使用智能合约进行交易的各方当事人被默认为已正确了解智能合约中的条款，包括程序代码所表达的内容。

5.4 高科技园区居民有权在其之间和（或）与第三方订立财产损失赔偿协议。该协议规定一方有义务赔偿另一方或第三人因该协议中确定的情况发生而产生的财产损失，该情况指合同中约定的违约赔偿以外的其他财产损失（不包括因无法履行义务而产生的费用、国家机构或其他组织要求合同当事人支付的其他费用等）。

协议可以约定财产损失的赔偿限额或确定赔偿顺序。

如被证明一方因故意或重大过失导致财产损失金额增加，或未采取合理措施最大限度防止损失金额增加，法院在认定赔偿金额具体数额时可视情况减少财产损失赔偿的金额。

高科技园区的居民、财产所有人、驻高科技园区企业的发起人（参与人），在订立合同时，在对合同订立、履行、中止具有重要影响的事项提供不可靠保证的，应赔偿因此而造成的财产损失和合同中约定的违约金。[上述事项包括涉及合同标的、合同效力、合同适用法律的正确性、必要的特别许可（许可证）的可用性、其财务状况、物质资产或无形资产的所有权归属与可用性的各类事项。]

确认合同未达成或者确认合同无效后，提供不可靠保证的一方不免除履行上述义务。合同另一方当事人在要求赔偿损失外，有权拒绝履行合同。双方另有约定的除外。拒绝履行合同所产生的效果可由当事人在合同中自行约定。

5.5 高科技园区居民有权在其之间和（或）与第三方订立合同，约定若由于合同一方当事人或其关联人的行为，导致另一方当事人与其下属员工解除劳动合同并且该员工与第一方当事人或其关联人订立新的劳动合同时，第一方当事人应当向另一方当事人承担赔偿责任并支付违约金。

5.6 高科技园区居民有权与其员工达成协议，根据该协议，员工不得在协议约定的期限内与高科技园区内其他有竞争关系的第三方订立劳动合同和（或）民事合同。在不具备成为法人条件的情况下不擅自从事企业竞争活动。不得成为与本公司有竞争关系的公司发起人或股东，不得担任其领导，不得成为其集体管理机构的成员。

高科技园区法人与其员工签订上述协议，员工解除劳动关系后遵守协议的，该企业应当向员工按月发放合同约定的酬劳，其数额应不少于该员工在职时最后一年月均收入的三分之一。该协议所涉及的员工责任期不应超过一年。

上述协议应明确约定员工责任的领域界限、具体的经营范围和违约责任。

5.7 高科技园区居民有权在其之间和（或）与第三方的合同中约定违约金数额，该金额大小不受现行立法中对违约金数额规定的限制。法院无权减少双方商定的违约金数额。但以下情形除外，违约金由合同一方强行施加，该数额明显不成比例，并且违约金数额大小对合同主体内容无实际影响。

6. 高科技园区的居民有权成为在国外建立的商业组织的发起人，并依该组织所在国的法律参与实际经营管理，包括在白俄罗斯共和国境内实行对该商业组织的经营管理。高科技园区居民作为上述商业组织的股东同样适用本款。

7. 在行使本法令第 5.1 条至第 5.4 条规定的权利时，高科技园区的居民、股东，以及民事法律关系中的其他参与人有权订立不可撤销委托书。该委托书在有效期限届满前不得撤销，或在仅出现委托书中约定的情形下方可撤销。此类授权书可约定自签发之日起三年以上的有效期。

8. 属于 V 和 VI 技术结构领域的小企业实体有权按照本法令第 5.1 条规定的方式和条件与白俄罗斯共和国的非居民签订可转换贷款合同。

9.本法施行前已登记为高科技园区居民的法人、个体工商户，应当：

依照本命令开展活动。

仅对本法生效后未进行或计划进行的活动承担《关于高科技园区法令》第 19 条第 7 款所规定的责任。

10.第 2.2 条第 1 款、第 2 款，第 3.1 条第 3 款，第 3.2 条第 2 款，第 3.5 条第 3 款适用于本法生效前产生的法律关系。

11.依照附件二对规范性法律文件进行修改。

12.授予以下权利：

白俄罗斯共和国部长理事会与国家机构高科技园区管理局有权对在通证交易活动和使用区块交易记录数据库（区块链）技术过程中产生的问题进行解释。

13.白俄罗斯共和国部长理事会应在三个月内：

确保立法行为符合本法令。

为确保其实现采取其他相应措施。

14.财政部应在三个月内制定与通证交易有关的会计规则。

15.在根据本法令制定其他法律之前，本法所调整的法律关系应不与本法相抵触。

16.本法令依下列顺序生效：

第 13 条、第 14 条和第 17 条：正式公布后。

该法令的其他条款：在其正式公布的三个月内。

17.根据《白俄罗斯共和国宪法》第 101 条第 3 款的规定，本法令应提交白俄罗斯共和国国民议会审议。

白俄罗斯共和国总统亚历山大·卢卡申科

白俄罗斯共和国总统法令

2017 年 12 月 21 日

后　记

　　本书获中央高校基本科研业务费资助，是上海外国语大学 2017 年度校级重大科研项目"区域国别法治动态跟踪与研究"的阶段成果之一。作者分工如下：

　　导言：张海斌、孔凡洲

　　第一章：李妮桑

　　第二章：杨　欢

　　第三章：潘昱铮

　　第四章：张　恺

　　第五章：宋颖超

　　第六章：宋　爽

　　第七章：张竹一